TRES SUCESIVOS DIRIGENTES POLÍTICOS CONSERVADORES Y LA ECONOMÍA
(Análisis de Cánovas del Castillo, Silvela y Maura)

JUAN VELARDE FUERTES

TRES SUCESIVOS DIRIGENTES POLÍTICOS CONSERVADORES Y LA ECONOMÍA

(ANÁLISIS DE CÁNOVAS DEL CASTILLO, SILVELA Y MAURA)

FUNDACIÓN UNIVERSITARIA ESPAÑOLA
MADRID, 2007

Publicaciones
de la
FUNDACIÓN
UNIVERSITARIA
ESPAÑOLA

Monografías – 110

FUNDACIÓN UNIVERSITARIA ESPAÑOLA
Alcalá, 93. (28009 MADRID)
Tfno.: 91 431 11 93 – 91 431 11 22
Fax: 91 576 73 52 – e-mail: fuesp@fuesp.com

ISBN: 978-84-7392-666-9
Depósito Legal: M-22.358 - 2007

A la memoria de mi bisabuelo,
Vicente Velarde y González Pontanilla,
empresario y amigo de Posada Herrera
en la etapa de éste en la Unión Liberal;

de mi abuelo, Ladislao Velarde Cobo,
diputado provincial conservador,
seguidor de Cánovas del Castillo y de Silvela,

y de mi padre, Juan Velarde Menéndez,
Joven Maurista.

ÍNDICE GENERAL

LOS CONSERVADORES Y LA ECONOMÍA ESPAÑOLA. UNA INTRODUCCIÓN

Grandísima parte de la conformación de la economía española, tal como ahora la contemplamos, hunde sus raíces en el pensamiento conservador español. Naturalmente no quiero decir con ello que el pensamiento progresista no haya tenido también alguna parte en esa elaboración. Contemplando lo sucedido desde el siglo XIX a ahora mismo, podría señalarse que este último ha sido el demiurgo de la agricultura tradicional, la que concluye a mediados de los años cincuenta, debido a las dos grandes operaciones desamortizadoras, la de Mendizábal y la de Madoz; también está detrás de la legislación que abre nuestra economía y hace posible el desarrollo formidable de la minería, desde mediados del siglo XIX al inicio de la I Guerra Mundial; simultáneamente, este pensamiento pondrá la base sobre la que se construye el sistema ferroviario español; igualmente a él se debe nada menos que la peseta.

Casi me atrevería a decir que a partir del inicio del Sexenio Revolucionario, los progresistas adoptan el ideario conservador unas veces –recuérdese el Arancel Salvador de 1906– y otras lo rectifican, fracasando rotundamente, como sucedió con la Reforma Agraria de la II República.

Lo que queda, que es casi todo, se debe, pues, a los conservadores, en ese friso enorme que llega desde Alejandro Mon a Rodrigo Rato, con el soporte político básico que va desde Narváez y O'Donnell a Fraga y Aznar.

Básicamente los conservadores apoyaron dos grandes modelos de desarrollo. El que se planteó desde 1820 –al iniciarse el proceso constitucional de Fernando VII– hasta 1959, y el que va de 1959 al día de hoy. Por supuesto que el primero tardó en comenzar a echar a andar, porque desde 1820 a 1844, las conmociones políticas interiores españolas impidieron que cuajase alguna posibilidad de llevar adelante una política económica mínimamente coherente. Pero desde el 3 de mayo de 1844 con el Gobierno Narváez en el que era ministro de Hacienda Alejandro Mon, ese modelo económico conservador comenzó a estructurarse.

Toda una serie de motivos, que ahora sería demasiado prolijo enumerar, condujeron desde entonces a una búsqueda de la industrialización apoyándonos en los siguientes ocho fulcros: En primer lugar en una política proteccionista. Fue visible ya en el grupo de los constitucionalistas de Cádiz, pero pronto se convirtió en bandera del partido moderado, con los impulsos muy notables provocados por Alejandro Mon. La presión librecambista de Laureano Figuerola, en la etapa del Sexenio Revolucionario no hizo más que arañar levísimamente esa realidad dando paso a la Restauración, período en el que se afianzó esa protección en tres momentos clave: el Arancel de Guerra de 1891, de Cánovas del Cástillo, el Arancel Salvador de 1906, con clarísimos designios industrializadores y las medidas de Maura, con el Gobierno Largo 1907-1909, en las que se observa una ampliación hacia el proteccionismo administrativo. Tras esto, el proteccionismo, en el reinado de Alfonso XIII se mudó en nacionalismo económico, amparado además con el Arancel de 1922, a causa de la influencia de Cambó. Basta, recordar en relación con este político, su discurso en Gijón, el 8 de septiembre de 1918, evocador en lo económico, en su duodécimo centenario, de la batalla de Covadonga. Con las medidas de la Dictadura, y el bilateralismo proteccionista que marcó la política económica de la II República se pasó a buscar de modo incansable nada menos que la autarquía, como probó en su artículo publicado en *Weltwirtschaftliches Archiv* Perpiñá Grau, en enero de 1935. Finalmente, la política proteccionista acentuada como consecuencia de la economía de guerra que existió, por diversos motivos, de 1936 a 1947, intentó convertirse en base de nuestro desarrollo económico industrializador, con la política de sustitución de importaciones que, desde 1947 a 1959, era visible en el conjunto de nuestra política económica.

En segundo lugar, todo ese mecanismo se hubiera venido al suelo si España no hubiese dispuesto de algún producto de exportación ávidamente demandado por el mercado mundial, que hacía posible adquisiciones de materias primas, de productos energéticos, de maquinaria y otro equipo capital fundamental, como el relacionado con los transportes –desde locomotoras y carriles a automóviles y asfalto para las carreteras–, y de algunos alimentos. Sin eso, la economía española hubiera entrado en una profunda crisis. Esas exportaciones, que hicieron posible que nuestra vida económica no se deteriorase de modo colosal, fueron, sucesivamente, la lana; el azúcar y el tabaco, sobre todo de Cuba; el vino; los minerales metálicos, los productos hortofrutícolas y muy especialmente, los agrios; finalmente, el turismo.

El tercer punto de apoyo fue el intervencionismo del Estado. Se inició con la Ley Osma de Azúcares y Alcoholes de 1907, y aunque, a partir de 1820 se buscó la libertad económica en un proceso que concluyó en el reinado de Isabel II, con Maura, en esa fecha de 1907 y, más que con la anuencia, con el apoyo de los regeneracionistas, derivó en un conglomerado intervencionista-corporativo, que desde entonces no cesó de aumentar.

El cuarto punto de apoyo tiene algo que ver con esto. Se trata del impulso que recibe la cartelización. A partir de 1896, al aparecer la Unión Española de Explosivos, esta figura, muy importante en la vida económica germana, se traslada a España. Pronto afectará al cemento, al acero, al papel, al alcohol, y se entrelazarán sus planteamientos con los del corporativismo que, a su vez, se relaciona con mucha intensidad con el intervencionismo del sector público. Como se ve, el mercado libre, abierto, se pasó a esfumar a pasos agigantados.

El quinto, corona todo este proceso. Después de las vacilaciones que dieron lugar, con la Ley de la Flota de Maura, a la creación de la Sociedad Española de Construcción Naval, y que algo más adelante, con el Monopolio de Petróleos por parte del Ministerio de Hacienda, fue la base de la CAMPSA, a partir del final de la Guerra Civil se generó una creciente presencia de la empresa pública en nuestro país a través, inicialmente, de la RENFE, la Telefónica y el Instituto Nacional de Industria (INI). En el caso concreto del INI, se intentó que éste fuese, primero, un instrumento al servicio de la defensa nacional, y muy pronto, de la política de sustitución de importaciones. El profesor Torres señaló, en este sentido, que este proceso industrializador tenía lugar dentro de un planteamiento autofágico. Una expansión de este tipo requería importaciones notables de equipo capital, de materias primas, de energía, y al propio tiempo, eliminaba la posibilidad de exportar materias primas españolas –por ejemplo, minerales– porque este proceso las requiere para sí, amén de que al crecer la renta, ciertos productos alimenticios ricos pasan a consumirse en España, y no a venderse en el exterior. Todo se agravaba porque lo que se producía no era competitivo, con lo que al sumar todos estos efectos, nos encontrábamos con que la política de sustitución de importaciones industriales creaba, paradójicamente, un déficit importante y creciente en la balanza por cuenta corriente.

El sexto punto de apoyo se encontraba en el mantenimiento de bajos tipos de interés a través de una original estructura financiera. En primer lugar, la peseta, que había nacido con voluntad de formar parte del patrón bimetálico oro-plata, muy pronto se desligó de esta exigencia y acabó por transformar el suyo en un patrón fiduciario plata, mientras que en el mundo avanzaba el patrón oro. Ajena a éste, la economía española, tuvo, en general, un tipo de cambio que depreciaba continuamente a la peseta, al par que, a partir de la I Guerra Mundial, se produjo el fenómeno, derivado del déficit del sector público, de la monetización de la Deuda. La Banca privada actuaba, desde 1900, como Banca mixta, esto es, invertía a largo plazo con dinero que se le prestaba a corto, pero que no causaba preocupación porque el Banco de España, por un lado, y un poco más adelante, el fenómeno de la monetización de la Deuda, hacían posible que la liquidez del sistema bancario no disminuyese. Por otro lado, el proteccionismo garantizaba que las empresas que recibían los préstamos, no tendrían que acomodar sus costes a los de la competencia internacional. Todo ello, como señaló Olariaga, a costa de que los españoles no supiesen a ciencia cierta el valor del dinero que llevaban en el bolsillo. Esta peseta ajena a cualquier disciplina derivada de su pertenencia a un patrón, era una característica típica de nuestra economía.

El séptimo de estos puntos de apoyo era un sistema fiscal de base real. Como ya habían señalado Verri y otros hacendistas, en sus trabajos relacionados con el fomento de la actividad en el Ducado de Milán tras la Guerra de Sucesión, los negocios recibían un impulso que no se percibía en el sistema personal de tributación. El lado negativo era el fenómeno de la petrificación de esta imposición real. No seguía la recaudación, más que con mucha dificultad, el crecimiento de la producción. Por otro lado, por la Ley de Wagner, para estar al día en la cobertura de las necesidades inherentes al desarrollo económico y social, era preciso incrementar el gasto público. Esto engendraba, de inmediato, un déficit, que al cubrirse con deuda, y ésta monetizarse al llevarla a pignorar al Banco de España, creaba por fuerza tensiones inflacionistas. Pero, para evitar una carga excesiva de la Deuda, se puso en marcha una imposición indirecta, que al gravar el consumo de las gentes más necesitadas, actuaba como un factor típico de regresividad impositiva. Con todo eso, la distribución de la renta en España se hacía a costa de las gentes de menores ingresos y a favor de las clases más opulentas.

Desde Cánovas del Castillo se comprendió –y más adelante lo formuló, gracias a un pequeño modelo econométrico, Flores de Lemus– que en toda esta maraña inflacionista y regresiva se almacenaba una violencia social muy fuerte. Desde mediados del siglo XIX, el papel de los dirigentes obreros españoles en la Internacional, fue muy destacado. Salvo minorías no muy significativas, el sesgo, más que a planteamientos por la vía del partido obrero –que era lo que propugnaba Marx–, fue hacia reacciones por la vía del sindicato obrero, como defendía Bakunin. Este anarcosindicalismo, en muchos casos era simplemente, como atinó a denominarlo Constancio Bernaldo de Quirós, un espartaquismo que estaba presidido por la obsesión del "reparto". La violencia de este movimiento era, pues, notable, y ello frenaba la inversión. Por eso, el octavo punto de apoyo se buscó en una política social aparentemente muy generosa. Pero, también, a partir de Cánovas del Castillo, se señaló que sería complementada por una adecuada política arancelaria y apoyos de otro tipo, con refuerzo de los indicados hasta aquí. El aumento de los costes derivado de esta política social que, como se mostró tras la fundación de la Organización Internacional de Trabajo, a causa de las ratificaciones de sus recomendaciones, daba la impresión de ser muy avanzada y, en algunos aspectos, de las más progresivas del mundo, lo complicaba todo de inmediato. Esta realidad inflacionista, con impuestos regresivos, con precios mucho más altos que los extranjeros, mientras que por la amplia oferta de mano de obra nacional, los salarios marchaban por debajo de los de la mayor parte de los países adelantados, echaba al suelo todo este planteamiento. La tensión social, por eso, no disminuía, y la política social española, desde Cánovas del Castillo a Girón, no lograba crear algo esencial para el desarrollo económico: la paz social.

Este entramado, basado en estos ochos puntos esenciales de la política económica, se fue creando a partir del reinado de Fernando VII y sobre todo, del de Isabel II y, tras perdurar y ampliarse a lo largo de un siglo, era lo que existía a mediados del siglo XX. Parecía esencial para explicar el funcionamiento de la economía española. De ahí que se le haya bautizado como *economía castiza española*.

Y fue dentro de un entramado sociopolítico claramente conservador cuando todo esto iba a progresar. Por supuesto que grandes economistas, inequívocamente vinculados a este credo, desde Antonio Flores de Lemus, con un apoyo político extraordinario a Maura, a Manuel de Torres y su evolución desde la Derecha Regional Valenciana, a la defensa del Régimen de Franco en su artículo "La misión intelectual del economista", clamaban por el cambio. Los intereses creados, la sabiduría convencional, las consecuencias de la política de neutralidad que, con antecedentes en Prim, implantó Cánovas del Castillo y, todo hay que decirlo, la evolución de la política económica mundial, hicieron que esta realidad construida a partir de 1844, permaneciese sin cambios esenciales hasta 1953. La Guerra Fría había estallado en 1947, y al Gobierno español no le pareció mal participar en este nuevo y original conflicto que se desarrollaba en el Este de Europa. El gran protagonista de la contienda, por el lado de Occidente, eran los Estados Unidos. Tenía Norteamérica muy clara una convicción que enlazaba con los estudios que formulaban excelentes economistas sobre las restricciones al comercio internacional y sobre los errores que originaba el alejamiento de la economía de mercado. El Gobierno de Washington era consciente de que sin una economía muy sana, el ámbito europeo podría ser presa del comunismo.

Poco a poco nuestros planteamientos bélicos y diplomáticos, nos llevaron, en 1953, a los Acuerdos con los Estados Unidos, lo que significaba una alianza militar con uno de los contendientes. Pero éste no ocultaba su preocupación por la situación económica española. De ahí que en los propios Acuerdos de 1953 se señalase con toda claridad, que nuestra política económica debería efectuar modificaciones importantes para poder ser un eficaz miembro de la alianza anticomunista. Claro que una realidad económica, cuajada durante un siglo, ofrecía resistencias a cualquier cambio. Los intereses creados son siempre factores de freno a toda transformación. El profesor Muns nos ha relatado lo decisiva que fue una visita del entonces Secretario de Estado norteamericano, Foster Dulles, a Franco, para pedirle que abriese la economía hacia la ortodoxia, confirmándole que si lo hacía, cualquier incidencia que pudiese molestar al equilibrio, no ya, económico, sino político español, tendría un respaldo firmísimo por parte de Norteamérica.

La acción diplomática española tendía a normalizar nuestra situación internacional. El ingreso en una serie de organizaciones, incluidas las propias Naciones Unidas, pasaba a considerarse como algo fundamental. Una de éstas, la Organización Europea de Cooperación Económica (OECE) se había convertido en la antesala para poder optar a uno de los dos grandes proyectos de vinculación económica continental: el del Tratado de Roma, que inició en 1957 una realidad novísima al surgir las Comunidades Europeas, tras la inicial del Carbón y del Acero (CECA), o el del Convenio de Estocolmo, o Asociación Europea de Comercio Libre (EFTA), que capitaneaba el Reino Unido. Pero he ahí que la OECE planteaba, ante el ingreso de España, exigencias notables de cambio de la política económica. Dígase lo mismo de las advertencias del Fondo Monetario Internacional y de las del Banco Mundial, las dos criaturas nacidas con los acuerdos de Bretton Woods, y a los que España, desde el punto de vista diplomático, no quería renunciar. Los dictámenes y consejos de ambas instituciones eran clarísimos. Naturalmente, recibimos críticas análogas al aproximarnos al GATT, el Acuerdo General de Tarifas y Comercio, que era la reacción norteamericana contra la creación por la Carta de La Habana de la denominada Organización Internacional de Comercio, por poder actuar en ésta la Unión Soviética.

En 1957 había cambiado el Gobierno, y con él el modelo económico, precisamente a manos de expertos y políticos conservadores. El ministro de Comercio, Alberto Ullastres, era un convencido de que no existía otra vía que la de un cambio radical de la política económica. En una ocasión le pregunté cómo se había atrevido, en 1959, con una crisis enorme de balanza comercial, a abrir la economía, y me contestó: –"Porque había estudiado a fondo el *De Economia Hispana* de Perpiñá Grau –otro economista inequívocamente conservador desde el punto de vista intelectual, como ha probado el profesor José Ramón de Espínola en su tesis doctoral *La teoría estructural de Román Perpiñá Grau*–, y comprendido que si España quería prosperar, no tenía otro remedio que cambiar el cierre tradicional por la apertura. De ahí, de aperturas, no de cierres, es de lo que ha dependido nuestro progreso siempre. De cierres, de frenos, derivan sistemáticamente nuestros males". Otro ministro, el de Hacienda, Navarro Rubio, tenía muy claro que sin equilibrio presupuestario era inimaginable el progreso de nuestra economía. Estas dos palancas en el seno del Gobierno, más el complemento de algunas otras, como la acción y opinión en la dirección adecuada del Ministro Castiella, fueron decisivas. Y en otro orden de cosas, no debe olvidarse que fruto de esa transformación estructural pudo implantarse el Sistema de Seguridad Social en España, con la Ley de Bases de 1963, de Jesús Romeo, de cuya adscripción ideológica al mundo conservador me atrevo a dar fe.

También tuvo mucho que ver con esto el progreso de la macroeconomía. Tiene toda la razón Prescott, cuando en su discurso al recibir el Premio Nobel, *La transformación de la política y la investigación macroeconómica*, señala: "Antes de que Frisch creara la Sociedad Econométrica en 1930, y lanzara *Econometrica* en 1933, los economistas neoclásicos habían hecho muy poco en lo que se refiere a verificar los resultados teóricos por medio de observaciones estadísticas. En su discurso Nobel, Frisch escribió que la razón era, en parte, que las estadísticas entonces disponibles eran de mala calidad y, en parte, que la teoría neoclásica no se había desarrollado con la vista puesta en la contrastación sistemática. Los institucionalistas americanos y la Escuela Histórica alemana lo señalaron y abogaron por dejar que los hechos hablaran por sí mismos. El impacto de estas escuelas sobre el pensamiento económico fue mínimo. En palabras de Frisch –en su aportación *From utopian theory to practical applications: the case of econometrics* al recibir el Premio Nobel en 1970– "los hechos que hablan por sí mismos lo hacen en un lenguaje muy ingenuo". Ahora la teoría deriva sus conceptos de la medición y, a su vez, la teoría sugiere nuevas mediciones·. Esto es lo que supone la revolución macroeconómica.

En España eso supuso que en el pensamiento conservador, hasta que en 1930 se publicó el *Dictamen de la Comisión del Patrón Oro* y en 1936 apareció *De Economía Hispana* de Perpiñá Grau, no había asidero para intentar una rectificación. En 1943, con el comienzo de los cursos en la Facultad de Ciencias Políticas y Económicas de la Universidad de Madrid, estas ideas pasan a iniciar un proceso de generalización. El papel en ese sentido de la TIOE 54 y de la CNE 54 fue fundamental, y en parte notable impulsado por Manuel de Torres, otro de los economistas conservadores, como ya he señalado.

La política intelectual y políticamente conservadora se va a acentuar en su apoyo a la opción europea de los Seis a partir del Acuerdo

Preferencial Ullastres y de la apertura de las negociaciones para una incorporación plena por parte del Gobierno de Adolfo Suárez, con el añadido de una reforma tributaria planteada por Enrique Fuentes Quintana, Vicepresidente económico del Gobierno Suárez, aparte de la paz social, o si se prefiere, del equilibrio social, que eliminó prácticamente todas las ansias utópicas, a partir del Pacto de La Moncloa, que se debe, en lo esencial, también a Fuentes Quintana en un Gobierno Suárez. La culminación, con el ingreso en el área del euro, se deberá a la puesta en acción del modelo Aznar-Rato, a partir de 1996. Este modelo Aznar-Rato, sobre todo con su política reprivatizadora, da un paso de gigante para conseguir que en España funcione con mucha amplitud, la economía de mercado, tal como, sobre todo, lo había predicado Eucken.

De siempre me apasionó seguir la evolución de este pensamientos, sus meandros, sus rectificaciones, sus enlaces, ya con los autoritarismos –recuérdese a Primo de Rivera y a Franco–, ya con las tesis nacionalistas y socialistas que nacieron en las trincheras de la I Guerra Mundial, como nos ha explicado magníficamente Ernst Jünger y que en España había comenzado a desarrollar José Antonio–, o ya con la doctrina social de la Iglesia, como se contempla, por ejemplo, en los planteamientos que comenzó a poner en práctica desde 1934 José María Gil Robles. No se debe olvidar tampoco el pensamiento militar, muy influyente en este ámbito, como nos ha documentado Elena San Román y se desprende de la lectura sobre todo de los *Memoriales* de Artillería e Ingenieros, y sin lo cual no se entiende la figura de Juan Antonio Suanzes.

Para construir este libro que se plantea escudriñar la elaboración de ese pensamiento conservador en el flanco económico, decidí recorrer todo el espacio que se extiende desde que el 31 de diciembre de 1874, pasa a actuar como presidente del Ministerio Regencia, Antonio Cánovas del Castillo, y sin olvidar el Gobierno Silvela del 4 de marzo de 1899 al 22 de octubre de 1900, con Raimundo Fernández Villaverde en Hacienda, salvo unos pocos meses de 1900, llega hasta el final del Gobierno Largo de Maura, que concluye el 21 de octubre de 1909.

Ahí surgen, evidentemente, mil realidades muy importantes de nuestra economía. Ese largo espacio de treinta y cinco años, sirve para captar parte importante del pensamiento y de esa acción de la política económica conservadora en su primera etapa.

* * *

De ahí que en este volumen ofrezca tres capítulos. El primero, sobre Cánovas del Castillo; el segundo, sobre Silvela y el tercero, sobre Maura. Son los tres –para emplear una expresión de Silvela– los tres grandes caudillos conservadores de la Restauración.

Para esta etapa aprovecho, revisándolos a fondo, dos trabajos previos publicados. El uno es el *Prólogo* que escribí al tomo IV, *Escritos de Economía Política*, de las *Obras completas* de Antonio Cánovas del Castillo (Fundación Cánovas del Castillo, 1997). El otro es mi participación en el homenaje que se tributó a Francisco Silvela y a Raimundo Fernández Villaverde en la Real Academia de Ciencias Morales y Políticas, publicado en sus *Anales*, curso académico 2005-2006, tomo LVIII, nº 185. El trabajo sobre Maura merece alguna puntualización mayor.

Tuve, desde muy niño, vivencias y opiniones relacionadas con Maura. Mi padre inició su vida política en el maurismo. Después pasó, dentro de la lucha contra el caciquismo, al Partido Reformista, y sin dudarlo, aceptó ser Alcalde con la Dictadura de Primo de Rivera, como de 1938 a 1941 había de serlo con el Régimen de Franco. Muchas veces me explicó por qué, a su juicio, no había incongruencias en esos pasos. Para explicarse mejor adujo textos, y así es como, hace muchísimos años, leí algo sobre Maura y el maurismo.

Poco a poco fiché cosas y amplié mi visión. Sin embargo, tres cuestiones me acercaron el tema. La primera, mis investigaciones sobre Flores de Lemus. Las ideas de Maura y sus decisiones políticas no son ajenas a actitudes del gran economista español. La segunda, mi estudio de la política económica de la Dictadura de Primo de Rivera. ¿Cómo entenderla sin hacer excursiones por el maurismo? En tercer lugar, en 1975 comenzó la Transición. Dos grandes opciones lanzaron mensajes populistas. Una, fue UCD. Algo he escrito sobre el populismo de su fundador Adolfo Suárez. Otra AP. También he buscado sus raíces, y en relación con uno de sus grupos fundadores, la UDPE, algo trabajé para que este populismo fuese auténtico. La pulverización de UCD y el nacimiento del Partido Popular zanjó el tema de qué populismo sería el heredero de uno que nace en Maura, a principios de este siglo. Algo de esto expuse en mi libro *Fraga o el intelectual y la política. Una visión desde la economía* (Planeta, 2001). Cuando se observa el mensaje de la democracia cristiana alemana o el de la UMP francesa, o incluso el giro con Cameron del Partido conservador británico, se comprueba que sería una simpleza no darse cuenta que lanzan mensajes que suenan en muchos oídos españoles con música sistemáticamente escuchada aquí, y que explican mensajes inequívocos de Manuel Fraga.

Una investigación sobre los economistas españoles, otra acerca de la historia económica contemporánea, más la legítima curiosidad que, como ciudadano tenía sobre las opciones que se alzaron a lo largo de la Transición, cayeron como lluvia sobre la tierra donde ya estaba depositada la semilla de la cuestión Maura. Sólo era preciso un catalizador. En una reunión de la Fundación Cánovas del Castillo, hablé del posible interés de la investigación de la política económico-social generada por el *Gobierno largo* Maura. Manuel Fraga, quien entonces la presidía, inmediatamente, me encargó una conferencia sobre este tema, para el ciclo que esta Fundación desarrollaba en el Instituto de España. La preparé, y la pronuncié el 6 de octubre de 1983. Profundicé en algunos puntos para la lección inaugural del curso 1983-84 en el Colegio Mayor Nuestra Señora de la Asunción de Córdoba el 15 de noviembre. En el verano de 1984, en La Granda, reescribí, de nuevo, todo el texto, ampliando bastantes cosas. De paso revisé el tema de Cánovas del Castillo, al encargarme de publicar su polémica con Costa de 1883 para el *Boletín de la Real Sociedad Geográfica*. Finalmente, los temas de la política económica de estos populismos los abordé en el cursillo que di, también en 1984, en el mes de septiembre, en la Universidad Internacional del Atlántico, en Poyo, bajo la dirección del profesor Palacio Atard. Comprendí que carecía de sentido que esta salida inicial quedase inédita. Sólo podría mejorarse al aparecer en la plaza abierta de la discusión de un texto impreso. Después, he seguido profundizando en la cuestión, tras otra intervención en la Universidad Internacional Menéndez y Pelayo, y por otro lado, he pasado a representar a la Real Academia de Ciencias Morales y Políticas en la Fundación Antonio Maura, lo que me ha servido para que la figura de este gran político se me hiciese más familiar. Recogí alguna parte de esas cuestiones en el ensayo *Nace una política industrial corporativista, intervencionista, populista y nacionalista: la del Gobierno largo de Maura (1907-1909)* en el volumen *Industrialización en España: entusiasmos, desencantos y rechazos. Ensayos en homenaje al profesor Fabián Estapé*, coordinados por Germán Bel y Alejandro Estrada (Civitas, 1997). Ahora he revisado todo este material, y considero que tiene sentido publicarlo precisamente en el centenario del inicio del *Gobierno largo*, y hacerlo junto a los análisis sobre Cánovas del Castillo y Silvela.

He de dar las gracias por sus puntos de vista, que he tratado de incorporar, o por sus generosas críticas del manuscrito, a Jaime Suárez, a Ricardo de la Cierva, a Vicente Palacio Atard y a José María García Escudero. También a los funcionarios del Archivo de Editorial Católica, que pusieron a mi disposición colecciones de revistas y periódicos de los años 1907 a 1910, que me fueron muy útiles. Por lo que se refiere a Cánovas del Castillo y a Silvela, debo extenderlas a los funcionarios de la Real Academia de Ciencias Morales y Políticas y a los de la extinguida Fundación Cánovas del Castillo. Y desde luego, por sus observaciones, a Juan Antonio Cánovas del Castillo. Lo mismo, por su paciencia en desentrañar, sucesivamente, mis diabólicos manuscritos y convertirlos en textos legibles, a Visitación López y a Conchita de Dios. Por supuesto que ninguno de ellos es responsable de mis equivocaciones.

Villalba (Lugo), 5 de febrero de 2007

Capítulo I

LOS MOTIVOS DEL INTERÉS PARA UN ECONOMISTA DE LA FIGURA DE CANOVAS DEL CASTILLO*

Interés por Cánovas: lo revolucionario y lo conservador

Estamos viviendo momentos de expansión en la economía española. El proceso europeo de la misma, iniciado, sobre todo, a partir de 1986 y acelerado diez años después, como una herencia postrera del choque industrializador tanto de los años cuarenta, como de los cincuenta y los sesenta, sin olvidar las consecuencias derivadas de una mayor igualdad en la distribución del producto, que se extiende, muy especialmente a lo largo de las décadas de los ochenta y comienzos de los noventa, amén de la necesidad de readaptar nuestra economía a todo un nuevo panorama, como resultado de la durísima crisis que se inició con otro choque, el petrolífero de finales de 1973, y todo ello dentro de un creciente proceso globalizador de las finanzas y de los sectores productivos de la economía mundial, así como de transformaciones tecnológicas muy importantes –como es la llegada de la sociedad digital– en el más amplio panorama de la Revolución Industrial, amén de la ampliación del ámbito del mercado, crean una

* Publicadas ya las *Obras Completas* de Antonio Cánovas del Castillo, con motivo del Centenario de su asesinato, por la Fundación Cánovas del Castillo, todos los textos aquí citados aparecen en el tomo IV, *Escritos de Economía y Política*, Fundación Cánovas del Castillo, Madrid, 1997. Sin embargo, prefiero mantener las referencias por las ediciones originales.

estructura económica española que, aparentemente, tiene poco que ver con la que existía hace ahora exactamente un siglo.

Sin embargo, la lectura de toda la obra económica de Antonio Cánovas del Castillo merece, a mi juicio la pena, al menos por dos motivos. Por supuesto que el primero es el meramente erudito, pero siempre notable, por tratarse de persona de numerosas lecturas y que, como veremos, a través de ellas aportó conocimientos interesantes sobre el pensamiento económico español especialmente para el siglo XVII. Pero aun interesa más el segundo motivo, el de contemplar a Cánovas del Castillo como protagonista, también en lo económico, de una obra que siempre será la de uno de los grandes políticos españoles que consolidaron el mensaje conservador entre nosotros, fundamental para que pudiese a su vez consolidarse en España la Revolución Industrial. Debe entenderse por esta última, ese proceso de colosal acumulación de bienes y servicios que se inicia en el mundo a partir de 1783, cuando el Tratado de Versalles ratifica la independencia de los Estados Unidos. Coexiste con la Revolución liberal, claramente exhibida a partir de 1789 y Francia; con la Revolución científica y tecnológica, que venía de más atrás, como prueban los nombres de Newton y Leibnitz, a su vez ligada a la revolución filosófica de Descartes, y a la religiosa que se desprende de la Reforma por un lado y de la Escuela de teólogos de Salamanca por otro; con la ampliación de los mercados, a causa de los descubrimientos y conquistas de los portugueses y de los españoles, que hicieron realidad el Tratado de Tordesillas de 1494; asimismo con el Romanticismo, bien visible ya en toda la obra de Rousseau, al que se va a ligar un nacionalismo progresivamente fuerte. El mundo nació, por eso, radicalmente diferente tras este colosal chapuzón de novedades. Es el contemporáneo el que así vio la luz, con un alud tal de riquezas y tecnologías que muy poco tiene que ver con el que existió a partir de la revolución del Neolítico y que, con el nombre de Antiguo Régimen, llegó a los umbrales del siglo XIX.

Cuando contemplamos este mundo contemporáneo en la etapa que concluye con el asesinato de Cánovas, y lo hacemos con la adecuada serenidad científica, que no siempre se desprende de muchos de nuestros historiadores, porque, sin querer toman partido en medio de las pugnas fratricidas españolas del siglo XIX, observamos, al menos cinco rupturas revolucionarias, obligadamente breves, seguidas de unas largas etapas conservadoras, de reconstrucción. Cada una de éstas nace a partir de otros planteamientos, esto es, con raíces en los cambios creados por estas revoluciones. Así es como se ha dado origen a toda nuestra vida actual y, muy en particular, a la económica.

La primera revolución es la que se extiende desde el Motín de Aranjuez, el 19 de marzo de 1808, al final de la Guerra de la Independencia, quizás ampliada a la independencia del continente americano. Es seguida por una breve etapa de reconstrucción absolutista, porque Fernando VII, entonces, no concebía una etapa conservadora más que en cuanto vuelta al Antiguo Régimen. Como era natural, esto provoca una segunda revolución, la constitucional de Riego, que se extiende de 1820 a 1823. Va a ser seguida de un bastante largo periodo de reconstrucción, durante el cual Fernando VII ya ha aprendido que es el puente a algo nuevo y, por lo tanto, que lo mismo debe temer a los emigrados doceañistas en Londres, que a las maquinaciones de los ultrarealistas, en el partido que encabeza, de forma cada vez más visible, su hermano, el infante D. Carlos. Durante esa etapa de diez años, se vuelve a estructurar –recordemos el Código de Comercio de Saínz de Andino de 1829– el conjunto de nuestras instituciones jurídicas para adecuarlas a la Revolución Industrial y a la liberal. Artola dirá que este Código de Comercio "creó el cauce legal para la formación de compañías mercantiles, introduciendo la novedad de las sociedades anónimas, que habían de permitir, dentro del modelo liberal, las grandes acumulaciones de capital que la revolución industrial y de las comunicaciones requería"[1]. Se verifican esfuerzos, continuadores del arreglo de la deuda de Martín de Garay, para poner orden en una Hacienda muy perturbada por demasiados años de tensiones hondísimas y de guerras en Europa primero y en América después. Finalmente, se observa un tímido inicio de la que podríamos calificar como po-

[1] Cfs. Miguel Artola, *La burguesía revolucionaria (1808-1869)*, tomo V de *Historia de España Alfaguara*, Alianza Editorial. Alfaguara, 1973, pág. 266.

lítica de fomento de las nuevas actividades, a través de Exposiciones, distinciones y ayudas[2].

A partir de 1834 se inicia la tercera etapa revolucionaria, que va a durar hasta que los moderados alcanzan el poder en 1844. La I Guerra Carlista va a presidir esta gran quiebra. El gran protagonista será Mendizábal. Leemos así la justificación de un planteamiento revolucionario por éste en las *Memorias* de alguien que le conoció y comprendió muy bien, Ramón Santillán[3]: "¿Podía seguir (Mendizábal) la misma marcha que sus antecesores? Si así lo hubiera hecho, si lo hubiera siquiera intentado, no habría durado un mes en el poder; y lo que es peor, habría agravado los peligros de la situación hasta el punto de comprometer del modo más alarmante la causa de la Reina. Nuestros ejércitos, batidos en todas partes, se hallaban completamente desmoralizados; los pueblos, en su inmensa mayoría, estaban más decididos por D. Carlos que por Dª Isabel; y de los hombres adictos a la Reina, unos eran tibios y por consiguiente, incapaces, no ya de adoptar, sino aun de soportar las grandes medidas que las circunstancias exigían, y los más decididos buscaban la salvación en trastornos que

[2] Véase, por ejemplo, la *Memoria de la Junta de Calificación de los productos de la Industria Española remitidos á la Esposición pública de 1827, presentada al Rey Nuestro Señor por mano de su Secretario de Estado y del Despacho universal de Hacienda el Excmo. Sr. D. Luis Lopez Ballesteros*, Imprenta de D.L. Amarita, Madrid, 1828. En la pág. 15 de este interesante documento, como una especie de muestra del retraso con el que iniciábamos la Revolución Industrial, se puede leer: "Los que están acostumbrados a esos alardes magníficos que se repiten en algunos países extranjeros, donde millares de objetos que los progresos de la inteligencia industrial han elevado a la perfección posible, deslumbran los ojos y cautivan la imaginación, habrán encontrado quizá limitada y pobre nuestra Exposición de 1827", que había tenido lugar en Madrid, "en las salas del Real Conservatorio de Artes", en los meses de junio y julio de 1827. El Catálogo de los objetos que se llevaron a la Exposición pública de los productos de la Industria Española en 1827, por orden alfabético de los nombres de las personas que los han presentado, pueblos donde están elaborados, y precios al pie de fábrica, que aparece en la citada Memoria, págs. 75-186, se abre con esta ficha: "Abella (D. Mariano Lucas). Madrid. Un cuadrito con un dibujo que figura un bordado hecho de canutillos de papel de colores" , y se cierra con esta otra: "Zubia (D. Ramón). Blanca de Murcia. Tres madejas de seda de la China, cosechada por él mismo, simiente del Real Jardín Botánico de Madrid".

[3] Cfs. Ramón Santillán, *Memorias (1808-1856)*, Tecnos. Banco de España, Madrid, 1996, págs. 173-176.

destruían todos los elementos de gobierno. No podíamos ya contar con auxilio alguno eficaz de nuestros aliados extranjeros, y los recursos nacionales parecían totalmente agotados con los esfuerzos que ya se habían hecho. Valor bien extraordinario se necesitaba para encargarse del Gobierno en medio de tantas angustias; y es preciso confesar que Mendizábal lo tuvo y que, dígase cuanto se quiera de las medidas que adoptó, a ellas de debió muy principalmente entonces la salvación del trono de Isabel II... Mendizábal permitió acabar la guerra civil con los recursos nacionales... y le era indispensable predisponer la opinión pública para soportar los sacrificios que debían imponerse de nuevo... Medida revolucionaria era sin duda la de declarar soldados a todos los hombres que debían entrar en los sorteos, sacándose por de pronto cien mil para reforzar nuestros ejércitos... Sin duda no era bastante reforzar nuestros ejércitos con cien mil hombres y con la movilización de una gran parte de la Milicia Nacional; era preciso armarlos, vestirlos y mantenerlos; dificultad inmensa... En efecto; las rentas ordinarias, reducidas a límites que comprometían el servicio y la dignidad del Estado, en vez de aumentos, experimentaban por el general desorden... grandes menoscabos... En situación tan desesperada no quedaba más salida que la de expedientes y arbitrios. A éstos acudió forzosamente Mendizábal, admitiendo la redención pecuniaria de la quinta de los cien mil hombres y de la movilización de la Milicia Nacional, y estableciendo un sistema de giros y contragiros entre las provincias y la Capital, por cuyos dos medios pudo entretener algún tiempo las obligaciones más apremiantes y aun las que no lo eran... Mendizábal fue el que inauguró entre nosotros el sistema de contratos de anticipación de fondos al Tesoro, que tan censurado fue entonces y después por las excesivas ganancias que ofrecieron a los que en ellos tomaron parte; pero hoy puede decirse que a estos contratos se debe muy principalmente el triunfo de la causa que defendíamos... Las Cortes, en circunstancias menos azarosas, hubieran sido sobradamente exigentes porque el partido liberal únicamente representado en ellas, no se contentaba con el uso estéril de la palabra... Rodeadas de peligros, las Cortes debían llegar a ser turbulentas y a dejarse dominar... por el partido más violento, del cual no había que esperar miramientos en las reformas... El partido liberal había sufrido demasiado en la reacción de 1823, cuyos excesos no fueron poco excitados por el clero secular y regular, y se hallaban ambos demasiado pronunciados en favor del pretendiente D. Carlos para que se les dejase intactos en medio de aquella tormenta... Era ésta la opinión de todo el partido liberal, y si la facción moderada había creído poder neutralizar con un sistema templado las tendencias del clero, el poco fruto que de su conducta había sacado era una razón decisiva para que los progresistas abandonasen toda consideración y marchasen directa y resueltamente a uno de los principales objetos de la revolución..., la desamortización eclesiástica, que al mismo tiempo que debía servir para amortizar una gran parte de nuestra insoportable deuda pública, necesariamente había de crear nuevos intereses y por consiguiente nuevos, numerosos y decididos partidarios de las instituciones liberales... De dilapidación fue calificado este sistema de ventas; y sin embargo él era el que mejor llenaba el objeto al que la venta se dirigía... Un sistema económico que tenía estancadas cerca de dos terceras partes de la propiedad inmueble en clases privilegiadas, no podía desaparecer ni aun modificarse sino por medios violentos, revolucionarios. Las consecuencias de los empleados por Mendizábal han correspondido evidentemente a su propósito, y ésta es su mejor justificación..."

Tras esta etapa revolucionaria, a partir de 1844 y hasta 1854, con Narváez en el poder, y Mon, Santillán y Bravo Murillo, como muy señeros ministros de Hacienda, tiene lugar una importantísima etapa de reconstrucción e institucionalización de la vida económica toda. La irritación de O'Donnell y de los moderados molestos por la atmósfera corrompida que surgía de las filas de su propio partido –¿es necesario mencionar mucho más que el famoso asunto del Banco de Isabel II?– dieron lugar a que *jóvenes turcos* creasen el partido Unión Liberal, constituido por oficiales y políticos jóvenes, de mentalidad totalmente conservadora, como Cánovas del Castillo, herederos de los *puritanos* de 1845 y del ala derecha de los progresistas, como fue el caso del banquero José Manuel Collado, aquel que, según Marx, adelantó el dinero que Dulce y O'Donnell necesitaban para la Vicalvarada.

Todo esto, más la presión, harto tiempo frenada por Narváez, del partido progresista, dio lugar, tras tal Vicalvarada, a la aparición del cuarto corte revolucionario: el del bienio progresista. La segunda desamortización, o Desamortización Madoz; las liberales leyes sobre la Banca, incluida la de emisión; la legislación ferroviaria, que hará posible, entre otras cosas, por sus talantes librecambistas subyacentes, que una riada de fondos extranjeros llegase a España para la rápida construcción de la red; una serie de disposiciones mineras que, entonces, se juzgó adecuada, y que años después criticaría de modo acerbo el famoso geólogo Lucas Mallada, fueron algunos de los frutos de lo que sin duda puede también calificarse como una auténtica explosión revolucionaria.

Hasta 1868 de nuevo tuvo que existir una política conservadora para que, de todo esto, no se derivasen males tremendos, que más de una vez efectivamente actuaron de modo muy perturbador. La crisis bancaria de 1866 tiene ahí su raíz; Nadal nos advertirá sobre las consecuencias de freno a la industrialización española que tuvo la legislación ferroviaria, y Bernis sobre la perturbación que en la localización de la actividad económica se derivó del sistema de tarifas que se implantó por las compañías concesionarias; además, ya hemos mencionado lo que Lucas Mallada dice sobre el panorama minero, y conviene recordar que incluso con medidas como el *Catálogo de los Montes de Utilidad Pública*, hubo de frenarse la acción desamortizadora, porque amenazaba con eliminar aspectos muy importantes de nuestra realidad forestal.

El partido moderado, aun a pesar de los esfuerzos, con un origen lejano en los llamados puritanos, de un Andrés Borrego, por ejemplo, había quedado herido de muerte porque su actuación en estos años, que iban a ser los postreros del reinado de Isabel II, le había desacreditado definitivamente. De una escindida y liquidada Unión Liberal, sobre todo tras la muerte de O'Donnell, nada cabía esperar. El partido demócrata decidió cortar, de nuevo, revolucionariamente, con todo lo anterior. Superó por la izquierda al partido progresista y se convirtió en el fundamento político e intelectual del Sexenio Revolucionario, que abarca de 1868 a 1874. En él, un equipo de economistas más que aceptablemente preparados –entre otros, como especialmente destacados, los Echegaray, Figuerola, Bona, Sanromá, Gabriel Rodríguez, Vázquez Queipo– pasó a intentar situar a España dentro de un modelo librecambista. En 1874, de todo ello no quedaba más que un montón confuso de nuevas instituciones a las que se intentaba volver a situar en odres viejos, en medio de un caos hacendístico descomunal, de las vacilaciones de Tutau y de una reorientación de la política económica mundial hacia el proteccionismo, encabezada por dos potencias que comienzan entonces, además, a desarrollarse vertiginosamente: Norteamérica y Alemania.

Fue preciso reaccionar, y así se explica la política toda de la Restauración y la Regencia, con una fuerte carga conservadora que tuvo un protagonista esencial, hasta 1897, en Cánovas del Castillo, quien aun más allá de su asesinato ganaría batallas a veces importantísimas, porque es difícil entender la economía española del siglo XX sin referirnos a esta coordenada de Cánovas.

EL PERSISTENTE MENSAJE DE CÁNOVAS DEL CASTILLO

Volviendo sobre lo que se acaba de indicar, bien puede decirse que la economía española del siglo XX fue, hasta 1959, hija de la de Cánovas del Castillo. A partir de tal año y hasta, precisamente, 1997, la misma se constituyó como una especie de rectificación a Cánovas. Un siglo después del magnicidio de Santa Águeda, con nuestra incorporación a la tercera fase de la Unión Económica y Monetaria, entra España en una situación tan diferente que bien podríamos decir que el siglo XXI va a ser el que borre definitivamente –salvo quizás en el campo–, la que fue profundísima huella de Antonio Cánovas del Castillo en nuestra economía.

Parece, pues, lógico, que al revisar la vida de Cánovas del Castillo lo veamos casi sobrecogido por la tarea que se le viene encima. Cuando el partido moderado comenzó a degenerar por los meandros de la corrupción, contemplamos a Cánovas del Castillo en la Vicalvarada y en el seno de la Unión Liberal, partido que, una y otra vez, pactó, gobernó o, al menos, convivió, tanto con los progresistas como con los demócratas que van a engendrar el Sexenio Revolucionario. Al salir de esa confusión, el partido liberalconservador recogerá, bajo la dirección de Cánovas, todo lo que sobrenadaba vivo, procedente del viejo realismo no carlista, de los moderados y de la Unión Liberal, en una nación que se transformaba. La cuestión queda clarísima en la carta de Cánovas a Martín Belda, marqués de Cabra, fechada el 28 de mayo de 1876: "De aquí a mes y medio tendremos Constitución, presupuestos y ley de Fueros, de seguro, y probablemente también organización provincial y municipal, todo en sentido más conservador y autoritario que lo teníamos al tomar el poder el último ministerio Narváez... No sé yo que después de la reacción de 1843 se lograra tanto en tan breve plazo, ni menos después de la de 1856".

Cánovas del Castillo se da perfecta cuenta de por dónde fluye el hilo de la Historia, tanto de la mundial como de la española, y parece comprender que los otros políticos no lo perciben. De ahí que considere que, por sentido de la responsabilidad, ha de aceptar la carga que se le viene encima, pero lo hace con la convicción de que hubiera sido preferible que pasase de él ese amargo cáliz, porque el problema de España, es posible que sea insoluble. Quizá por eso sea un pesimista que es consciente de que se enfrenta con el trabajo de Sísifo. Los rasgos de su pesimismo son continuos. En su poema dedicado al rey Alfonso XII con motivo del fallecimiento de la Reina Mercedes –con poco estro, por cierto–, escribirá:

!Oh, pasad, esperanzas malogradas
De un pueblo sin fortuna!

En la citada carta recordará que había dicho: "Si yo logro llevar a España a Don Alfonso; si logro terminar la guerra civil; si logro reconstituir la Nación, restableciendo el ejercicio del sistema representativo; y aunque lograra también terminar la guerra de Cuba, y arreglar la Hacienda, dotando a España de un presupuesto formal... me contentaré con que no me ahorquen, simplemente". Y agrega: "Aquí me tiene usted, pues, luchando día y noche, multiplicándome, matándome, sin una ilusión, sin una esperanza, sin el menor asomo de satisfacción. Es el deber, y por serlo lo cumpliré mientras se me imponga". El 11 de noviembre de 1883, en el discurso de clausura del Congreso Español de Geografía Colonial y Mercantil, dirá: "...Desconfiad de los optimismos... Limitaos a aquello que es hoy hacedero, preparad lo que sea posible mañana, marchad lentamente y con grandísima prudencia, curaos de las ilusiones que os queden, no fiando a ninguna solución optimista la solución de los problemas del porvenir".

En su discurso en el Ateneo de 10 de noviembre de 1890 expondrá esta actitud de forma tajante: "Quien espere gratitud inmediata por sus servicios reales y posibles, no merece llamarse hombre de Estado. Por demás se sabe que el común de las gentes ni agradece ni aplaude sino lo que lisonjea sus vecinos intereses o la satisfacción total, que no sujeta a medida alguna, de sus pasiones".

Todo esto se deriva de un intento de análisis realista de nuestras posibilidades, muy fundamentalmente de las económicas, que ya le habían conducido en 1860, en sus *Apuntes para la historia de Marruecos*, a señalar que los hombres de Estado, "preciso es que sepan que lo son para dirigir la política y no para realizar las inspiraciones poéticas de las naciones". Todo intentó superarlo con el proteccionismo.

CÁNOVAS DEL CASTILLO ENTRA EN ACCIÓN

Existen momentos en que los políticos se definen. Antes de una fecha determinada, los vemos, incluso a veces, seguir caminos zigzagueantes. De pronto da la impresión de que encajan en la historia y, a partir de ese momento, todo pasa a ser perfectamente congruente. En el caso de Cánovas del Castillo, para mi eso sucede en 1883. Estaba más que liquidada la Segunda Guerra Carlista. El lamentable espectáculo de los debates entre *La Fe* y *El Siglo Futuro*, secundado por los espantosos ataques entre *El Rigoletto* y *El Cabecilla*, reducían a la nada las pretensiones del residente en el palacio de Loredán. También, como diría Pi y Margall, tras las intentonas de Badajoz, Santo Domingo de la Calzada y La Seo de Urgel, se vino al suelo toda posibilidad de que retornase el régimen del Sexenio Revolucionario impulsado por la sociedad secreta ARM (Asociación Republicana Militar). Las palabras de Pi y Margall y de Pi y Arsuaga en su *Historia de España del siglo XIX* son claras: "Puede decirse que en 1883 se malbarató el caudal de la Revolución, que no era escaso. Nunca más volvió la causa de la República a contar con tantos elementos". Ruiz Zorrilla fue obligado a fijar su residencia en Londres. Finalmente, con la Paz del Zanjón, de 1878, sin perjuicio de que hubiese de liquidarse poco después la Guerra chiquita, y con la abolición de la esclavitud en 1880-1881, parecía que las principales preocupaciones de las Antillas estaban, cuando menos, aletargadas. Aún vivía Alfonso XII. La Constitución de 1876 comenzaba a ser considerada como un marco adecuado para nuestra convivencia. Sagasta se había convertido, por primera vez, en Presidente del Consejo de Ministros, después de haberlo sido con Amadeo I y con el extraño régimen republicano nacido el 3 de enero de 1874, tras el golpe de Pavía. Alonso Martínez había presentado a las Cortes un proyecto de ley de bases del Código Civil. Quedaba atrás, parecía que definitivamente, la situación agobiadora de la Hacienda que Cánovas había heredado del Sexenio Revolucionario, hasta el punto de que Camacho había sometido a los Cuerpos colegisladores un proyecto de presupuesto para el ejercicio de 1882-1883 en el que después de déficit sistemáticos –en 1880-1881, éste había superado algo los 100 millones de pesetas–, ahora se preveía un superávit de casi 350.000 pesetas, aparte de articular esta nueva situación con una serie de planes de reforma impositiva que iban a dar popularidad al Gobierno, porque se suprimían los impuestos de sal y de portazgos, pontazgos y barcajes, al mismo tiempo que se reducían las tarifas de la contribución de inmuebles, cultivos y ganadería, y las que gravaban sueldos, rentas y asignaciones, al mismo tiempo que se aprobaba el proyecto de ley orgánica del Tribunal de Cuentas y el de Procedimiento contencioso-administrativo.

Simultáneamente, en el panorama político español que dirigía como presidente del Gobierno Sagasta se presentaban cuatro nubarrones. El primero de ellos fueron los motines provocados en Barcelona por la protesta del Fomento del Trabajo Nacional ante el Tratado de comercio francoespañol que había entrado en las Cortes. El segundo, una agitación social creciente, abierta por la huelga de cajistas de imprenta, apoyada por el recién nacido partido socialista, que acabó con la prisión de Pablo Iglesias, quien fue condenado a cinco meses de cárcel. Por el otro lado de la Internacional, el bakuninista –que en España más habría que denominar espartaquista, con Constancio Bernaldo de Quirós–, se planteó el asunto de La Mano Negra. La tercera complicación fue la visita a Austria y a Alemania –desaconsejada por Cánovas– de Alfonso XII, culminada con la presencia del Rey de España en las maniobras germanas de Homburgo. Melchor Fernández Almagro, dirá sobre esta visita, en su *Historia política de la España contemporánea*: "Las maniobras duraron cinco días y a su final el Emperador Guillermo concedió a don Alfonso –sin aquiescencia de Bismarck– el nombramiento de coronel en propiedad del regimiento de Hulanos número 15, que se había distinguido en la guerra franco-prusiana, y que a la sazón guarnecía la famosa y litigada plaza de Estrasburgo. Con una sinceridad que cabría calificar de peligrosa, don Alfonso exteriorizó el entusiasmo vehementísimo que le produjo el ejército alemán, como antes el austriaco, e incluso cuanto se relacionaba con el Estado mismo, llevándole su falta de cautela al extremo de prometer, en un brindis, el apoyo de España al Imperio germánico en caso de nueva guerra, ...siendo el propio Guillermo I quien le llamó la atención sobre ofrecimiento de tamaña ligereza... La prensa de Berlín y Viena no pudo por menos de registrar las señales o indicios de que España se aproximaba a la Triple Alianza... La prensa de París no dejó de acusar el intencionado golpe... Determinados periódicos de París reaccionaron, afectando desdén o trasluciendo franca malevolencia contra España"[4].

Finalmente, en Ultramar las cosas comenzaban a complicarse. Como señala Manuel Moreno Fraginals en *Cuba/España. España/Cuba. Historia común*[5], "en 1882, Estados Unidos amenazó a España con recargar los aranceles de entrada de mercancías provenientes de Cuba, si continuaba el régimen discriminatorio de banderas. De esta forma España fue obligada a firmar el tratado comercial de 1884... Como todo este proceso tuvo lugar dentro de la gran crisis de ajuste de la década de 1880 (abolición de la esclavitud, tránsito de la producción manufacturera esclavista a la gran industria, fuerte competencia remolachera europea, etc.), la prensa y las discusiones de los partidos de Cuba y España se enfocaron en el futuro tratado España-Estados Unidos". Todo esto provocaba un choque entre la oligarquía financiero-comercial española, con apoyo fuerte en Cataluña, que ofrecía como alternativa el libre tráfico mercantil entre España y Cuba, al indicar que éste sería de cabotaje, sobre todo con los azucareros y tabaqueros. Pero, como dice, a renglón seguido Moreno Fraginals, "Cuba producía veinte veces el azúcar que España consumía, y el tabaco no tenía entrada libre en la metrópoli. Naturalmente que un tratado España-Estados Unidos, en la forma programada por los intereses azucareros de Cuba (que para 1890 ya eran mayoritariamente peninsulares), desestructuraba el comercio exterior español y determinaba la anexión económica de Cuba a Estados Unidos"[6]. El Partido Unión Constitucional (afín a los conservadores y tradicionalmente españolista) se dividió, y surgió el Partido Reformista, que logró llevar tras sí al *Diario de la Marina*, acercándose a las posturas más autonomistas-independentistas del Partido Liberal Autonomista, casi totalmente criollo.

---

[4] Cfs. Melchor Fernández Almagro, *Historia política de la España contemporánea. (Desde la Revolución de Septiembre hasta la muerte de Alfonso XII)*, Ediciones Pegaso, Madrid 1956, págs. 410-411.

[5] Cfs. Manuel Moreno Fraginals, *Cuba/España. España/Cuba. Historia común*, Crítica, Barcelona, 1955, pág. 269.

[6] Manuel Moreno Fraginals, ibidem.

Cuatro serios problemas –el catalán unido al proteccionismo, la cuestión social, las tensiones políticas europeas y el colonial–, exigían unas respuestas que Sagasta se veía incapaz de dar. Vacilaba demasiado entre el librecambismo –que le venía de sus antecedentes del Sexenio Revolucionario– y el proteccionismo; entre la represión y la libertad de acción para las organizaciones obreras –libertad que procedía, nada menos que de la preocupación de los progresistas por las clases menesterosas–; entre la Triple Alianza y la amistad de Francia –afecto hacia París que manaba, a su vez, del entusiasmo por la Revolución Francesa que tenían todas las fuerzas de izquierda–; finalmente, entre ceder ante los Estados Unidos, acentuando un autonomismo cubano que desembocaba en una independencia que podía terminar en un anexionismo –que era con lo que políticamente sentía más afinidad– y un mantenimiento de la soberanía española que en aquellos momentos parecía tener incluso el ascendente apoyo negro.

Cánovas del Castillo, tras el gobierno puente Posada Herrera –sin los problemas personales del general Serrano, duque de la Torre, otras podían haber sido las alternativas políticas españolas–, estaba seguro de que iba a gobernar y estaba preparado para ello. Las cuatro respuestas de Cánovas, que además, como es natural, se interrelacionan, están empapadas de lo que intenta ser un planteamiento coherente en política económica.

Conviene analizar estas cuatro réplicas. La primera es, naturalmente, la proteccionista. El 21 de mayo de 1888, Gabriel Rodríguez pronunció un discurso en el Ateneo de Madrid con el título de *La reacción proteccionista en España*[7]. En el fondo, podía haberlo titulado *Anti-Cánovas*. Pues bien, la réplica muy dura de Cánovas del Castillo, aparecida en el famoso folleto *De cómo he venido yo a ser doctrinalmente proteccionista*, es, ahora, apoyada con el refuerzo de "los males de España" que acababa de exponer Lucas Mallada en el número 312 de la *Revista Contemporánea*, el 30 de noviembre de 1888. También Cánovas busca otro respaldo y lo halla en una edición de 1887 de *The*

[7] Se puede leer bajo ese título en *Revista de España*, 1888, números 481 y 482.

Principles of Political Economy de Henry Sidgwick, precisamente en lo que siempre se ha considerado lo peor de Sidgwick. Debo a un trabajo excelente de Pedro Fraile Balbín[8] una perspicaz explicación del enlace entre Sidgwick y las tesis intervencionistas y proteccionistas. Señala el profesor Fraile, sobre esto, acertadamente, aludiendo a la edición de 1883 de los mecionados *Principles of Political Economy* que "Sidgwick se anticipa a los institucionalistas destacando la inercia de las costumbres como condicionante de los intercambios en el mercado, y argumenta que la competencia era más fácil de analizar que la cooperación y que por ese motivo –y no por su eficacia social– se llegó a convertir en el paradigma de muchos autores clásicos. Sidgwick considera que en la mayoría de los casos es imposible encontrar un sustituto adecuado a la concurrencia como mecanismo regulador de la sociedad, pero a pesar de ello dedica todo el libro III de sus *Principles* al "arte de la economía política", es decir, a la necesidad de modificar el mercado competitivo por medio de la intervención pública en casos en los que la utilidad social difiera de la individual, y en los que, por razones morales, interferir con la libertad de competir sea socialmente imprescindible".

Todo esto le permitió a Cánovas del Castillo reiterar unas viejas convicciones que van muy poco más allá de lo que sostenía el 22 de abril de 1882 en el Congreso de los Diputados: "Existe... otra confusión deplorable, que constituye un error clarísimo, la de los que creen que se ha de ser librecambista si se es liberal. Yo preguntaría a los que tal sostienen si se creen más libres que los ciudadanos de los Estados Unidos, donde cada día son más vivas las corrientes hacia la protección. La doctrina del librecambio no tiene nada que ver con el liberalismo, o lo que llaman liberalismo algunos. Es una cuestión especial: no es una cuestión de doctrina. Librecambio o protección depende de la situación especial en que cada país se encuentre. En esta opinión abundaba el general Grant cuando decía a los ingleses: «Dentro de

[8] *La retórica contra la competencia en España (1875-1975)*, publicado en *1900-2000. Historia de un esfuerzo colectivo. Cómo España superó el pesimismo y la pobreza*, coordinada por Juan Velarde Fuertes, Fundación BSCH, Planeta, Madrid, 2000.

100 años seremos más librecambistas que vosotros». Preparad a la industria nacional en condiciones de competir con los países más adelantados; proteged la riqueza del país; formad un gran capital nacional; y entonces diremos como el general Grant: «Dentro de 100 años seremos tan librecambistas como vosotros»".

Sin ningún empacho, unirá siempre este proteccionismo a la atracción de Cataluña a la política de Madrid. "Els segadors" contra el Conde-Duque de Olivares; los carlinos, frente a Felipe V y sus primeros descendientes; los carlistas frente a los liberales igualadores de acuerdo con sus modelos jacobinos, habían movido al general Martínez Campos a recomendar a Madrid que ofreciese garantías proteccionistas a Cataluña. Era quitar el agua al guerrerillero de las partidas carlistas, para seguir el símil bien conocido de Mao. Pero pronto se le presenta la dificultad de que la protección agrícola puede entrar en conflicto con la industrial. Una y otra vez se refugiará Cánovas, durante el debate del mencionado Tratado con Francia, en que hay que protegerlo todo y que es posible, por tanto, el proteccionismo integral de Ricardo Schüller[9]. Pero, en la propia Barcelona, ha de señalar de qué manera él hace punto clave en la cuestión con Francia sobre las trabas a la exportación del vino español –la que provocará el Arancel de Guerra de 1891–, la posibilidad de que la negociación puede dar lugar a cesiones que, naturalmente, no van a llenar de satisfacción al Fomento del Trabajo Nacional. El folleto de Cánovas del Castillo, *Necesidad de proteger a la par que la de los cereales la producción española en general*, preparado a partir de una intervención suya en Barcelona en 1888, da la impresión de ser un braceo inútil contra corriente, donde procura sacar a flote como puede una política de ayuda a todos, que a los catalanes no les convence. Una mezcla de defensa de la ocupación, de halagos a Cataluña, de necesidad de algo así como la traducción al español del prusiano pacto del centeno y el acero, que en este caso sería del trigo y del vino de Castilla con la producción industrial de Cataluña, es lo que expone en Barcelona. Naturalmente,

[9] Su exposición coherente se publicará en la obra de Schüller, *Schutzzoll und Freihandel*, Wien, 1905.

como no lo va a resolver, de aquellos fermentos que venían del siglo XVII, se alzará pronto la cuarta manifestación de protesta del Principado, en forma de movimiento catalanista. La Renaixença que contempla Cánovas, va a teñirse con presteza de exigencias muy concretas en lo político y, muy especialmente, en lo económico. El proteccionismo y Cataluña, ligados entonces de modo íntimo, le van a mover en 1883 a la acción, porque nada ve mínimamente bien orientado sobre todo esto en Sagasta.

Sospecho que esta última cuestión enlaza con su lógica preocupación por el problema vasco. La I Guerra Carlista, a través del foralismo, había exhibido, desde 1834, un claro mensaje separatista. En la *Revue des Deux Mondes* todo esto lo expusieron entonces, de modo clarísimo, M.L. Viardot y Léon Faucher[10]. Más adelante, aunque Cánovas del Castillo ha vencido en la II Guerra Carlista o si se prefiere, en la III, porque realmente la llamada II poca importancia tuvo –esta III Guerra carlista es de la que muy pronto se desprenderá el nacionalismo vasco fundado por Sabino Arana Goiri–, no se le ocurre el error de liquidar la situación fiscal foral vasca y navarra. Cánovas había estudiado bastante a fondo este problema foral con motivo de la nota que publicó sobre el libro de Miguel Rodríguez Ferrer, *Los vascongados, su país, su lengua y el Príncipe L.L. Bonaparte*, titulada *Los antiguos y modernos vascongados: su origen y sosiego secular, y su situación e inquietudes actuales*, aparecida en *Revista de España* en 1873.

En sus análisis acerca de la separación de Portugal durante el reinado de Felipe IV, calificaría Cánovas de "herencia infeliz que Felipe

[10] En el trabajo de Léon Faucher, *L'Union du Midi. Association commerciale de la France avec la Belgique, l'Espagne et la Suisse*, en *Revue des Deux Mondes*, 1 marzo 1837, resume en las págs. 38-40 los argumentos expuestos previamente, en la misma revista, por Viardot. Este es, asimismo, autor del *Essai historique sur les Provinces basques*, Teycheney, Bordeaux, 1836. Para Léon Faucher -recordemos que se escribía toda esta literatura en plena I Guerra Carlista-, "entre las provincias alzadas y don Carlos existe un verdadero contrato; las mismas no se consagran a esta segunda restauración más que con la condición de volver a tener la plena posesión de sus privilegios, y constituir de nuevo, bajo la protección de la corona de España, un territorio independiente", hasta el punto de indicar Faucher que "los republicanos de Vizcaya han tomado a don Carlos por bandera, pero no han hecho de este príncipe ni su amo ni su jefe" (Art. cit., págs. 37-38).

II dejó a su nieto", el que no pudiesen gobernar en Aragón, Portugal, Cataluña y las Provincias Vascongadas, "otros que los naturales". Por tanto, vemos que, cordialmente, sentía más el centralismo que el foralismo. Pero, por pura razón política, ha de asumir éste. Incluso yo más de una vez me he planteado lo mucho que de simple política hubo en su proteccionismo. Pero fue realista y aceptó, de algún modo derivadas de la vieja situación foral, dos cosas. La una, como acertó a recordarnos Jaime Ignacio del Burgo[11], fueron los Conciertos Económicos. La otra, acabó por ser un fuerte proteccionismo industrial para el mundo vasco, de algún modo en paralelo con los planteamientos que tuvo ante Cataluña[12].

La segunda réplica a dar es la obrera. En primer lugar, comprende Cánovas que el nivel de empleo y las condiciones sociales en las zonas industrializadas puede depender del nivel de protección. En el folleto citado, *Necesidad de proteger a la par que la de los cereales la producción española en general*, señala que los aranceles tienen el gran papel central de hacer "que los extranjeros nos ayuden a la protección del trabajo nacional", lo que, añade, "es el problema práctico presente, que todavía tiene más gravedad por las condiciones, que es imposible olvidar, de la cuestión social en toda Europa... La teoría de la concurrencia a todo trance, que viene a ser la forma económica de la lucha por la vida, esa concurrencia a todo trance entre las naciones del mundo, no se puede sostener sin ser verdad que el trabajo humano y el hombre que lo ejecuta constituyen un nuevo objeto de cambio, a la cual opongo que los tiempos son tales, piénsese lo que se piense de la justicia de ciertas reclamaciones obreras o de su inoportunidad, que

---

[11] En *Cánovas y la abolición de los fueros vascos*, en *ABC*, 16 de agosto 1997, nº 29.861, pág. 36. De Jaime Ignacio del Burgo, sobre estas cuestiones, es esencial su excelente *Curso de Derecho Foral Público de Navarra. Parte General*, Aranzadi, Pamplona, 1996; también, del mismo Jaime Ignacio del Burgo, *Soñando con la paz. Violencia terrorista y nacionalismo vasco*, Ediciones Temas de Hoy, Madrid, 1994, en particular, toda la II parte, *El nacionalismo vasco*, págs. 83-195; véase asimismo el discurso de ingreso en la Real Academia de Ciencias Morales y Políticas de Miguel Herrero y Rodríguez de Miñón, con contestación de José María de Areilza, *Idea de los derechos históricos*, Madrid, 1991.

[12] La Ley Paccionada con Navarra de 1841 era, parece, el modelo deseado por Cánovas. No fue posible, por la resistencia de las Juntas Generales, que acabaron por ser disueltas por él.

no hay modo de considerar en adelante al trabajo y al trabajador como simples mercancías. Esto que nunca ha sido justo, que nunca ha sido cristiano, es completamente imposible, dada la corriente de la civilización... De seguro agravaría también mucho el estado de la cuestión social en el mundo, el que por todas partes se persistiera en la libre concurrencia a todo trance; pero ciertamente que en ninguna produciría los males que dentro de España, por lo mismo que aquí jamás se ha llevado la libre concurrencia a ese extremo. Todo el mundo sabe que en Barcelona el salario no está rigurosamente regulado por la demanda y la oferta de brazos, sino por conciertos pactados entre patronos y obreros. No se conoce en aquellas fábricas tampoco el trabajar a destajo, como en las de Inglaterra, donde una familia entera de obreros bajo la dirección de su jefe, contrata a precios mínimos, que... rebajan la ganancia hasta el punto de hacer imposible la subsistencia, por lo mismo que aquí las relaciones entre el capital y el trabajo están en más equitativas condiciones que en otros países".

En 1883 será nombrado Cánovas presidente de la Comisión de Reformas Sociales que entonces se ponía en marcha. Su bagaje doctrinal queda desvelado en *De cómo he venido yo a ser doctrinalmente proteccionista*. Procede de la obra de Vito Cusumano, *Le Scuola economiche della Germania in rapporto a la questione sociale* (Nápoles, 1875) y se acaba por sintetizar así: "Sin necesidad de aceptar... las confusas exageraciones de la novísima escuela histórico-ética de Schoenberg o Schmoller en Alemania, que antes conducen, en mi sentir, a la supresión que a la determinación exacta del concepto científico de la Economía política, por fuerza hay que convenir que lo mismo estos profesores histórico-éticos, que los socialistas de la cátedra, propiamente dichos, y aun los últimos economistas smithianos de aquella nación docta, están a cien leguas hoy de ese radicalismo de la escuela de Manchester y de Bastiat, que nuestros librecambistas pretenden aplicarnos todavía. Porque en una sola cosa se encuentra hoy ya conforme toda la ciencia económica alemana en sus varios matices, y es en reconocer el derecho de coordinación social que asiste al Estado, o sea el de protección nacional. Triunfa, pues, allí, List, y triunfa Carey... y no digo que triunfo yo porque fuera inmodestia".

Queda confirmada así, en estas reticencias ante los planteamientos metodológicos de los neohistoricistas, que Cánovas del Castillo tenía "tres firmes amarras... con los postulados básicos de la economía clásica", como nos ha mostrado José María Serrano Sanz, en su intervención en la Real Academia de Ciencias Morales y Políticas, el 21 de enero de 1997, titulada *Las ideas económicas en don Antonio Cánovas del Castillo*. Eran tales firmes amarras, "la confianza en la existencia de leyes universales, el valor que atribuye al interés propio como piedra angular del edificio conceptual de la economía y la consideración de la competencia como estímulo para el progreso".

Pero todos estos planteamientos cuajaban entonces en torno a la figura de Bismarck. Como me ha señalado Juan Antonio Cánovas del Castillo –y me ha mostrado documentos y objetos que lo probaban–, entre Cánovas y Bismarck existía, no sólo aprecio mutuo, sino también sincero afecto. Pensemos que en el otoño de 1897, ante el Reichstag, diría Bismarck: "Jamás he inclinado mi cabeza ante nadie, pero lo hacía con respeto al oír pronunciar el nombre de Cánovas". Ambos estaban bien informados de sus respectivos puntos de vista. Pues bien, el 17 de noviembre de 1881, Otto von Bismarck leyó, en nombre del Emperador, enfermo aquellos días, en el Salón Blanco del Reichstag, un Mensaje Imperial. En él se decía que "la superación de los males sociales no reside exclusivamente en la represión de los excesos... sino también en la búsqueda de fórmulas que permitan una mejora del bienestar de los trabajadores". Respondía esto a un talante nada disimulado de cavar con el azadón de la política social, de acuerdo con las directrices técnicas que le facilitaban a Bismarck los socialistas de cátedra desde la Verein für Sozialpolitik, la tierra bajo los pies del partido socialista germano, cuyos militantes se autotitulaban los demócratas. Una frase de Bismarck, en otra ocasión, enlazaba todo esto: "Tocarán en vano el caramillo los señores demócratas, cuando el pueblo se dé cuenta de que los príncipes se preocupan por su bienestar".

Todo esto, humanitarismo, espíritu nacionalista y antisocialismo nada disimulado, estaba detrás de la política social bismarckiana, que se anunció aquel día de 1881. Eso es también lo que late en multitud de documentos de Cánovas del Castillo, quien acabará por sintetizar sus sentimientos en el discurso que pronunció en el Ateneo de Madrid, el 10 de noviembre de 1890, de apertura de las cátedras del centro y del que me ocupo más adelante con alguna extensión. Con ese motivo elogió explícitamente la obra social de Bismarck y, ligado a ello, Cánovas pronunció esta frase: "El sentimiento de caridad y sus similares no son ya suficientes por sí solos para atender las exigencias del día. Necesitase por lo menos una organización supletoria de la iniciativa individual que emane de los grandes poderes sociales". En la síntesis que de esta intervención se publicó en *La Iberia*, el órgano de Sagasta, se destacará que Cánovas había expuesto la oposición de las clases proletarias a la recepción de simples ayudas benéficas, porque "los obreros rechazan", de consuno, "la limosna, el asilo y la tutela ejemplar".

Dejando aparte la pintoresca polémica que inició Ortí y Lara desde las columnas de *El Siglo Futuro*, quien llegó en su artículo del 5 de enero de 1891, *El liberalismo y los pobres*, a señalar que la mendicidad fomenta "el espíritu cristiano" y promueve sentimientos que sin el "espectáculo de la mendiguez" no aflorarían, debate que fue zanjado por la publicación pocos meses después por León XIII de la encíclica *Rerum novarum*, lo importante es que todo esto explica que Cánovas designase presidente –y sucesor suyo– en la Comisión de Reformas Sociales, a Gumersindo de Azcárate. Por supuesto que Azcárate, krausista y republicano, poco parecía tener que ver, ideológicamente, con Cánovas, católico sin fisuras y monárquico convencido. Sin embargo, como se evidencia en los *Escritos sociales y económicos* de Azcárate quedan claras dos cosas: su repugnancia ante los planteamientos de Bastiat, y su simpatía por el historicismo y el socialismo de cátedra. Así, y no de otro modo, es como entró en España el movimiento de reforma social.

Con esta idea de proteccionismo se fabrica otra coraza frente a otra preocupación de Cánovas del Castillo. Yo la he encontrado en la lectura de las Actas del Congreso Español de Geografía Colonial y Mercantil celebrada en Madrid del 4 al 11 de noviembre de 1883[13]. Costa había pronunciado el discurso de apertura. En él hizo un llamamiento para que España, como importante potencia europea, interviniese en Africa. Fue un discurso expansionista, que llamaba a contribuir "a la formación de la historia contemporánea"[14], para inaugurar "un nuevo período de florecimiento colonial más brillante y glorioso, si cabe, que el que acabó con la fundación de las repúblicas hispano-americanas"[15]. Los nombres geográficos hacia donde debía dirigirse nuestra expansión eran bien claros: "Mar Pequeña, Cabo Blanco, Camarones, Cabo San Juan, Mar Rojo, Marianas, Borneo, Tonkin", a los que se añade un generoso "y tantos otros"[16].

Todo esto lo contempla Costa dentro de una especie de gran pugna mundial entre la raza latina y la sajona: "Desde el siglo XVI al XVII, España vinculó a su raza medio mundo, e Inglaterra a la suya otro medio; pero España se detuvo allí, e Inglaterra, no, y en el siglo XIX ha ido añadiendo a su corona mundo tras mundo, primero la Australia, después la India, luego Nueva Zelanda y El Cabo, y Egipto, y Borneo[17], y Guinea... El equilibrio entre las dos fuerzas latina y sajona amenazaba perderse: Francia se había levantado, rica y fuerte, para restablecerlo, al menos en parte, con Argelia, Senegal, Cochinchina, Túnez, Madagascar, Tonkin y Congo"[18]. Costa parece considerar que, en este juego, allá nos vamos con la potencia eco-

---

[13] Se publicaron en dos volúmenes en 4º, de 419 y 371 páginas.

[14] Actas cit., tomo I, p. 53

[15] Actas cit., tomo I, ibidem.

[16] Actas cit., tomo I, p. 54. La relación es, por supuesto más amplia que la que se encuentra en *Reivindicaciones de España*, de Fernando María Castiella y José María de Areilza, Instituto de Estudios Políticos, Madrid, 1941. Alguna vez habrá que volver sobre las auténticas fuentes doctrinales de inspiración de este libro, que tan mal se ha presentado casi siempre.

[17] La reiteración de Borneo se debe al debate hispano-británico por los derechos respectivos en el norte de Borneo y en Joló. El 7 de marzo de 1885 España renunciaría en protocolo con Gran Bretaña a sus derechos en Borneo a cambio de una renuncia paralela del Reino Unido en Joló; ver Luis E. Togores Sánchez, *Conflictos con Inglaterra a propósito de las Islas de Borneo*, en *Estudios sobre Filipinas e Islas del Pacífico*, AEEP, Madrid, 1989.

[18] Actas cit., tomo I, p. 58.

nómica de Francia y de Gran Bretaña, y que la emulación puede hacerse sin especial esfuerzo. Por supuesto que el caso de Portugal y el de otros pequeños países, con mucha más activa política expansionista que negocios, había de ratificarle en su postura. Porque los obstáculos vienen para Costa de otro lado: de que "España es una nación impresionable, pronta a entusiasmarse de momento, pero carece de la perseverancia, de la fortaleza, de la tenacidad, que son menester para obrar grandes cosas. Carece de sentido práctico, se fatiga a la primera hora, y todo ese ardor y toda esa vehemencia que demuestra al solo anuncio de la realización de lo que ha dado en llamar sus ideales en Africa, son lo que podría ser un romance épico compuesto por Góngora, y no poducirán sino espuma y retórica y arrebatos de lirismo que durarán minutos"[19]. La causa de nuestros males "es el carácter nacional que hemos recibido, en herencia, menos acerado de lo que requieren las contiendas del siglo[20]".

De todos modos, el tema de que a España "su exigua fortuna... aún no le basta para explotar su suelo"[21], esto es, el tema económico, le obliga a un cierto desarrollo del asunto, que resuelve al viejo hispánico modo del arbitrio: "Tal vez haya modo de lograr aquel fin –la expansión colonial– sin sacrificar capital alguno... ¿Qué hay que hacer para colonizar? Lo primero, comprar productos africanos, vender productos europeos, cortar árboles y criar ganado. Pues bien, los capitales invertidos en estas operaciones son reproductivos desde el primer momento, y más reproductivos, y más eficaces y poderosos para desarrollar el bienestar y la prosperidad de España que empleados en la península y comprometidos en ciegas competencias"[22].

Al final de estas jornadas habló Cánovas del Castillo. Sus frases caen como chorros de aire helado: "Esta asamblea... de españoles, que, llenos de imaginación y grandes recuerdos, fácilmente nos dejamos llevar

[19] Actas cit., tomo I, p. 59.
[20] Actas cit., tomo I, p. 64.
[21] Actas cit., tomo I, p. 65.
[22] Actas cit., tomo I, p. 67.

por las ilusiones...“[23]; “el estado poco ventajoso que desde hace muchos años alcanza nuestra patria”[24]; “una nación... que, ya que no tenga alas para volar como las naciones más fuertes –y en este instante más adelantadas– conserva el antiguo corazón de sus padres para asociarse en la humanidad y la historia, a todo lo que es grande, a todo lo que es glorioso, a todo lo que abre los grandes caminos del porvenir”[25]: “...sentir profundísimamente las tristes comparaciones (con Francia e Inglaterra) ... no es ciertamente lo mismo que asegurar que pronto cambiaremos en nuestro favor la fortuna, no es desgraciadamente lo mismo que apresurarla, ni siquiera confiar en la próxima resurrección de nuestra antigua y perdida iniciativa nacional”[26]; “lo que sobre todo importa en estas circunstancias, contemplando lo que otras naciones pueden, y lo poco que podemos nosotros...”[27]; “...dejando aparte quiméricos planes de conquistas...”[28], y así sucesivamente, hasta, él sí, cerrar con siete llaves el sepulcro del Cid.

Al llegar aquí, Cánovas da un quiebro y se va desde este panorama de miserias hacia su famoso proteccionismo: “...lo primero es que haya aquí una industria, es que haya aquí productos, es que haya aquí medios con que satisfacer las necesidades de otros pueblos, es que haya aquí elementos propios de comercio...“[29]. Remacha el clavo así: “¿A dónde iríamos a parar si antes de buscar en otras partes productos naturales para acrecentar nuestro trabajo nacional, no nos apresurásemos a usar, aprovechar o emplear siquiera nuestros propios y naturales productos?”[30], y concluye de echar el jarro de agua fría sobre quienes pensaron, de la mano de Costa, en Camarones y Tonkines: “Pensad, así, señores, que es dentro de nuestro seno, que es dentro del país mismo, donde hay que buscar primero las fuentes de nuestra riqueza,

---

[23] Actas cit., tomo II, p. 245.
[24] Actas cit., tomo II, p. 248.
[25] Actas cit., tomo II, ibidem.
[26] Actas cit., tomo II, p. 250.
[27] Actas cit., tomo II, p. 251.
[28] Actas cit., tomo II, ibidem.
[29] Actas cit., tomo II, ibidem.
[30] Actas cit., tomo II, p. 252.

las verdaderas fuentes del comercio, de que ha de brotar luego nuestro desenvolvimiento mercantil, y que han de hacer provechoso y legítimo más tarde nuestro engrandecimiento nacional"[31], a lo que añade este estrambote definitivo: "Sin entrar, poco ni mucho, en los antecedentes históricos que han traído al Estado español a la situación flaca en que actualmente se encuentra, permitidme deciros... que no hay que pensar en que una nación que todavía no tiene guardadas sus puertas...; una nación que por todas partes tiene todavía encerrada su industria dentro de su propio territorio, donde a durísimas penas la defiende; una nación digo, bajo tales circunstancias, pueda ir a derramar por el mundo su actividad y sus escasos medios, repitiendo los errores de otros siglos...; esto podrá... llegar, pero habrá de comenzarse por el principio; y es que... el Estado español es preciso que ante todo se organice, que ante todo se refuerce, que ante todo se vigorice... para dar firme y positiva base... a las empresas mercantiles, y mucho más a las conquistas militares"[32]. Y tras otra serie de admoniciones, trasluce Cánovas del Castillo su íntimo sentir: "...desconfiad de los optimismos... Limitaos a aquello que es hoy hacedero, preparad lo que sea posible mañana, marchad lentamente y con grandísima prudencia, curaos de las ilusiones que os queden, no fiando a ninguna solución optimista la solución de los problemas del porvenir"[33].

Lo que de ahí se desprende es bien claro. La política exterior española ha de ser de neutralidad y el soporte de esa neutralidad ha de ser el proteccionismo. Pronto, incluso, llegará a definir como nación únicamente a la que sea capaz de autoabastecerse. El acuerdo secreto por cuatro años hispanoitaliano del 4 de mayo de 1887, preparado por Moret, que nos ligaba a la Triple Alianza frente a Francia, prorrogado por otros cuatro el 4 de mayo de 1891, a su vencimiento, en 1895, no fue objeto de nueva prórroga. Cánovas del Castillo, que era entonces presidente del Gobierno, mostró la coherencia de su pensamiento.

[31] Actas cit., tomo II, p. 253.
[32] Actas cit., tomo II, pp. 253-254.
[33] Actas cit., tomo II, pp. 254-255.

Naturalmente que todo esto no dejó de trasladarse al ámbito ultramarino. Los intereses catalanes era como se ha señalado, cada vez más fuertes. Asimismo lo eran los relacionados con la industria harinera castellana y con los servicios del transporte marítimo. Los grandes hacendados, a partir de 1881, con la liberación de los esclavos, no veían en España más que una potencia que reducía sus ingresos reales. Desde el arancel Mon de 1844, habían de comprar productos y servicios peninsulares, y lo fundamental de sus ingresos, en tabaco y azúcar, se percibía en los Estados Unidos y a precios internacionales. Tenían plena conciencia de que, desde que el ministro de Hacienda Pio Pita Pizarro decidió que el Caribe español debía ser una fuente de beneficios para la metrópoli, así sucedía. Como dice Santillán en sus Memorias[34], "grandes recursos creyó... sacar Pita de nuestras posesiones ultramarinas". Cánovas daba la impresión de haber cedido ante Inglaterra en el conflicto de Joló y Borneo y ante Alemania en el asunto de las Carolinas hasta merecer aquel apóstrofe de un Costa que se daba cuenta con clarividencia de que, como vemos ahora, el eje económico del Pacífico superaría al eje económico del Atlántico: "No tienen valor (Cánovas y los otros dirigentes de la Restauración) ni para soñar". Quizá conociese Costa lo sucedido años antes con la propuesta de Sinibaldo de Mas de que ocupáramos Macao, y del abandono de la conquista de Formosa sugerida por el cónsul Cevallos.

Ahora no podía hacerse nada. Existían demasiadas contradicciones. Por una parte, se intentó paliar el problema negro con la llegada de cúlis chinos a Cuba tal como solicitaba el poderoso Círculo de Hacendados. Pero desde 1895, no había alternativa importante al estallar de nuevo la guerra. Como señala Moreno Fraginals, ésta "nació con un cierto matiz popular, obrero y de clase media, y una fuerte campaña de captación de los sectores negro-mulatos y campesinos. pero, casi de inmediato, tuvo el apoyo de toda la sociedad criolla incluyendo a quienes se habían alineado en el Partido Liberal Autonomista o en el Partido Reformista, ante la ausencia de otra opción política factible".

---

[34] Ob. cit., pág. 210.

Antonio Cánovas del Castillo se quedó sin margen ninguno de maniobra. Se refugió en la expresión de combatir "hasta el último hombre y la última peseta". Si no hubiese sido asesinado, honradamente creo que no hubiera podido hacer ni otra cosa ni gran cosa. Con todas las limitaciones con que es preciso discurrir en los planteamientos contrafactuales, parece claro que acabaría por ser el proteccionismo, centralizador de todos sus anhelos, el que se lo hubiera impedido. Más adelante, este proteccionismo que parecía tener la llave de todo, trabaría los otros tres problemas, la política social, la política internacional y no resolvería ni el problema catalán ni el vasco, aparte de perturbar profundamente nuestro desarrollo.

El contorno internacional

Poco podemos conocer de las ideas de un político en materia económica si no tenemos en cuenta, además, el contorno económico internacional que le rodea. Alrededor de España, ¿qué acontecía precisamente en esos momentos, en particular en los de la Regencia, en los que los problemas abruman a Cánovas? Destaquemos los más importantes.

Cuando pasa María Cristina de Habsburgo a ocupar la Jefatura del Estado, como Reina Regente, el mundo se encontraba sumido en una situación depresiva bien conocida. Kondratief señaló que la II onda larga del capitalismo creado por la Revolución industrial inicia su derrumbamiento en los años 1870-75. En 1885, la crisis era general. En los Estados Unidos todo esto había promovido innumerables tensiones sociales, como la que se desarrolló entre los granjeros y las empresas ferroviarias que, se decía, arruinaban con sus altas tarifas a los primeros, mientras favorecían, con otras muy reducidas, a las grandes empresas capitalistas, que comenzaban a agruparse en enormes conglomerados o "trusts", desde el del petróleo al del azúcar. Tampoco podía olvidarse cómo acentuaban las tensiones los sindicatos obreros –la American Federation of Labor es de 1880– enfrentándose a los empresarios con huelgas tan considerables como la del acero de 1882, la del carbón de 1884, la de los ferrocarriles de 1886, y algaradas como las de la costa del Pacífico, de 1885, contra la llegada de inmigrantes chinos. En la primavera de 1884, añadamos que la quiebra de dos empresas bancarias, provocó una crisis bursátil que concluyó en graves alteraciones del sistema crediticio. Concretamente, 1885 fue en Norteamérica un año de depresión y paro.

En Gran Bretaña reinaba la que se llamaría poco después "la gran depresión". Joseph Chamberlain, para atenuar las consecuencias del paro, y como resultado, muy posiblemente, también de la política populista de Bismarck, pretendía que los municipios comenzasen a desarrollar programas de obras de utilidad pública. La condensación de problemas acabaría provocando en 1890 la crisis de la Banca Baring Brothers & Co, que pudo ser superada gracias a una intervención concertada del Banco de Inglaterra y de las principales entidades bancarias de la City. En 1883 se había fundado la Fabian Society. En 1889, una dura huelga de estibadores londinenses motiva que el cardenal Manning se ponga del lado del proletariado desvalido, como un preludio de la *Rerum novarum* de Leon XIII. Desde 1884, las misiones caritativas del Ejército de Salvación hacen oír su trompetería militar en Whitechapel.

En Francia, en 1882, se había iniciado una crisis económica importante con la suspensión de pagos del Banco de Lyon y del Loira. Pronto se propagó, a través de la *crisis Bontoux* a la Unión General. Esta se había fundado en 1878 y parecía patrocinada por la opinión legitimista afín al Conde de Chambord y por la opinión católica, sin excluir al Vaticano. Había impulsado tal Unión General el ingeniero Bontoux, que había trabajado en el mundo ferroviario europeo creado por los Péreire y los Talabot. Esta institución financiera había recogido fondos, según Bouvier, de "los hidalgüelos provincianos, de los curas de pueblo, de las señoritas solteronas, de los pequeños comerciantes y del ahorro campesino". De ahí la crisis se propaga a buena parte de los bancos de negocios que, en gran número, habían surgido en Francia a partir del período 1871-73, a causa de una disposición que permitía crear una institución de crédito con el desembolso de sólo la cuarta parte del nominal de sus acciones. Esta depresión de 1882 comenzó a llegar a la industria en 1883, a las actividades de construcción ferroviaria en 1884 y, finalmente, también en 1883 a la siderurgia que se había empezado a localizar, en su expansión, en zonas costeras –Bayona, Saint-Nazaire, Caen– para aprovechar las ventajas del transporte marítimo de los minerales. Como consecuencia de esta situación, el Comité des Forges se ve obligado a transformarse, en 1887-1888, de simple gremio de estudio en central siderúrgica. La Compañía del Canal de Panamá, que había comenzado sus trabajos en 1881, encuentra en 1886 obstáculos que no puede superar desde el punto de vista financiero. En enero de 1889 se producirá su bancarrota, iniciándose el famoso *escándalo de Panamá*.

El contraste se encontraba en Alemania. Es preciso exponer esto con alguna mayor amplitud, precisamente para entender la política económica española. Tras derrotar a los franceses en Sedán en 1870, Berlín consigue en 1879 –cicatrizadas las heridas de Sadowa– una alianza defensiva con el Imperio austriaco que se ampliará en 1882 a una Italia irritada por la conquista en 1881 de Túnez por Francia. En 1884 Alemania adquiere el Sudoeste africano, y en 1885 choca con España por el conflicto de la Micronesia, en el Pacífico. Al mismo tiempo, desde 1883 –seguro de enfermedad–, a 1889 –seguro de vejez e invalidez– pasando por 1884 –seguro de accidentes de trabajo–, se ponen en marcha los seguros sociales obligatorios bismarckianos que crean un modelo mundial de protección social.

Es el momento también de la gran victoria de los proteccionistas germanos gracias a las barreras aduaneras de 1879, bajo el lema de "protejamos el trabajo nacional en la ciudad y el campo". La Unión Aduanera Alemana –la Zollverein de 1834, abierta hacia el interior, cerrada hacia el exterior, por la que tanto había luchado List– había triunfado al unirse a la creación del Imperio alemán por Bismarck en la Galería de los Espejos del Palacio de Versalles. Con este creciente proteccionismo, surgía la soñada nación alemana.

Todo se une a un expansionismo político de carácter nacionalista, mientras se busca ocupación para la mano de obra del pueblo alemán.

Como ha observado Alberto Hirschman, Alemania pretende emular de algún modo la política del Reino Unido que, tras la polémica de las *anticorn laws* había perdido gran parte de su agricultura y, por tanto de su capacidad de autoabastecerse en productos rurales. El Imperio británico, con su gigantesca expansión colonial, su enorme flota mercante y su potente Marina de guerra, podía permitirse ese desprecio a la agricultura. Para lograr una situación parecida, Alemania –y otros muchos pensaron hacer lo mismo–, creyó que también tenía que disponer de colonias, que sostener una fuerte Armada, que subvencionar a una marina mercante –en 1885 eso se hace en favor de empresas armadoras de trasatlánticos– pero, sobre todo, al no ser tan potente en esto como el Reino Unido, consideró que era preciso atender "a la famosa alianza del acero y el centeno", la que constituyó en el Reich alemán un "pacto entre la industria pesada y los *junkers*". Incitaba a mantenerlo el pronóstico de que, como todos los países se podían industrializar, acabaría declinando la posibilidad de exportar bienes industriales. Ese fue el pronóstico de Lujo Brentano en su ensayo de 1901, *Los temores de los Estados predominantemente industriales.* Tal posibilidad de industrializarse se veía facilitada por la amplitud que tenía en Alemania la fabricación y exportación de bienes de equipo. Por eso, para entender toda esta política económica es necesario completar las preocupaciones de Lujo Brentano con el ensayo de Heinrich Dietzel, que aparecería en 1907, titulado *¿Es un suicidio económico la exportación de maquinaria?* Dentro de ese modelo juega también un papel central la proliferación de asociaciones empresariales, ya integradas verticalmente, ya cartelizadas: entre 1879 y 1885 habían surgido 76 cárteles.

Agreguemos que en Alemania, en 1848, había nacido una creciente y por ello cada vez más potente Banca mixta. La reconstitución de la Schaffhausen, que se dedicó inmediatamente a la industrialización de Alemania, fue pronto seguida, en 1852, por la Diskontogesellschaft y, en 1853, con domicilio social en Darmstadt –a causa de las condiciones favorables dispuestas por el Gran Ducado de Hesse para que estas organizaciones crediticias se organizasen sin trabas–, por el Bank für Handel und Industrie. Como señala Åkerman sobre esta situación alemana, "esta mejor adaptación del crédito a la actividad de las empresas industriales liberó las fuerzas latentes del progreso".

Alemania lograba mantener, desde tiempo atrás, una tasa de incremento de la producción industrial, que convertía a esta nación, de atrasada, en adelantada. La revolución industrial alemana, a mi juicio, se había iniciado, como muy bien señala Antonio Ramos-Oliveira "en la década de 1830-1840, y después de 1850 alcanzó su auge... Puede decirse que en aquel decenio penetró en Alemania la industria moderna... La producción manufacturera aumentó con la consiguiente celeridad". Para eso fue fundamental la ampliación del mercado con la mencionada Zollverein, que se había constituido el 1 de enero de 1834. Había recibido un impulso decisivo gracias al esfuerzo de Federico List, a partir de su asistencia en abril de 1819 a la reunión fundadora de la Asociación Alemana de Comercio Interior y Exterior, constituida para abolir las barreras internas al tráfico. Schumpeter dirá, con razón: "List vio una nación que forcejeaba presa en las cadenas que le imponía un pasado inmediato miserable; pero vio también las potencialidades económicas de aquella nación".

En relación con esta singular coyuntura, no dejaron de tener peso las investigaciones sobre otro fenómeno, del que algo más arriba se ha hecho una rápida reflexión, tan heterodoxo para la mentalidad de los economistas británicos de entonces como lo eran el proteccionismo y la banca mixta. Se trata del mencionado progreso de la cartelización de la economía. Arnold Wolfers señalará que "el movimiento en favor del cártel continuó siendo, hasta la I Guerra Mundial, un asunto específicamente alemán y austriaco; los economistas anglosajones y franceses se ocupan de los cárteles como de algo descarriado, como de un fenómeno extranjero, de origen alemán. A eso se debe que los investigadores científicos de Alemania sintiesen la responsabilidad de iniciar una tarea que desenvolviera, y elaborara, una doctrina relacionada con el cártcl".

Inmediatamente, los historicistas y los socialistas de cátedra se apropiaron con júbilo poco oculto de esta institución. Schmoller hablaría de cómo esta organización llevaba hacia una política de desarrollo económico que, a la fuerza, se integraría en algún tipo de dirección estatista, o socialista, de la economía.

Este sendero se comenzó a recorrer con la cartelización obligatoria de la política económica del Kaiser Guillermo II. Franz Neumann, dentro de tal cartelización obligatoria, menciona a "los cárteles del carbón y la potasa", así como a los "del almidón, fósforos, leche, azúcar de remolacha, navegación interna y canales". Alfredo Marshall comenzará a integrar todo esto en la economía neoclásica en 1919 en su *Industry and Trade*. Actualmente, la comprensión del fenómeno vendrá de la mano de George Stigler a partir de su artículo *A theory of oligopoly*, publicado en 1964.

Es evidente que en la Regencia las cifras de este acusado desarrollo germano tenían que impresionar mucho, en particular por la humillación a que habíamos sido sometidos por parte de Alemania en el conflicto de la Micronesia.

LAS OBRAS ECONÓMICAS DE CÁNOVAS

Todo esto es asumido, y más de una vez expuesto incluso minuciosamente, por Cánovas del Castillo. Pero conviene decir que no sólo en lo específicamente sobre economía sino en el conjunto de sus obras. Aquí únicamente voy a aludir a los concretos trabajos contenidos en esos ensayos claramente relacionados con la economía.

Con el transfondo de su biografía, creo que pueden agruparse tales aportaciones en tres bloques bastante diferentes. El primero se refiere a las obras publicadas durante la última etapa isabelina, cuando Cánovas ingresa en la política de la Unión Liberal y del Sexenio Revolucionario. El segundo es el que abarca desde la llegada al trono de Alfonso XII hasta 1883, el momento en que, como he expuesto, Cánovas ha de convertirse, forzosamente, en la clave de la Restauración, lo que es tanto como decir, de la Regencia que se inicia en 1885. A partir de ahí comienza la tercera y última. La postrera de las obras aquí recogidas será la conferencia pronunciada el 7 de enero de 1895, en el Círculo de la Unión Industrial de Madrid, conjuntamente con otras cinco personalidades: Francisco Pi y Margall; Fernando Cos-Gayón; el ingeniero y estudioso de la aplicación de las matemáticas a la economía, Alberto Bosch y Fustagueras; José Canalejas y Méndez y, finalmente, esa persona clave para entender nuestra política proteccionista, con especial énfasis sobre su incidencia en el mundo vasco, que es Pablo Alzola y Miranda.

Como veremos, en estos bloques existe de todo; artículos de investigación, más abundantes en la primera parte de su vida; conferencias; discursos de ingreso o de inauguración de cursos académicos; trabajos parlamentarios; incluso, discursos de auténtica agitación. Sin embargo en todos brilla algo que debe destacarse: el deseo del rigor en todo momento y la búsqueda de novedades científicas casi de modo continuo.

Por supuesto que en su tiempo se criticó mucho este enciclopedismo de Cánovas derivado de esta obsesión por las novedades. Luis Diez del Corral en *El Liberalismo doctrinario*[35] nos recordará que Menéndez y Pelayo escribía a Juan Valera: "También tendrá usted noticias del enciclopédico discurso leído por Cánovas en el Ateneo y en el cual trata de todas las artes y ciencias, a propósito o con ocasión de las lecciones dadas en aquel establecimiento desde su origen. El discurso, aunque desigual y atropellado, como todas las cosas de Cánovas cuando se pone a filosofar, encierra trozos elocuentísimos y mucho caudal de doctrina mejor o peor asimilada". Sagasta, muchísimo menos culto llegó a decir en un debate sobre cuestiones militares el 16 de marzo de 1876: "Cuando oigo hablar al Sr. Cánovas como jurisconsulto eminente aficionado a la guerra y cuando le oigo hablar de la guerra, digo, no, debe ser un militar distinguido aficionado a la jurisprudencia". Pero ahora, más de un siglo después, en el campo de la economía y, más ampliamente, en el de las ciencias sociales, la preparación, la originalidad y la erudición de Cánovas resplandecen de modo indudable.

[35] Instituto de Estudios Políticos, Madrid, 1955, págs. 602-603

EL CÁNOVAS ERUDITO

El trabajo inicial de los nueve documentos elaborados en esta etapa por Cánovas del Castillo, especialmente relacionados con la economía, es el discurso que pronuncia en el Ateneo, fechado en julio de 1867, publicado por primera vez en la *Revista de España* en 1868 y que se retoma del ejemplar de los *Estudios Literarios* de Cánovas, tomo II, *Discursos en el Ateneo. Antología*, Imprenta de la Biblioteca Universal Económica, págs. 445-473, titulado *Del socialismo en 1848. Introducción escrita para la nueva impresión de "Los problemas del socialismo" de don Nicomedes Pastor Díaz.*

Se trata de un prólogo que, casi veinte años después, recuerda los acontecimientos de 1848 así como un cursillo en el Ateneo, al que asistió el estudiante Antonio Cánovas del Castillo, impartido por Nicomedes Pastor Díaz sobre *Los problemas del socialismo.* Con tal motivo, Cánovas describe muy pormenorizadamente los acontecimientos que, de 1847 a 1852, conmovieron "en realidad, a los pueblos todos, y a casi todos los Gobiernos de Europa" (pág. 452) culminados en más de un sentido, con los sucesos del 22, 23 y 24 de febrero de 1848, cuando "la dinastía de Orleans, levantada un día por el pueblo francés, huyó, por el mismo pueblo vencida: ni tan defendida ni tan respetada, como la primogénita de Borbón lo fue en su caso. París amaneció otra vez capital de una República". Asimismo acierta al señalar el enlace de todo esto con la crisis económica provocada por el "hambre, con que afligieron también dos malas cosechas, a aquel pueblo (el francés)" (pág. 453). No se olvide que gran parte del valor añadido de Europa era entonces agrícola, y que por tanto, las malas cosechas provocaban caídas importantes en la demanda efectiva. De la tesis alternativa, escasez de la plata y subida de los tipos de interés, no habla Cánovas. Tampoco de los trastornos económicos internos españoles –recordemos la crisis del Banco de Isabel II– pero en cambio sí se refiere al choque entre el librecambismo inglés y los terratenientes, dentro de las polémicas que suelen denominarse de las *anti-corn laws.* Por supuesto que todo esto se liga con la actitud de una serie de pensadores que van a englobarse en el conjunto de los denominados *socialistas*. Desfilan así, Luis Blanc, quien "evocará... los manes siniestros de Spartaco" (pág. 456) y su obra, de 1839 *La organización del trabajo*. Naturalmente relatará que en 1840 Proudhon ya había contestado con la frase "la proprieté c'est le vol" a la pregunta de qué era realmente la propiedad. Hay alusiones a los falansterios de Victor Considerant y de Carlos Fourier; a la *Icaria* de Cabet; al *Régimen racional* de Owen o al *Nouveau Christianisme* de Saint-Simón, al que centra con la frase de este pensador francés: "El objeto de todas las instituciones sociales no debe ser otro que mejorar física y moralmente la condición de la clase más numerosa y más pobre de los hombres" (págs. 456-457). Incluso mencionará a Lamartine quien, en 1848, al responder a las quejas de la Sociedad de Economía Política porque la "revolución hubiera suprimido en la enseñanza superior, como si fuera inútil, aquella ciencia (la economía)..., no vaciló en declarar... desde el poder, que la nueva república estaba en el caso de dar a la Economía política otras funciones, haciendo de ella tanto la ciencia de la fraternidad como de la riqueza, y obligándola a enseñar el modo de distribuir ésta, con mayor equidad entre los hombres, no ya sólo a producirla, para que ella de por sí sola vaya distribuyéndose luego, entre los que más por su inteligencia, por su actividad, o por sus sacrificios la merezcan" (págs. 457-458).

Todo esto, señala, estuvo a punto de perder a la sociedad francesa, en la que "estaban, a no dudarlo, en aquel punto mismo cifrados, por la fuerza de las circunstancias, los destinos de toda la sociedad europea". Por eso hablará de cómo existió una especie de concierto contrarrevolucionario, como fue el provocado por políticos como Guizot y Thiers, y por economistas como Blanqui y Bastiat y, en España, por el propio Nicomedes Pastor Díaz, quien, por cierto, era "tan enemigo, ni más ni menos, de la Economía Política, como los peligrosos novadores que a la sazón agitaban el mundo; era tan opuesto al principio *individualista*, como los más ardientes sectarios del socialismo a quien combatía; y era por último, un verdadero socialista él mismo, tomando en su sentido político y económico esta fatídica palabra" (pág. 463). Naturalmente que Cánovas, para que no existan confusiones, indicará (pág. 464) que, lo mismo "que Pastor Díaz se declaraba filosóficamente *socialista*, soy yo por mi parte *individualista*, en el sentido filosófico y económico de la palabra" (pág. 464).

Tres cuestiones más como glosa a este trabajo de Cánovas. La primera, una síntesis de sus opiniones sobre la decadencia de España, al hablar de "la España mística y guerrera del siglo XVI, servil y pobre en el XVII, decaída casi siempre desde entonces, sin que ni una mudanza de dinastía, ni dos guerras de sucesión encarnizadas, ni una contienda épica por su independencia, ni sesenta años, en fin, de revoluciones políticas, la hayan podido poner en camino de recobrar de verdad su grandeza" (pág. 467).

La segunda, sobre los neologismos que precisa la filosofía, o cualquier ciencia, como la economía. Apelará a Fray Angel de Badajoz, quien en "una especie de prólogo para los *Triunfos del amor de Dios*, obra muy bien escrita por Fr. Juan de los Ángeles, e impresa en Medina del Campo en 1589, dirigió estas notables palabras al lector *purista* de su tiempo: «Dime, por caridad, ¿qué ciencia o qué arte hay, ni aún qué oficio, que no tenga sus términos naturales? ¿Y el amor de Dios, ciencia de todas las ciencias, y arte divina, superior a todas las demás, le quieres quitar el privilegio que gozan aún las mecánicas? ¿Y, a quien tan admirablemente escribe de ella, no darle licencias para que mida sus propios términos?» Es seguro que, desde 1589 acá, a haber habido frecuentes ocasiones de aplicar tal doctrina, con sólo ella se hubieran introducido en el romance... cuantas novedades hiciesen falta".

La tercera cuestión es Marx. Como suele ocurrir en la literatura española de la época, incluida la obrera[36], Marx es un gran desconocido. Ni siquiera existe en Cánovas la menor alusión al *Manifiesto comunista*. Este alejamiento es bien visible en las referencias que en este documento de Marx y Engels se hace de las diversas traducciones de que fue objeto, sin que en vida de Marx aparezca la menor referencia al

[36] Véase mi trabajo, *Biblioteca Hispana de Marx, Schumpeter y Keynes. Una primera aproximación*, en *Papeles de Economía Española*, 1983, nº 17, págs. 373-416.

castellano[37], y eso a pesar de que éste conocía aceptablemente el español, que empleaba incluso para aproximarse al movimiento obrero de nuestro país, como nos relata Anselmo Lorenzo en su libro *El proletariado militante. (Memorias de un internacional)*: "Presentóseme un anciano que, encuadrado en el marco de la puerta recibiendo de frente la luz de un reverbero, parecía la figura venerable de un patriarca producida por la inspiración de eminente artista. Acerqueme con timidez y respeto, anunciándome como delegado de la Federación Regional Española de la Internacional, y aquel hombre me estrechó entre sus brazos, me besó en la frente, me dirigió palabras afectuosas en español y me hizo entrar en su casa. Era Carlos Marx"[38].

La segunda de estas obras de la época erudita es el ensayo *Los arbitristas*, una derivación evidente de sus trabajos sobre la España de los Austrias. Se publicó por primera vez en 1870. Va en esta ocasión seguido de un *Apéndice al precedente artículo*, que.apareció con motivo de su edición en el tomo I de *Problemas contemporáneos*, en 1884.

A partir del famoso arbitrista del que habla Cervantes en *El coloquio de los perros*, y sin olvidar una referencia a Quevedo y otra a las Cortes de Madrid, de 1558, en la que se suplicó al Rey que "ministros de novedades tan perniciosas a la república saliesen de la corte", porque eran "hombres, por la mayor parte de corto entendimiento, que gastaban su vida en la Corte, en quimeras del pensar arbitrios, medios y novedades que fabricaban en sus hogares" (pág. 308), y de que "todo el mundo sabe que el (nombre) de *economista* no viene de antiguo en nuestra lengua, y que las ediciones primitivas del Diccionario de la Academia estuvieron muy lejos de tenerlo presente" (págs. 310-311), llega a la conclusión de que "muchos de los declarados y reconocidos

[37] Cfs., por ejemplo, la traducción de *El Manifiesto Comunista* de K. Marx y F. Engels,con la *Introducción. Ciencia e historia en Marx y Engels en torno al Manifiesto Comunista*, de María Condor Orduna, Alba, Madrid, 1996. Hubo, rápidamente, ediciones en inglés, alemán, polaco, italiano, ruso, danés, francés. Sobre la francesa de 1886, obra de Laura Marx y Paul Lafargue se hizo con bastante retraso, la primera española: *Manifiesto Comunista del Partido Comunista*, por Carlos Marx y F. Engels, Administración de El Socialista, Madrid.

[38] Zero, Bilbao, 1974; especialmente, las págs. 176-181.

por *arbitristas...* ofrecen títulos bastantes para ser contados entre los que llama *economistas* la generación actual" (pág. 311).

Cree Cánovas que, a pesar de los esfuerzos de Manuel Colmeiro en sus *Historia de la Economía política*, y, antes, en su *Discurso de recepción en la Real Academia de la Historia,* es evidente la confusión que existe entre unos y otros. Es más; subrayará Cánovas cómo "la atención del público... fijábase ser fuerza con interés creciente en los (autores) que mal o bien, trataban de su propia pobreza, de la despoblación del país, de la confusión de la moneda, del abandono de la industria, de la decadencia común de la agricultura, de todas aquellas desdichas, en conclusión y que más de cerca experimentaban, proponiendo para ellas remedios desatinados o discretos" (pág. 314).

El catálogo de Cánovas, procede, en primer lugar, del viajero Van Aarsens de Sommerdyk, que residió en Madrid en los primeros meses de 1655, quien habla del tratado de Felipe Antonio Alesa, *Exhortación al estado eclesiástico para que con voluntarios donativos socorra a los ejércitos católicos de España,* porque de otro modo "puédese temer que (los gobiernos seglares) vuelvan los ojos a las rentas eclesiásticas, a las familias religiosas tan opulentas, y que los despojen de sus ricas posesiones, volviendo a cobrar necesitados lo que en otro tiempo sus antepasados sin necesidad tan liberalmente les dieron: no afirmo que será esto sin culpa gravísima, pero recelo muchas culpas de una República necesitada con extremo, y que tiene a la mano el remedio, aunque no sea lícito; tema, pues, todo el estado eclesiástico a su misma riqueza, y muéstrese liberal, para estorbar o dilatar estos riesgos que ya algunos políticos los temen muy cercanos" (págs. 315-316). También da noticia de otro trabajo del capitán José Puteol.

A ellos añade Cánovas a Juan de Mariana y su *De ponderibus et mensuris*; a Diego José Dormer y sus *Discursos históricos políticos* (Zaragoza, 1684) quien "señaló ya al trabajo como fuente de toda riqueza, censuró el sistema prohibitivo en materia de comercio, y expuso sobre la moneda y los cambios ideas singularmente originales y exactas" (pág. 316); a Juan de Llebres y Moporter; al propio Diego

Saavedra Fajardo; a Álvaro Osorio y Redin; a Juan de Arrieta, quien atribuía la decadencia de la agricultura al empleo de las mulas, en lo que antecedía a Fermín Caballero y su *Fomento de la población rural*; a D. Gómez Dávila (págs. 327-328); evidentemente, al "famoso Sancho de Moncada" (pág. 317); a Pedro Fernández de Navarrete y a Miguel Caxa de Leruela.

Algunos arbitrios que Cánovas reputa disparates no lo son tanto. ¿Qué decir, por ejemplo, del que pretendía "que para aumentar la población del reino se protegiesen los matrimonios por medio de premios o primas, que habían de salir de una limosna proporcional a que rigurosamente se sujetasen todos sus naturales"? (pág. 319).

Otra investigación sobre un economista que da a conocer Cánovas del Castillo es la titulada *Otro precursor de Malthus* , que apareció por primera vez en 1871 en *La Ilustración de Madrid*, y que edita de una forma definitiva en el tomo I de *Problemas Contemporáneos*, en 1884. En esta versión de *Problemas Contemporáneos*, de donde se toman las citas y la paginación, se agrega un *Apéndice del artículo anterior*, en las páginas 355-360. Lo considero especialmente interesante. Veamos los motivos.

Como reacción ante un trabajo del profesor belga J.J. Thonissen, de la sección de Letras de la Academia de Bruselas, el 10 de mayo de 1871, que tituló *Un precurseur de Malthus*, refiriéndose a la persona del abate Mann, quien había publicado sobre estas cuestiones demográficas una *Memoria* en 1780, dieciocho años antes de que apareciese la primera edición del *Ensayo sobre la población* de Malthus, Cánovas ofrece en su trabajo el resumen de un manuscrito en el que "más de cien años antes que uno y otro naciesen –o sea, Mann y Malthus–, tenía ya expuesto cuanto hay de esencial en su doctrina acerca del desarrollo de la población, cierto español *anónimo*, y por lo que hace a su persona, de todo punto desconocido" (pág. 333). Se trataba de un curioso cuadernito, manuscrito e inédito, que estaba en posesión de Cánovas, titulado *Arcanos de la dominación*. Considera que estaba escrito en el siglo XVII, "entre las sublevaciones y guerras de Cataluña y Portugal" (pág. 334).

Cánovas transcribe literalmente la parte esencial del *Arcano* en las págs. 334-337. Sobre tal análisis observa que "nuestro anónimo supo y puso de relieve cuanto se equivocaban todos los hombre de Estado de su tiempo al determinar el grado de prosperidad y grandeza de un país únicamente por el número relativo de habitantes que poseía, ya fuesen ricos, ya pobres, medianos, miserables o hambrientos. Dícese claro en el manuscrito del economista español que, en realidad, la riqueza y la prosperidad de un país, sólo debía medirse por el número de habitantes que mantenía sanos y prósperos y con medios suficientes, no ya para la existencia, sino para el progreso" (pág. 339). Por supuesto las famosas progresiones de la población y los alimentos también están recogidas, porque como sintetiza de este *Arcano de la dominación* Cánovas, "la población crece con más facilidad y rapidez que las subsistencias", por lo que "la propagación de la especie humana, como la de los animales irracionales, no tiene más límite natural que la falta de medios materiales para alimentar la vida" (pág. 340).

Por cierto que no discrepa demasiado de este punto de vista Cánovas del Castillo, al sostener que "la ciencia de nuestros días plenamente confirma la profundidad de la observación de nuestro anónimo y la certeza de la ley por él formulada. No hay que exagerar su doctrina, pero menos razonable aún sería negarla. Los economistas prácticos de Inglaterra no encuentran hoy otra solución al temeroso problema del exceso de población, real y prácticamente planteado en aquel breve y próspero espacio de tierra, que el de promover la emigración de los muchos que ya allí han nacido tarde, a otras tierras deshabitadas, y esto aún después de destinar la Gran Bretaña en su famosa ley de pobres, a aliviar los efectos del mal, una gran parte de la enorme ganancia de su industria, cambiándola por producciones naturales de los demás países del mundo. Mucho de esto acontece igualmente en diversas provincias de Alemania. Los economistas teóricos de todas las naciones se rinden igualmente a la evidencia de los hechos" (pág. 342). Y cita inmediatamente a Bastiat, que basaba la solución en una automática previsión individual, y a John Stuart Mill "que en su *Economía Política*, fia también mucho al progreso de las luces, y principalmente a la igualdad de ocupaciones y oficios que pretende establecer entre los hombres y las mujeres, con lo cual se lisonjea de arrancar esta preciosa mitad del género humano a la exclusiva profesión de la maternidad...“ (pág. 350). Por supuesto que también es mencionada la actitud contraria de Carey a la escuela ricardomalthusiana, del que cita sus *Principios de la ciencia social*.

Todas estas actitudes las sitúa Cánovas en el mundo de las soluciones quiméricas al problema, como son las que propone este manuscrito: el aconsejar a los príncipes que promuevan guerras de modo continuo; que la mayor parte de las gentes abracen el estado eclesiástico; que los célibes tengan pingües beneficios; que se redujesen los empleos públicos a los hombres casados; que los soldados fuesen solteros, y que en la milicia se excluyese de los ascensos a los casados; “que la mujer que fuera del matrimonio produjese hijos, fuese castigada rigurosamente, y los hombres muy incontinentes, fuesen, como en guerra, condenados a casarse, sentencia que experimentarían más sensible, en cuanto los excluía de todo puesto y dignidad” (pág. 349) y, finalmente la más deliciosamente pintoresca: “El soberano remedio sería un continuo pensar en la muerte, pues templando por este medio nuestras desordenadas pasiones, se vendría a desestimar las temporales miserias, y poner todo el cuidado en merecer y alcanzar las delicias eternas” (pág. 347).

En el citado *Apéndice al artículo anterior* se traduce el informe que sobre esta cuestión presentó en la Academia Real de Bélgica J.J. Thonissen, muy elogioso, lógicamente, para el descubrimiento hecho por Cánovas[39].

[39] Una de las grandes desdichas de la liquidación y dispersión de la biblioteca de Cánovas del Castillo es el posible extravío, e incluso pérdida irreparable de algún ejemplar de la misma. Francisco Bernis adquirió alguno de estos libros para la biblioteca del Consejo Superior Bancario. En ella consulté, antes de que lo reeditase, con un precioso trabajo adicional, Fabián Estapé, el libro de López de Peñalver. Allí fui testigo, también, de una barbaridad con cierto opúsculo precedente de Cánovas. Había yo extraído un tomo de un estante, y me encontré con que era una obrita impresa del siglo XVIII sobre las maquinaciones de los jesuitas contra Carlos III en América. Daba la impresión, en una lectura apresurada, de que tenía una base documental interesante. Lo comenté con el bibliotecario, cuyo nombre no hace al caso, quien era, por otro lado, una bellísima persona, músico nada desdeñable -le escuché una misa

El cuarto de los documentos de esta etapa de Cánovas es el que bajo el título *Fragmentos de un discurso parlamentario acerca de la Internacional*, cierra el tomo I de *Problemas contemporáneos*, por cuya paginación se cita. Esta intervención tuvo lugar en los debates de 1871. La tensión en España en relación con todo esto era muy viva, tras los acontecimientos de 1870 en el alzamiento de la Comuna de París, y el progreso de esta ideología, muy bien organizada sindicalmente en España, como iba a probar el Congreso de Sindicatos de Córdoba de 1872. Las polémicas entre los militantes españoles en la Internacional eran también muy vivas[40]. En otro momento he señalado cómo todo esto había provocado, desde 1848, una auténtica sensación de miedo en la sociedad española y, como reacción, nada menos que la orientación inicial de la Real Academia de Ciencias Morales y Políticas[41]. La frase ya señalada de Proudhon, "la propiedad es un robo", centraba buena parte de los argumentos sobre estas doctrinas sociales revolucionarias. La Revolución de Septiembre percibió el peligro, para su modelo burgués-capitalista, que ema-

muy wagneriana, un minueto delicioso, y le acompañé a intentar que Ataulfo Argenta le estrenase un concierto de piano y orquesta-, con otra afición importante, conducir locomotoras y coleccionar trenes de juguete, por lo que se explica que me hubiese llegado a decir que no había cosa más grandiosa que dirigir una orquesta sinfónica o conducir una locomotora de vapor Santa Fe por una recta de Tierra de Campos. También era carlista. A los pocos días volví para leer despacio el libro; y me encontré con el hueco. Le pregunté al bibliotecario lo que había sucedido con él. Me contestó señalando una gran salamandra, que calentaba su despacho: -"Mira, Velardito -que era como me llamaba afectuosamente-; no podía consentir que tuviésemos ahí un libro protervo y corruptor para un joven como tu. Así que ese libro y su ficha, para que Olariaga -que era, a la sazón, el director del Consejo Superior Bancario- no pueda enterarse, y la colección de "La Hoja de Parra", que tenía en un cajón de su mesa ese hombre absurdo que es Pérez Maffei, los he metido ahí dentro. Así habrán hecho algo bueno, que es calentarme". Quedé aterrado, y decidido a no volver a contarle ningún otro hallazgo curioso en aquella biblioteca. Los fondos de la misma, una vez desaparecido el Consejo Superior Bancario, según me indicó el profesor Santiago García Echevarría, se han entregado a la de la Facultad de Ciencias Económicas y Empresariales de la Universidad de Alcalá de Henares.

[40] Me he ocupado de ello, a partir de las Actas y documentos originales de la misma, en el *Prólogo* al libro de Juan López *Una misión sin importancia. (Memorias de un sindicalista)*, Editora Nacional, Madrid, 1972, págs. 9-40.

[41] Cfs. mi trabajo *La economía en la Real Academia de Ciencias Morales y Políticas. Un primer esbozo*, que leí en la Junta Ordinaria de la misma, el 10 de junio de 1997.

naba de la misma. Por eso Cánovas se aprestó a ayudarla en esa tarea, al indicar, al inicio de su intervención, provocada por la interpelación del diputado conservador, Jove y Hevia, que consideraba un deber prestar su apoyo "al Gobierno que se sienta en aquel banco,... deber que he cumplido ya desde la revolución de Septiembre aquí, en muchas ocasiones diversas, siempre que circunstancias semejantes se han presentado; deber que nunca menos que en las presentes, enfrente de los peligros que a todos nos son notorios, dada una gravedad de circunstancias que quizá no la han alcanzado igual España y el mundo" (pág. 364)[42].

Conviene, por eso, dejando aparte la cuestión doctrinal de saber cómo, sin caer en contradicciones íntimas, se podía actuar contra la Internacional, a partir de la Constitución de 1869, señalar las peculiaridades del pensamiento social que cita Cánovas del Castillo. Prácticamente se reduce a Proudhon, quien en el libro *De la capacidad política de las clases obreras*, que entonces era reciente, había "dado el programa de la agitación presente de esas mismas clases; (que había)... escrito el diabólico evangelio... del socialismo y de la revolución demagógica actual", y que era un "hombre benemérito a todas luces para todos los revolucionarios, para todos los anarquistas, para todos los socialistas" (pág. 376). Aparte de eso existe la *Internacional*, pero las ideas sobre ella son quizás elementales, pero insiste que implacables y, además, Cánovas intenta que contundentes: "La Internacional, tal como está constituida, obra, marcha, camina; y como acción, no como pensamiento, ni como discusión, ni como idea, sino como acción que es, y como acción perjudicial, y como acción criminal (según ha reconocido después de todo el Sr. Rodríguez); como acción perjudicial y criminal que es, preciso será que en la forma que

[42] En esta misma intervención, Cánovas, hombre que procede de la Unión Liberal que ha trasmutado ya, junto con restos del partido moderado, e incluso algún miembro de la derecha del progresismo, en partido conservador, recuerda (pág. 370-371) el auténtico carácter transaccional de la Constitución de 1869. Si no tenemos en cuenta todo esto, que ratifica la dirección clarísima y recta de la vida de Cánovas, así como su carencia de vocación inmovilista, no entendemos en absoluto a esta figura.

se adopte; ya sea por una ley especial, ya sea por los medios que ofrece el Código (Penal), aparezca pronta y severamente reprimida".

Por supuesto que hay referencias al Consejo de Londres, pero Marx continúa siendo el gran ausente de modo nominal, quizás porque, tras la lectura de estos discursos, más parece que Cánovas intenta colocar una cuña poderosísima en el bien ensamblado bloque monolítico creado por el general Prim, al señalar que ideológicamente nada tenían que ver Gabriel Rodríguez y Castelar, con los intervencionistas y cuasi socialistas Salmerón y Pi y Margall, mientras establece puentes entre su minoría y los primeros, porque ambos grupos, conservadores y economistas individualistas defienden la propiedad, o sea, la iniciativa privada.

El quinto trabajo de esta etapa es el discurso pronunciado el día 26 de noviembre de 1870 en el Ateneo de Madrid[43] sobre la cuestión romana y la fundación, que evidentemente asusta a Cánovas, del Imperio Germánico en la figura del Kaiser Guillermo I. La cuestión romana es un caso más, señala, de la decadencia de la Europa latina. La derrota francesa de Sedán, lo es asimismo, mientras sube en el firmamento el astro de la otra Europa, la germana. Para Cánovas, "la Europa no ha sido hasta aquí sino una de dos cosas: o germánica o latina, y esta antítesis etnográfica, y este dualismo secular, contienen cuanto hay de sustancial en sus anales" (pág. 31). Lo evidente en 1870 era que "por donde quiera que hoy se mire, sobran razones para envidiar a la raza germánica, y para que doble, humillada, la cabeza, toda la gente latina. Inferior ya anteriormente en la organización social y en las ciencias, eran los últimos baluartes de su grandeza, la Roma pontifical y el ejército francés, y las catástrofes simultáneas que hemos presenciado ponen el sello a una decadencia, quizá de todas suertes inevitable" (págs. 41-42).

Algo más adelante, en este mismo trabajo ratificaría esa especie de augurio al referirse al "ordenado individualismo germánico" y a que "ese admirable consorcio de libertad y disciplina que ha constituido

[43] La cita de las páginas por la edición de *Problemas Contemporáneos. I. Discursos del Ateneo*.

siempre la mayor fuerza de aquella raza, fueron siempre dificilísimos de alcanzar en los pueblos latinos" (pág. 49).

Todo esto enlaza con la decadencia española y con las consecuencias de la misma desde el punto de vista económico. Carece de sentido repetir con muchos más argumentos el que esto provoca, al par, neutralidad y proteccionismo. Añadamos que tras ello, ¿qué talante diferente al que adopta Cánovas del Castillo cabría dar a la confrontación hispanogermana en la Micronesia?

En este sentido, en el discurso pronunciado en el Ateneo el 25 de noviembre de 1871, que bien pudiera titularse *Pesimismo y optimismo*, y que aparece editado en *Problemas Contemporáneos. I. Discursos del Ateneo*, de alguna manera enlaza con esto. Esta sexta pieza anotará, casi nada más comenzar (pág. 56), una especie de continuidad clarísima con el aserto que se acada de glosar: "Las dulces costas mediterráneas, cunas de los señores y maestros del mundo antiguo, ya helénico, ya itálico, que tan amplios caminos de gloria abrieron luego a España o Francia, del Renacimiento acá preponderantes, sustentarán ya sólo pueblos decaídos".

Por supuesto Cánovas niega su pesimismo: "No; yo no soy pesimista; que para ello sería menester que no confiase tanto cuanto confío en la intervención de la Providencia en la historia" (pág. 59). Pero con rapidez señalará: "Yo pienso en puridad, señores, que son los optimistas, ya que no los más malos ciertamente, sin disputa los más peligrosos de los hombres... Los optimistas, ..., falsificando la naturaleza y el objeto serio de la vida, la corrompen primeramente y, mal su grado, la llenan también luego de desengaños y, por consiguiente, de tristeza" (págs. 60-61). Llega incluso a hablar Cánovas (págs. 61-62), del "insolente y superficial optimismo".

En este ensayo hay una alusión que quizá sea una especie de reflejo de los planteamientos derivados del marginalismo y de ciertos despliegues de los inicios de la *Methodenstreit*: "Necesarios y eternos son y serán en ella los provechos y los males de la libre concurrencia; forzoso es y será siempre que busque su complemento en la Moral y la Religión la Economía política, si esta nueva ciencia no ha de traer mucho más daño que provecho al mundo, con su descubrimiento de las leyes matemáticamente inexorables, según las cuales se crean y reparten los productos entre los hombres" (pág. 69).

Dos anotaciones adicionales más. Con datos de Dameth, profesor de Economía política en la Academia de Ginebra, llegará a la admisión del "inmenso crecimiento de bienes en la especie humana" (pág. 75), y más adelante con referencia a la obra de Bagehot recién publicada, *La Constitución inglesa*, analizará el entramado por el cual la sociedad victoriana inglesa tenía una considerable eficacia, estabilidad y opulencia.

En su conjunto, este trabajo, como diría Cánovas desde la misma tribuna del Ateneo el 25 de noviembre de 1873, se inspiró en "el horror de la erupción atea y demagógica que acababa de incendiar París" (pág. 209).

El séptimo de los trabajos de esta primera parte, es el discurso pronunciado en el Ateneo de Madrid, en la inauguración del curso, el 26 de noviembre de 1872. Es el momento en que, casi como despedida de esta etapa de firme trabajo intelectual y de un cierto alejamiento de la gestión política, en tanto en cuanto era un simple político de la oposición, Cánovas del Castillo exhibe una formidable capacidad intelectual y un despliegue y maduración de lecturas admirable.

Según declarará en su discurso del 25 de noviembre de 1873, también en el Ateneo de Madrid, al examinar un año antes "ante todo el estado del problema religioso, resumen a mi juicio de cuantos al presente provocan la especulación científica, traté de otros muchos puntos luego, por ejemplo: del renacimiento de las persecuciones religiosas, a un tiempo acometidas por el cesarismo alemán y la democracia suiza; del protestantismo liberal, interiormente devorado por el racionalismo; del economismo optimista, que indeliberadamente promueve el socialismo, en vez de extinguirlo cual presume; de la moderna ideología del Dios-humanidad, o Dios-Estado; de la moral independiente; del *darwinismo*, en fin, y del creciente materialismo alemán, en íntima y constante relación todo ello con los errores del derecho, y de religión y moral, que originan tantos daños en la sociedad moderna" (pág. 210).

Presentó todos esos puntos de vista con un despliegue documental impresionante. Basta una simple exposición de las fuentes del trabajo de 1872. Las abrirá con una elogiosa referencia al trabajo de Donoso Cortés, *Ensayo sobre el catolicismo, el liberalismo y el socialismo*, así como al importantísimo discurso, también de Donoso, de 4 de enero de 1849, en el que éste dio "al mundo... por adelantado, aquella nueva inesperada de que acababa la libertad con los propios golpes herida que al catolicismo asestaban los incrédulos"[44]. De ahí pasa a las tesis protestantes de aquel momento, que documenta en el libro del pastor Th. Bost, *Le protestantisme liberal* (París, 1865), completado con el de Atanasio Coquerel, fils, titulado *La conscience et la foi* (París, 1867). Hace hincapié en las características que, en medio de todo esto, con una fuerte carga estatista, ha adquirido un germanismo mandado férreamente desde Prusia, para lo que se documenta en A. de Quatrefages, *La race prusienne* (Paris, 1871). También maneja como fuente, *Confesión del autor*, del ensayo de Enrique Heine, *De l'Allemagne*.

Con estos planteamientos iniciales, considera posible señalar cuál es su encaje en la economía, al decir, y para ello emplea la edición de las *Harmonies économiques*, de Bastiat, de Bruselas, en 1850, no la traducción española: "Diríase a primera vista, que poco o nada importa la fe religiosa a los complicados problemas que tiene hoy sobre sí la economía política, ciencia especialmente consagrada, cual es sabido, a demostrar los orígenes de la riqueza, y las condiciones con que se obtiene y reparte entre los hombres, y tal era, al parecer, la opinión del más seguido de sus maestros, como Bastiat, individualista, liberal e incrédulo, todo a un tiempo. Mas fatígase en vano, por lo que se va viendo, esta ciencia en hacer entender por sí sola a todo el mundo que la distribución de la riqueza inmensa que nuestra edad posee, con arreglo a sus propias leyes, realiza la justicia, dando a cada cual conforme a su capacidad y a toda capacidad según sus obras. Parten esas

[44] No puede dejar de subrayarse la percepción de la importancia de Donoso Cortés hecha por Cánovas, mucho antes de lo que nos indicó Carl Schmitt, y por su puesto, sin poder ni sospechar el contenido del magnífico libro de Edmund Schramm, *Donoso Cortés*, Espasa Calpe, Madrid, 1936.

leyes de que Dios, o lo que Dios llaman algunos, no puede menos de haber establecido sobre el planeta una total armonía de intereses, adecuada a su absoluta justicia, dando naturalmente por sentado, pues de otro modo carecería de sentido semejante doctrina, que no hay más mundo que éste, ni más justicia para el hombre que la que se halla en la vida mortal. Ni el optimismo de ese punto de vista exclusivamente nocivo de ciertos economistas; ni todos cuantos al cristianismo desdeñan, son necesariamente optimistas también, porque, considerando al mundo como objeto absoluto, tienen que imaginarlo perfecto en sí, y estropeado por las instituciones humanas. Tal es la osada hipótesis de Rousseau, tal es la tesis que disimuladamente desarrolla Bastiat... Bien que la idea matriz de la armonía de los intereses sea sencilla, conciliadora, consoladora, práctica y hasta religiosa, como Bastiat enseña, una cosa no puede negar,... que es la existencia del mal..." (págs. 126-127).

Pero, además, "al fijar las justas leyes de la distribución de la riqueza, cuentan los economistas con... dos desigualdades existentes siempre entre los hombres: la una, establecida por la naturaleza misma, otorgando más capacidad a éstos que a aquéllos para el trabajo; la otra, por el acaso del nacimiento, que tan diferente entre éstos y aquéllos hace también la capacidad adquirida... No establece, por tanto, la desigualdad natural de las capacidades un principio de justicia distributiva evidente y sin dificultad admitido por todos" (págs. 128-129).

Para armonizar mejor la sociedad, y encajar las instituciones de acuerdo con los mandatos cristianos, es preciso que el Estado intervenga, con la instrucción gratuita, con ayudas al albergue, a la alimentación. Critica, por eso, que se sostenga en el artículo de Cherbuliez publicado en el *Diccionario de la Economía Política* de Coquelin y Guillaumin, que "el Estado, el Derecho que él constituye, la Ley en suma, según los más sanos y más consecuentes economistas, ni deben crear la beneficencia pública, ni intervenir jamás en la privada, por ser por medio del libre desarrollo de sus universales fuerzas productivas y de todas sus facultades morales" (pág. 130). Llegará Cánovas a decir: "Tales son, señores, las gravísimas consideraciones a que, humanamente juzgando, se prestan las leyes económicas sobre la distribución de los productos; y no otras son que las ya enunciadas, las espantables preguntas que sin cesar hace el proletariado inquieto de nuestra época. Todo el socialismo contemporáneo, con su negrísima historia y sus futuras y latentes amenazas, suele estar contenida en las respuestas que indeliberadamente dan a esas preguntas muchos y muchos hombres de ciencia" (pág. 131). Y lo ampliará así: "¡Y pensar, señores, que esas leyes tan ciertas e inflexibles, como que son matemáticas, de la demanda y el precio, de la producción y del consumo, han de realizarse en seres libres e inteligentes, dotados de voluntad y libre albedrío, los cuales no han de dejarse aplastar por ninguna fuerza ciega, aunque sea irresistible, sin protestar ruidosa y tenazmente, estimulados por la independencia del espíritu, que se está sintiendo en ellos superior a todo lo material, hasta el punto y hora que sucumben, sin legar otra cosa al sepulcro que los átomos que les sirven de comunicación con la tierra!" (pág. 134).

Por supuesto, como es lógico, tampoco comparte Cánovas del Castillo las tesis radicalmente individualistas expuestas por Tissot en el libro II, *Des gouvernements et des gouvernés*, perteneciente a la parte primera de sus *Principes du droit public* (París, 1872) (págs. 138-139), y aun menos, la escuálida acción que bajo el título de *Ce que l'Etat peut faire encore dans l'intérêt des proletaires*, se señala en el libro V de esta obra, pues lo reduce a "facilitar las asociaciones de socorros mutuos entre los trabajadores; buscar a sus economías colocaciones ventajosas; poner a su alcance el crédito con mejores condiciones que los Montes de Piedad, ya anticuados; establecer oficinas que faciliten el empleo de todo trabajador, mientras no falte trabajo; acortar legislativamente las horas de fatiga; difundir la enseñanza de la economía política y de la moral independiente" (pág. 150).

Para escapar del progreso, de otro modo implacable, del socialismo, se documenta en Carey; también en la obra del conde de Cavour, *Considerazioni economiche sui problemi sociali messi in campo nella revoluzione del 48* (Cuneo, 1855), en cuanto contradicciones de la doctrina de Malthus; por lo que se refiere a las leyes de pobres y a la obligación "que tiene la sociedad de mantener a sus miembros indigentes". Igualmente maneja la *Lección 6ª* del *Cours d'Economie politique* de Miguel Chevalier (pag. 137).

Por supuesto que admite Cánovas, y aquí su filiación con Donoso Cortés es clarísima, que si se reemplaza la idea de Dios que aportó el cristianismo, todo se puede venir abajo con sin igual facilidad. En relación con el Dios-Estado, que se asentaba en el mundo germánico, Cánovas justifica sus peligros de la mano del obispo de Maguncia, Ketteler, del que maneja una traducción al francés: *L'Allemagne aprés la guerre de 1866* (París, 1867).

Pero Cánovas vive con los pies en el suelo. Por eso a ideas utópicas como las del cooperativismo las considera "harto menos eficaces que muchos piensan, entre otras razones más obvias, porque esa combinación artificial desaprovecha los felices efectos de la división del trabajo... y pone en directo contacto al productor con el consumidor, o al consumidor con el productor, omitiendo así clases intermedias que, no sólo tienen ya adquirido, sino aun heredado, cierto género de capacidad especial para dirigir empresas de producción o de consumo, que es lo que tales sociedades son en sustancia" (pág. 145). Y prosigue: "Menos que en las sociedades cooperativas confío yo todavía en el *Patronazgo voluntario*, propuesto como antídoto del pauperismo por el francés Le Play" (pág. 146), del que cita *La Reforme sociale en France* (París, 1867) y *L'organisation du travail, selon la coutume des ateliers et la loi du Décalogue* (Tours, 1870), así como también desconfía de las propuestas del Conde de París –"recomendada en su curioso estudio de las clases trabajadoras de Inglaterra" (pág. 148), *Les associations ouvrières en Angleterre* (París, 1869)–, cuya crítica respalda en el trabajo de Leroy Beaulieu, *La question ouvrière au XIXe siècle* (París, 1872).

En el fondo, entonces la solución –y se apoya en el padre C.M. Curci, *Sopra l'Internationale. Nuova forma del vechio dissidio tra i ricchi ed i poveri* (Florencia, 1872)– que, adelanto, muy pronto superará Cánovas, aun la encuentra, en noviembre de 1872, en "la teoría de la imperfección de la vida terrena, unida al dogma de la inmortalidad que promete la perfección, instintivamente apetecida, en otra vida mejor; y la sublime doctrina de las compensaciones merecidas a que pueden aspirar los pobres allá en los cielos; y la santificación de la pobreza misma, del dolor, hasta de la muerte; y la caridad cristiana o religiosa, sólo agente a propósito para mediar entre ricos y pobres, suavizando los choques asperísimos que por fuerza ha de ocasionar entre capitalistas y trabajadores el régimen de la libre concurrencia; y la resignación o contentamiento con la propia suerte, buena o mala, único lazo que mantiene en haz las heterogéneas condiciones individuales; y, por último, el respeto a Dios, al padre, a la mujer, en que esencialmente consiste la civilización fundada por el Decálogo y los Evangelios" (pag. 152).

Es preciso, por tanto volver a la enseñanza de la Iglesia para comprender sus puntos de vista, y tras criticar de paso el folleto anticlerical de Bastiat, *Proprieté et spolation* (París, 1850) que, dice, está solo a "un paso" de "las bárbaras doctrinas de la *Commune* de París", se dedica a exponer las tesis antirreligiosas, muchas veces ateas, de Darwin, de Büchner y su *L'homme selon la science*, de Molleschott y su *La circulation de la vie* (París, 1866), en las que Cánovas encuentra fermentos socialistas clarísimos. Basta recordar al citado Büchner, quien en sus *Conferences sur la Théorie Darwinienne* (Leipzig. París, 1869) sostenía que era preciso "suprimir la propiedad individual de la tierra, poniéndola toda ella en manos del Estado para que la cultive científicamente, o bien por medio de sociedades agrícolas, o bien por medio de los ayuntamientos, o bien por medio de los particulares que pasarían así de propietarios a arrendadores" (pág. 161). En otro biólogo, Wallace, –al que Cánovas no menciona– Costa encontraría la misma semilla.

Cánovas dcl Castillo se hallaba así muy próximo a la postura de Pedro Leroux, quien –en una cita que recoge Cánovas del libro de Jorge Guéroult, *Les Théories de l'Internationale* (París, 1872), congruente, dice, con lo que escribió en 1834 Víctor Hugo, en *Claude Gueux*–

sostuvo: en otro tiempo "había Dios en el cielo, paraíso que ganar, infierno que temer. Había también una verdadera sociedad sobre la tierra, que, bien que sirviese como ahora, el hombre servía sin envilecerse. No mandaba el amo por puro egoísmo, sino que su autoridad descendía de Dios, autor de las desigualdades sociales. Amo y criado tenían una religión igual y una moral idéntica, según las cuales servir era obedecer a Dios. Y si el criado era inferior en la sociedad civil, no acontecía otro tanto en la sociedad espiritual, que tenía por nombre Iglesia: allí eran todos iguales" (pág. 162).

Contra el talante de Bastiat, cree Cánovas que se alza incluso el de Proudhon, quien, en su *Théorie de la Propriété* (París, 1871), "en uno de sus lúcidos intervalos (dirá)... que es locura proceder en las cosas sociales como en mineralogía y la química; porque como la vida, el alma, la libertad, no son susceptibles de medida; el materialismo no puede dejar de ser absurdo en sociología" (págs. 163-164). Por supuesto también se basa Cánovas en una serie de economistas cristianos, y en vanguardia, en los españoles del Siglo de Oro; después habrá otros: "es sabido, señores, cuán cristiano fuese Adam Smith" (pág. 164); también Malthus; Droz, en Francia, y ahora Minghetti, del que cita *Della Economia Pubblica è delle que attinenze colla Morale è col Diritto* (Florencia, 1859), quien seguía el pensamiento de Gioberti, el cual en su *Della Economia Pubblica* (libro IV), "hallaba relación estrechísima entre la ley humana del trabajo y el dogma cristiano de la penitencia" (págs. 164-165).

De ahí que estudie las relaciones entre la moral y la religión. Para eso pasa revista, a partir de la obra –que critica bastante a fondo– de C. Coignet, *La Morale independante dans son principe et dans son objet* (París, 1869), de los puntos de vista de Charles Darwin, del que maneja *The Descent of Man and selection in relation to sex* (Londres, 1871)[45], y de los del químico prusiano Liebig –ambos acusados "por

[45] Patrick Tort, coordinador del *Dictionnaire du darwinisme* (PUF) y organizador con el genetista Jean Génermont del encuentro que tuvo lugar en Romainville del 2 al 5 de septiembre de 1997 bajo el título de *Pour Darwin*, dirá sobre esta obra concreta que, con ella, Darwin defenderá que "por la vía de los instintos sociales, la selección natural selecciona la civiliza-

otros naturalistas modernos de bajar servilmente la cabeza ante la idea de un Creador o Director Supremo del Universo" (págs. 167-168)–, de Vogt, y por supuesto de Büchner y Molleschott.

Frente a esto alza Cánovas la filosofía krausista a través de la obra de Tiberghien, *Les commandements de l'humanité ou la vie morale, sous forme de catéchisme populaire d'après Krause* (Bruselas, 1872). Procura Cánovas tender puentes entre ella y el cristianismo: "Bien sabido es que la escuela krausista, que tantos y tan notables maestros ha tenido y tiene en España –cita expresamente a Julián Sanz del Río y su *Ideal de la humanidad para la vida. Resumen y ojeada ideal-histórica* (1ª edición), así como la *Carta sobre algunas opiniones expresadas en el Ateneo* (1869)–, y de la cual es Tiberghien muy autorizado representante, nunca ha renegado del principio religioso, y hasta ha pretendido ser compatible con el cristianismo. Esa pretensión difícil, tiempo hace está abandonada por Tiberghien; pero si Dios le da larga vida aun, por sus propios ojos ha de ver aquel profesor incansable que la nueva religión de que se declara apóstol, únicamente basada en la razón, accesible a todas las inteligencias e infiltrada en las venas del cuerpo social por la sola virtud de la propaganda racionalista, cunde poquísimo; o, si no cunde, ni por un instante detiene la decadencia del pueblo francés, ni la de ningún otro pueblo latino[46]. Fuera del cristianismo, con su admirable fuerza de expansión, y su sublime historia sagrada, y su verdad moral, casi inconcusa hasta los revueltos días que alcanzamos, no ya los hombres de mundo únicamente, sino también las muchedumbres, seguirán sin duda alguna su carrera, no parando hasta caer en el ateísmo, que es para el propio Tiberghien la disolu-

ción que se opone a la selección natural" y, con el filósofo Yvon Quiniou, considera que esta prologación del pensamiento de Darwin constituye "el fundamento de una genealogía materialista de la moral". Asombra ver que Cánovas se daba cuenta de que surgían enlaces nuevos y poderosos en torno a Darwin entre economía y moral. ¿Qué hubiese dicho de la obra de Richard Herrnstein y Charles Murray, *The bell curve*, aparecida en 1994, donde se considera la inutilidad de los programas norteamericanos ligados de algún modo al Estado del Bienestar, porque la inteligencia se reparte desigualmente por grupos étnicos?

[46] Nótese, en este y en otros lugares, la referencia a la decadencia del mundo latino y, por supuesto, a la decadencia española desde la época de los Austrias.

ción de los principios del orden científico, y la descomposición del orden moral... A gran distancia quedará... la reputación del *Catecismo popular*, con sus mandamientos y todo, que compuso Krause, y ha traducido y arreglado ahora Tiberghien, de la que alcanzó y alcanzará todavía en el futuro el humilde catecismo español del P. Ripalda" (págs. 177-178).

Para entender la evolución futura echa mano Cánovas, en primer lugar, de Tocqueville, a partir de la edición de París, de 1838, de su *De la democratie en Amérique. Causes qui mantiennent la democratie*; después, de Bagehot, y sus obras *La Constitution anglaise* (Paris, 1869) y *La Royauté*; además, del inglés Hepworth Dixon, autor de *La Suisse contemporaine* (París, 1872), para concluir con las famosas palabras de Burke, en sus *Reflexions sur la Revolution en France* (París, 1823): "Sabed que si nuestras libertades están templadas por un cierto linaje de gravedad respetuosa, no es por otro motivo, sino porque siempre hemos obrado como si estuvieran delante nuestros honrados padres" (pág. 187).

¿Ha muerto la antigua fe cristiana? Cánovas insinúa: "No debe ser tan arduo, como se dice, para los hombres del día, el creer en las cosas sobrenaturales, cuando asistimos a un verdadero e inesperado reverdecimiento de ritos masónicos y ciencias ocultas" (págs. 189-190). Este espiritismo –que documenta en la obra de Tissandier, *Des sciences occultes et du spiritisme* (París, 1866)–, y este "masonismo... encuentran hoy creyentes, y hasta creyentes sinceros y bien intencionados" (pág. 190). E incluso lo halla, por lo que se refiere al materialismo, en un Häckel, en un Büchner según su libro *L'homme selon la science: son passé, son present, son avenir* (París, 1872) y en las *Conferences sur la théorie darwinienne de la transmutation des spèces et de l'apparition du monde organique*, (Leipzig. París, 1869).

La octava de estas aportaciones marca el final de sus intervenciones presidenciales en el Ateneo de Madrid, con el discurso pronunciado el 25 de noviembre de 1873. Estaba ya presto el inicio de los acontecimientos de 1874, que iban a dar por tierra con el Sexenio Revolucionario, momento en el que Cánovas del Castillo debería pasar a jugar otro papel en la vida española. Pero esta postrera intervención, que bien podría titularse *Libertad y progreso* –las referencias se hacen por la edición de *Problemas Contemporáneos. I. Discursos del Ateneo*– tiene una espina dorsal, hecha patente desde el principio, gracias a estas palabras de Cánovas: "Entiendo yo, y aspiro a demostrar esta noche, que ni la libertad ni el progreso tienen otros defensores en la ciencia que nosotros, los que, profesando verdaderas doctrinas espirituales, creemos en un principio superior a este mundo, y que, sin nuestra ciencia y convicciones, son ya de todo punto incompatibles lo teórico y lo práctico en el orden social. Si os parece tal afirmación arrogante, tened en cuenta, señores, para disculparla, que ésta en que estamos es hora de decir la verdad con altas voces; tan altas que no las ahogue la estrepitosa confusión de los hechos". Es evidente que Cánovas se aprestaba a entrar en la historia.

Deben destacarse de este discurso tres cosas. La una es el vigoroso canto católico que entona Cánovas del Castillo. Naturalmente que conviene tomar nota de ello porque, en el terreno concreto de la economía, esto va a tener consecuencias importantes a lo largo de la Restauración y, desde luego, de la Regencia. Lo uniré a esta frase: "Cabe ser liberal y muy buen católico juntamente, no obstante el deplorabilísimo equívoco con que se intenta desopinar la palabra liberalismo en nuestros días" (pág. 270). La segunda, la crítica a Hegel. No hay ninguna referencia, una vez más, al hegelianismo de izquierdas, aunque la sombra de Marx, ignorada por Cánovas, como es lógico, aletea sobre este texto, en tanto en cuanto vemos palpitar en él la *dialéctica de la historia* (págs. 266-270). La tercera se relaciona con la lozanía espiritual de la que siempre hizo gala Antonio Cánovas del Castillo. Cuando casi va a acabar su discurso, en las últimas líneas, ¿emplea, acaso, tropos grandiosos? Sencillamente, en una nota de la página 301, se lee: "Veánse sobrc las tentativas de aplicar los métodos de las ciencias exactas a las morales, el libro de M.P.A. Dufau, intitulado: *De la méthode d'observations dans son application aux sciences morales et politiques.*– París, 1866; y el de M.J.M.C. Duhamel, intitulada: *Des méthodes dans les sciences de raisonnement.–* París, 1865"[47]. Unas pocas líneas después, en la pág. 302, concluirá esta serie de conferencias con este párrafo: "No os maraville, pues, señores, que tratando de estas cosas altísimas, tantas veces haya pronunciado aquí la palabra DIOS".

El noveno, y último de estos trabajos de erudición es un prólogo escrito por Antonio Cánovas del Castillo, que se adelantó en el tomo XXIV de la *Revista de España*, fechado el 28 de octubre de 1873, bajo el largo título de *Los antiguos y modernos vascongados. Su origen y sosiego secular y su situación e inquietudes actuales. A propósito del libro del Ilmo. Sr. D. Miguel Rodríguez-Ferrer intitulado: "Los vascongados. Su país, su lengua y el príncipe L.L. Bonaparte, con notas, ilustraciones y comprobantes.* En él hace un despliegue erudito importante sobre el vascuence, y sobre la geografía de la región. Al llegar a la historia asoma ya la que va a ser una convicción de Cánovas, con consecuencias económicas, porque, sostiene: "Jamás hubo, en mi concepto, verdadera independencia política en las Provincias vascas, cual se ha pretendido y se pretende por sus naturales aun, porque ellas reconocieron sin dificultad por señores lo mismo a los romanos y visigodos, que a aquellos primeros cristianos que fundaron reinos en los montes contra la gente mora; jamás pensó nadie en oprimirlos y tiranizarlos tampoco, disputándoles sus estrechos y pedregosos predios, sus maderas, su pesca, ni siquiera el régimen de todo punto patriarcal, por el cual debían ya de gobernarse cuando apareció el feudalismo... Y si han conservado igualmente desde entonces acá y al través de los siglos, su lengua, sus costumbres, la pureza de su raza ibera, es para mi la razón clarísima, y consiste, en que no han llamado tampoco a sí, ni con su poder, ni con sus riquezas, ni siguiera con su soberbia, el hierro implacable de los conquistadores... Ostentaran los vascongados la peligrosa y anti-española independencia de Navarra en los días de Fernando el Católico, diéranse en los de la casa de Austria a ofrecer

[47] En España es preciso no olvidar sobre esto el discurso de ingreso en la Real Academia de Ciencias Exactas, Físicas y Naturales, de Alberto Bosch y Fustagueras, de quien ya se ha hecho referencia.

asilo y amparar contra la justicia, (a) ministros enemigos del rey, como Antonio Pérez; o a disponer de sí mismos como Cataluña, tomando señor extranjero y protegiendo dinastías contrarias a la mayoría del voto nacional... y bien puede jurarse que no hubiesen bastado sus peculiares pactos de unión con Castilla, ni su esfuerzo bélico para conservar intactos sus actuales privilegios durante la revolución unitaria y niveladora que, siglos ha, viene realizándose en la Península, con el fin de constituir un solo Estado, y una sola patria española. Algunos de los servicios que hoy niegan, los rogaban ya por entonces los vascos, pero en cambio solían prestar otros que hoy no prestan, y observar, sobre todo, una conducta irreprensible por lo que hace al orden y la paz" (págs. 451-452).

La cuestión vasca, pues, en relación con el problema del orden y la paz, la tiene como central Cánovas del Castillo. De ahí que procure profundizar en torno a los motivos de su alteración, y para ello cree que basta remontarse a los acontecimientos de 1795, sobre los que tiene documentación original. A partir de toda una serie de abandonos, vizcaínos y alaveses principalmente, respecto al conjunto de los intereses generales españoles, como consecuencia de la invasión revolucionaria francesa de Moncey y a causa de las lógicas reacciones de Godoy, se produjo una consecuencia: "que la cuestión de los fueros de las provincias (vascongadas) quedase desde entonces planteada, no en forma provechosa y necesaria de una conciliación nacional, sino en forma de controversia apasionada, vecina siempre a ser dirimida por la fuerza", y tras describir una serie amplísima de acciones y reacciones, concluye: "Todo esto junto ocasionó el que jamás haya vuelto a haber desde entonces cordial inteligencia entre aquellas y las demás provincias españolas" (pág. 469).

Después continúa así el relato: "Ni puede ni debe negar la historia que Godoy y sus agentes y publicistas fueron los verdaderos padres del liberalismo oficial en España. Ellos comenzaron la desamortización eclesiástica; ellos lucharon con la Inquisición y el influjo político del clero; ellos se coaligaron al fin estrechamente con la república y el imperio francés, sucesiva e igualmente genuinos representantes de la revolución; ellos formaron o consintieron la primera Constitución política de España en Bayona, y aun pusieron en práctica, algunos desde Madrid, y a nombre del monarca intruso, las más de las reformas que los partidos liberales han ido realizado después... El partido liberal español recogió, como en todo, en la cuestión vascongada, las tradiciones de Godoy, de Llorente, de González Arnao, el redactor del artículo *Vizcaya*, en el *Diccionario geográfico-histórico*[48], que tan mal parados dejó ya a los fueron vascos; de todos cuantos formaron, en fin, la parcialidad reformadora del gobierno de Carlos IV, así como el gobierno del excelente, aunque intruso, rey José..." (pág. 470).

Ha creado todo esto una mentalidad en el mundo vasco y en el navarro que es descrito, con sus consecuencias económicas de modo perfecto por Cánovas del Castillo, quien había quedado impresionado cuando el 16 de julio de 1871, dirigiéndose por Elizondo a la frontera, vio cómo, súbitamente aparecía una mujer "que cuesta arriba venía gritando: «Ya está ahí, y ya ha comulgado». A las preguntas de los viajeros, sorprendidos por aquellas voces, cuyo sentido ignoraban, respondió frenética la mujer: «Es Carlos VII, que ha comulgado al llegar». Inútil fuera explicar la sensación que tales palabras produjeron en los viajeros..." (pág. 473): "¡Ah! Si hubiesen sabido ellos –los "legisladores y gobernantes de estos años últimos"– lo que es el levantamiento de una *facción* en las provincias vascongadas! Sus ojos... habrían contemplado allí un espectáculo singular e inesperado. No son, no, turbas famélicas, concupiscentemente enamoradas de los bienes ajenos, las que allí se congregan en casos tales; ni se escuchan allí gritos desordenados y salvajes, ni siquiera se oyen conversaciones ociosas. Ningún padre esconde cobardemente a su hijo, antes bien le saca de la labor él mismo, trayéndolo a recoger las ennoblecidas armas. Ninguna madre, ninguna hermana, ninguna novia llora, cuando

[48] De la Real Academia de la Historia, impreso en 1802; no debe olvidarse, con la misma orientación, la publicación en 1806 por Juan Antonio Llorente de las *Noticias históricas de las tres provincias vascongadas*, en que se procura investigar el estado civil antiguo de Alava, Guipuzcoa y Vizcaya, y el origen de sus fueros, ni la reacción foral de Francisco Aranguren y Sobrado (1807) o la de Fidel de Sagarminaga, en *Reflexiones sobre el sentido político de los fueros de Vizcaya.*

el viejo y destemplado tambor bate la marcha. Todo el mundo parece en tal ocasión tranquilo, grave, resignado o convencido de que está cumpliendo un deber. Solamente los *muchachos*, como por allá los llaman, parecen alegres al verse en armas, despertándose súbitamente en ellos el fiero instinto del combate, que en toda criatura existe más o menos escondido, hasta en el hombre... Las mujeres y los viejos toman a su cargo, en el entretanto, el trabajo de los *muchachos* que parten, y al paso que labran la tierra o desempeñan los oficios industriales más duros... atienden mejor que ninguna administración militar a que nada les falte. Pero la guerra es la guerra, al fin y al cabo: la producción de la tierra disminuye, agítase la población lentamente, los caseríos arden, desaparecen bárbaramente los sembrados, dejan los ricos de otras provincias de acudir allí, el comercio cesa; y aquel país abundante, lozano, próspero y dichoso, por donde quiera ofrece antes de mucho, cuadros lúgubres. Y todo eso acontece sin que ninguna obligación escrita, ninguna violencia material, ningún extraño impulso, ninguno de los deberes que suelen reconocer por tales los diplomáticos, los políticos, y aun los moralistas contemporáneos, mueva a los vascongados a trocar tamaños bienes por tan seguros males. Por contrarios que seamos a la causa que defienden, ¿cabe desconocer que hay mucho en eso que merece respeto y no poco de grande?" (págs. 477-478)[49]

Sin embargo, ya en este trabajo, Cánovas insinúa lo que, tras la liquidación de la II Guerra Civil carlista, puso en marcha para eliminar el régimen foral cuando prácticamente iniciaba así este trabajo: "Sería

[49] Contémplese, en paralelo, esto con textos de la novela de Rafael García Serrano, *Plaza del Castillo* y, por lo que se refiere a la crisis económica, con el puesto comparativo que, de 1973 a ahora, pasan a tener las provincias de Vizcaya y Guipúzcoa por su VAB por habitante, en el conjunto nacional, de acuerdo con los trabajos sucesivos de Julio Alcaide Inchausti:

Puesto relativo provincial de	1973	1975	1977	1979	1981	1983	1985	1987	1989	1991	1993	1994	1995	2000	2004
Guipúzcoa	3	3	3	8	7	5	7	7	11	14	17	15	15	7	6
Vizcaya	4	2	4	12	13	12	13	15	17	11	13	12	12	4	2

indigno de mi... el dejarme vencer del afecto hasta el punto de aplaudir privilegios que redunden en menoscabo de lo demás de España... Porque no cabe negar ya, que esté obligado el hombre a devolver o pagar cuantos servicios recibe de otros; y bien notorio es que los vascos ni devuelven ni pagan muchos que de otros españoles reciben. Esa ley natural, y por consecuencia, imprescriptible, bastaría a anular los títulos históricos, no dándolos todos por auténticos e incontestables. Allí cuando soberanía y patrimonio solían ser uno, nada estorbaba, en verdad, que gravase el señor sus predios desigualmente, y hasta que renunciase a la renta de cualquiera de ellos, bien por propia voluntad, bien por pactos. Mas el poder soberano no conserva ya los caracteres peculiares del dominio quiritario en parte alguna; y ni todas las facultades puede ya tenerlas, ni llevan todas las cargas de antes. Día llegará, a mi juicio, en que reconozcan aquellas honradas provincias, que en sus actuales relaciones con las otras de España, indeliberadamente conculcan los más claros principios jurídicos. Lenta y sucesivamente reunidos, con el fin providencial de constituir Estado y patria, no por eso han de estar obligados aquellos lugares de España, que no son vascos, a renumerar con los productos del propio trabajo los servicios generales, que ni más ni menos que ellos, necesitan sus hermanos privilegiados y exentos... Sistemas de obligaciones, desde el origen unilaterales y, perpetuamente provechosas a una sola de las partes, hanlos, sin duda, conocidos los tiempos... En nuestros días no consienten obligaciones tales, ni el derecho civil ni el derecho público..." (págs. 433-434).

No hubo posibilidad, tras la derrota del carlismo, de que se llegase a una solución paccionada. En el artículo citado anteriormente de Jaime Ignacio del Burgo se sintetiza el final de la historia: "La Junta General de Vizcaya se negó a cooperar en la ejecución de la ley abolitoria, promulgada el 21 de julio de 1876. Vacilaron las de Guipúzcoa y Alava. Mas la reacción de Cánovas sería la de ordenar la disolución de todas ellas. Es cierto que poco después, en 1878, presionado por los liberales vascongados o tal vez arrepentido de haber llegado tan lejos, concedería a las Vascongadas el primer Concierto

Económico, sobre el que se levantaría un pálido remedo de régimen foral".

CÁNOVAS, EL HOMBRE DE LA RESTAURACIÓN

La etapa de Cánovas como pieza clave en la Restauración se puede comenzar a documentar con el discurso que pronunció, en presencia de Alfonso XII, en la Sociedad Geográfica de Madrid, que a la sazón presidía, el 31 de mayo de 1879, con motivo del Centenario de Sebastián Elcano. Es un discurso breve, incluido en el tomo II de *Problemas Contemporáneos* –las citas de páginas son por esta publicación– del que deben destacarse, en relación con la economía, si que remotas, dos cosas. En primer lugar, una información de cierto interés sobre los primeros pasos de la actual Real Sociedad Geográfica, entonces Sociedad Geográfica de Madrid (págs. 431-433). En segundo término, la plena conciencia de que en el acelerado devenir de la Revolución Industrial, no cabría reposo en el desarrollo, sobre todo a naciones como España que se habían quedado retrasadas: "No es dado a las naciones que se han quedado atrás, salvar de un golpe la enorme distancia que suele ya separarlas de las otras; y sólo el trabajo asiduo, multiplicado, entusiasta, puede ir paso a paso acortándola, y borrando lentamente los límites que de sus más felices compañeras las alejan. Pero ¡ay de ellas, Señor, ay de ellas si todavía hacen alto en el camino; si se apartan de él con sus errores económicos o políticos, y aún más con sus discordias internas; que, en el rápido progreso de la época, un solo año perdido ha de ser casi imposible ganarlo o recobrarlo jamás!" (pág. 449).

La segunda de las piezas de esta etapa es el *Discurso* leído ante la Real Academia de Ciencias Morales y Políticas con motivo de su recepción pública en ella, el 5 de junio de 1881 (Imprenta de Manuel Ginés Hernández, Madrid, 1881), que se recoge, posteriormente en el tomo III de los *Discursos de recepción y de contestación leídos ante la Real Academia de Ciencias Morales y Políticas al dar posesión de sus plazas a los individuos de número de la misma. 1881-1883* (Imprenta y Fundición de Manuel Tello, Madrid, 1884). El tema escogido por Cánovas fue *Las últimas hipótesis de las Ciencias Sociales no dan más firme fundamento a la Sociología que las creencias, aún miradas también como hipótesis, en que esta ciencia se ha basado.*

Conocemos la importancia de este discurso gracias a Salustiano del Campo[50] quien no vacila en señalar la existencia de dos líneas en la creación de la sociología en España: Una es la que durante muchos años, a causa de la obra ya clásica de Pierre Jobit, *Les educateurs de l'Espagne contemparaine*, se consideró única: la del krausismo y añade el profesor del Campo: "Tan rotunda afirmación relegaria el esfuerzo de Cánovas a la condición de ejercicio de un solista que, sin continuidad y sin especial valor se atrevió a disonar de un bien dirigido orfeón de creadores de ciencia. Esto, que se ha tomado como un axioma, resulta que no es verdad"[51].

La postura de Cánovas la conocemos muy bien. La había comenzado a exponer en el Ateneo madrileño y en este *Discurso* de ingreso en la Real Academia de Ciencias Morales y Políticas y la sintetiza así Luis Diez del Corral: "No ha sido acaso suficientemente puesta de relieve la preocupación constante, profunda y cabal de Cánovas por los problemas religiosos. A través de todas las cuestiones de carácter filosófico, social, político, económico, etc., la vista aguda de Cánovas descubre un trasfondo, una raíz religiosa. El problema clave, matriz, de todos los que tiene planteados el mundo contemporáneo, es para Cánovas el hecho del apartamiento creciente de la sociedad de las creencias cristianas"[52].

Esa línea canovista no era algo aislado. Salustiano del Campo dirá que en la misma línea de Cánovas, José Moreno Nieto había pronunciado el 26 de noviembre de 1874 en la sesión inaugural del curso de

---

[50] Cfs. su aportación *Cánovas del Castillo y el nacimiento de la sociología española*, en el volumen *Antonio Cánovas del Castillo. Homenaje y memorias de la Real Academia de Ciencias Morales y Políticas (1897-1997)*, Real Academia de Ciencias Morales y Políticas, Madrid, 1997, págs. 319-331.

[51] Cfs. Salustiano del Campo, ensayo cit., pág. 329.

[52] Luis Diez del Corral, *El liberalismo doctrinario*, ob. cit. págs. 618-619.

la Academia Matritense de Jurisprudencia y Legislación un discurso titulado *La Sociología*. Y un poco después añade: "Al problema del modo de conocimiento, apuntado por Moreno Nieto, se dirige inequívocamente la aportación de otro miembro del círculo de Cánovas, el segundo marqués de Pidal, cuyo discurso de ingreso en esta misma Real Academia, leído el 27 de marzo de 1887, versó sobre «el método de observación en la ciencia social: Le Play y su escuela»"[53].

He ahí, pues, dos líneas de pensamiento diferentes, que coexisten en España: la del círculo de Cánovas, que antecede en una década a la krausista, que aparece en 1884 con el libro de Urbano González Serrano, *La Sociología científica*, y esta última. Como dice Salustiano del Campo, al hilo de este discurso de ingreso de Cánovas del Castillo, "desde la muy distinta perspectiva sociológica actual y sin olvidar cuanto separaba radicalmente a los sociólogos krausistas de los del círculo de Cánovas, no cabe ignorar que son muchos los puntos en los que se aproximan: leían y discutían a los mismos autores y participaban de la atención y simpatía que engendraban las nuevas ciencias sociales. Además, y esto es de gran trascendencia, se preocuparon conjuntamente de las reformas sociales que el país precisaba, y llegado el momento, colaboraron en la Comisión y en el Instituto de Reformas Sociales, cada cual desde su propia posición, pero siempre con lealtad a un fin común, al igual que habían convivido en la Academia (de Ciencias Morales y Políticas)"[54].

La tercera aportación que se debe citar es su *Discurso pronunciado... el día 6 de noviembre de 1882 en el Ateneo Científico y Literario de Madrid con motivo de la apertura de sus cátedras* (Imprenta Central a cargo de Victor Saiz, Madrid, 1882). En este trabajo dice Cánovas: "Quiero examinar el hecho de las naciones e inquirir y exponer su concepto" (pág. 15). Téngase en cuenta que en 1882 había publicado Renan su célebre ensayo *Qu'est-ce qu'une nation?*, y que Cánovas se siente obligado a glosarlo y a criticarlo en este discurso (págs. 47-59),

[53] Salustiano del Campo, trabajo cit., pág. 330.
[54] Salustiano del Campo, trabajo cit., pág. 331.

porque considera, frente al plebiscito diario de Renan, que "el vínculo de la nacionalidad que sujeta y conserva las naciones es por su naturaleza, indisoluble" (pag. 48). Enfáticamente declarará Cánovas: "Que la patria es, señores... para nosotros tan sagrada como nuestro propio cuerpo y más, como nuestra misma familia y más; y justísimamente despierta en el hombre la más viva y mejor de las pasiones; más viva y mejor que la del amor mismo, única capaz no obstante de rivalizar con el patriotismo, por darse idealmente en ella la ley natural que sobre el planeta conserva nuestra especie. Todavía el hombre se puede sacrificar cristianamente por el prójimo; sacrificar su familia a otra por filantropía; nunca será ya plausible del todo, más cabe todavía, en lo lícito; lo que tan solo para el malvado sería posible es el sacrificio a nada, ni a nadie, de la patria" (págs. 52-53).

Todo eso le sirve para entrar en "contradicción" con otras opiniones que suelen exponerse en el Ateneo, evidentemente a través del librecambista Gabriel Rodríguez, (págs. 54-55). Esto es, lleva su lección inmediatamente a exponer su concepción del proteccionismo como algo básico y fundamental de la noción de patria, de nación. El conjunto de los argumentos es muy claro: "Si indudable es que no está puesto en razón el que un hombre por enriquecer a otro se empobrezca voluntariamente, o procure remediar a otra familia descuidando la suya propia, no menos cierto es que también carecería de razón el que una nación dejara de mirar por sí antes que por otra, y que no procurase, ante todo, vivir, y luego prosperar más que ninguna en la suprema sociedad que todas juntas forman. ...Debo advertir que, además de las otras cosas dichas, es para mi la nación una vasta sociedad agrícola y mercantil, y hasta una sociedad cooperativa. De ahí el que piense yo... que, sin renunciar nunca en absoluto o competir con los demás, asistiendo a la universal concurrencia mercantil con el producto de su trabajo, puede y debe antes toda nación prestarse a sí misma, y realizar en su seno cuantos recíprocos servicios sean posibles. De aquí el que algunos pensemos igualmente que no es ilegítimo el propósito de dejar de consumir productos extranjeros, hasta donde factible sea, prefiriendo los propios, por más que resulten menos finos o menos bellos" (pág. 55). Por supuesto inmediatamente (pág. 56) cita como ejemplares a los Estados Unidos y "al triunfante Imperio alemán".

En el párrafo siguiente sintetiza cuál debe ser la doctrina proteccionista adecuada, por muy científico que, con la teoría de los costes comparativos, parezca el librecambio: "La economía política, al dar absoluto valor práctico al librecambio, olvida un dato fundamental, y es que las naciones tienen derecho a la vida y derecho al trabajo" (*ibidem*). Para Cánovas –y que piensa en España es evidente–, "la teoría absoluta del librecambio (no se comprende bien) sin presuponer la legitimidad de la lucha por la existencia, que el evolucionismo eleva a hecho más o menos universal... Pero así y todo... toda nación que existe tiene hoy asimismo razón y derecho para existir, restaurándose, fortaleciéndose, desarrollándose, creciendo de nuevo para recobrar, cuando no el predominio, si lo obtuvo, la vitalidad que baste a que no sea descontada de las fuerzas universales y progresivas que el género humano destina a sus grandes obras. Y pues que no quieren morir, ¿quién osará decir que directa ni indirectamente deban ser tales o cuales naciones sacrificadas al bien general de la humanidad, aun dado que fuera este bien incontestable?" (págs. 56-57).

Sobre esto volverá una y otra vez, en esta intervención (págs. 58-64), al plantear las ventajas de un proteccionismo que, a través de la declaración que sigue, llevaba en sí las piezas esenciales del proceso del nacionalismo económico que triunfará, ya desaparecido Cánovas, con toda una serie de medidas que inicia Maura en 1907 y que se ampliarán, incesantemente, al menos hasta 1959: "...Podrá a una ... nación acontecer que la masa de sus habitantes, cansada de inútil lucha, se dé por vencida, como lo está sin duda la de ciertos países, no europeos, y poco a poco abandone su propio trabajo para vivir del extraño, pagando lo que compra, primero, con los insuficientes productos que le quedan y sus cortos ahorros pasados; después, con la enajenación sucesiva del capital nacional, de sus minas, del aprovechamiento de sus ríos y costas; con la cesión por último, de cuantos dones originariamente obtuvo de la Providencia, hasta venir a una especie de pauperismo colectivo, muy semejante al individual ..." (págs. 60-61).

Ya ha formulado así, de modo amplio y con resultados que pronto serán evidentes, Cánovas sus tesis proteccionistas. La postura ya es clara y en cuanto cuando vuelva al poder, al año siguiente, como he señalado más arriba, hará de estas nociones el eje para resolver todos los problemas.

Esta postura, y una advertencia contra las perturbaciones que puede originar un simplismo colonialista, es lo que se contiene en su intervención el 12 de noviembre de 1883 en el Congreso Geográfico de Madrid, la cuarta y última de las aportaciones de esta parte. Ya está glosada más arriba y carece de sentido insistir en los puntos de vista ya expuestos.

CÁNOVAS EL HOMBRE CLAVE

A partir de 1883, pues, Cánovas, de un modo u otro, se convierte en persona clave de los años finales de Alfonso XII y, hasta su asesinato, en pieza esencial de la Regencia de María Cristina de Habsburgo. A pesar de estas responsabilidades, fechándola en Madrid el 1 de enero de 1884, escribe la *Introducción* para el tomo I de *Problemas Contemporáneos* (Imprenta de A. Pérez Dubrull, Madrid, 1884). En su portada no ofrece Cánovas, evidentemente por orgullo, ni uno sólo de sus títulos políticos, y sí un impresionante catálogo de los académicos[55]. Parece como si así se preparase a cerrar la etapa de investigador y fino pensador, para dedicarse a la acción política en toda su plenitud.

Sirve, a mi juicio para tener claras dos cosas. La primera, como si consistiese en un acto de humildad, el que Cánovas es consciente de las limitaciones de su obra: "Estos volúmenes no encierran sino estu-

---

[55] La relación es la siguiente: "Director de la Real Academia de la Historia; individuo de número de la Española, de la de Ciencias Morales y Políticas y electo de la de Bellas Artes de San Fernando; Socio de la Academia Real de Ciencias, Letras y Artes de Bélgica, en la clase de letras, y de la de Ciencias de Lisboa; individuo en la clase de Preeminentes de la Real Academia Sevillana de Buenas Letras; Correspondiente de la Real Academia de Buenas Letras de Barcelona, y Académico honorario de la de Derecho de la misma ciudad; Socio honorario de varias Sociedades Económicas de Amigos del País, etc., etc.".

dios... casi siempre escritos fortuitamente, y antes sumisos a las circunstancias que los originaron, que a las desinteresadas y austeras prescripciones de la investigación científica. Fruto, no bien maduro..." (pág. VII). La segunda, que presenciamos un acto de legítimo orgullo, cuando dice, en las págs. IX-X: "La verdad es que desde que, en edad bien corta, comencé a dar mis pensamientos a la imprenta, o decirlos en público, hasta este día, ninguna modificación, absolutamente ninguna, he tenido que hacer en mis opiniones religiosas, filosóficas o sociológicas, ni en las fundamentales sobre derecho público". Por supuesto que es posible sospechar que las "opiniones... sociológicas", abarquen también las relacionadas con la economía política, porque respecto de todo lo escrito en este sentido por Cánovas del Castillo, tanto lo ya comentado, como lo que falta por comentar, tampoco ofreció ningún cambio fundamental en sus ideas.

La pieza que inicia, cuatro años después, la exposición de las doctrinas proteccionistas, es el *Discurso en defensa de la producción nacional pronunciado en el Congreso de los Diputados el día 9 de enero de 1888 por el Excmo. Sr. D. Antonio Cánovas del Castillo*, en un volumen de un centenar de páginas, editado en Madrid, también en 1888, en la Librería de Miguel Guijarro, con la indicación: "Publicado por acuerdo del partido", liberal-conservador se entiende. Por eso contiene, aparte del discurso de Cánovas, el texto de la proposición de Ley de la que éste es primer firmante –tras él lo hacen el Conde de Toreno, Francisco Silvela, Raimundo Fernández Villaverde, el vizconde de Campo Grande, el marqués de Pidal y Fernándo Cos-Gayón–, fechada el 2 de diciembre de 1887, así como los señores que dijeron no y aquellos que votaron sí a la misma, agregando que es evidente que hubo un "número considerable" de abstenciones. La proposición de ley colocaba al partido liberal, en una posición difícil ante los labradores, que vivían momentos de mucha dificultad. Las citas son por esta edición.

El discurso es, literalmente, uno muy protector para los trigos y harinas españoles y contra la concurrencia de los cereales procedentes del norte de América, de la India y de Australia, así como de "los inmensos terrenos de las pampas del Río de la Plata, que si algo nos faltare estarán destinados a empujar sobre nosotros la producción de los Estados Unidos y de la India, y a darnos, si se necesitara, el golpe de gracia" (págs. 42-43). Dejando aparte una larguísima declaración incidental, interesante sólo para los tratadistas de derecho público, comenzará su intervención señalando cómo un partido conservador ha de ser proteccionista: "No ha debido, pues, extrañar a nadie en la región de los principios que, dado el concepto del Estado que tiene y ha de tener necesariamente la escuela conservadora, puesto que lo es, este concepto de Estado la conduzca, como me ha conducido, no de ahora ni por motivos triviales, como los que tal vez he visto alegar en el banco del Gobierno, sino por altas y fundamentales razones científicas y políticas, a sostener y a defender siempre el derecho del Estado a intervenir, a organizar todas las funciones de la vida pública y entre otras las que se refieren a los cambios y al trabajo nacional" (págs. 27-28).

La doctrina contraria es la que residencia Cánovas en la llamada "escuela individualista española", que "se alistara toda entera en las filas de la democracia más radical" (pág. 28). Influyó ésta en la política económica de modo muy intenso; tenía que modificarse ésta, pero convenía hacerlo al modo conservador, no revolucionario. Por eso cuando el partido liberal-conservador de Cánovas llega al poder, "en esto como en todo entendió, según entenderá siempre, que si es justo y conveniente y hasta indispensable que cada partido dirija los asuntos públicos en el sentido de sus convicciones, ha de hacerse cuando se trate de la legislación y de estados de derechos creados… con lentitud, con moderación y a medida que las circunstancias y las necesidades lo exijan, contando siempre con que la opinión pública comienza por reconocer la necesidad de un movimiento de reacción que nunca ha de ejercitarse por medio del capricho: reacción que ningún partido de patriotismo, que ningún hombre de Estado digno de llamarse buen hijo de su Patria, realizará sin estar plenamente convencido de que aquello que va a modificar ha producido notable daño o al menos no ha producido beneficio alguno" (págs. 30-31).

Así actuó el partido conservador que, "con moderación sí, pero con firmeza y con constancia, fue, poco a poco, desviando del mal camino de la libertad de comercio condenada por sus antecedentes, la legislación patria... cuya fórmula apareció, como todo el mundo sabe, en la primera ley de presupuestos de la revolución (de 1868) y en la base quinta de uno de sus apéndices. Por eso uno de los primeros actos que el Gobierno conservador llevó a cabo, en virtud de las facultades extraordinarias que tenía, fue la suspensión de esa base quinta y de la revisión primera a que ella daba lugar, con lo cual afirmaba una política económica distinta de la política económica de la revolución". Recuerda que en el año 1882, se da marcha atrás, y al volver al poder preparó "un proyecto de ley derogando totalmente dicha base quinta con el fin de entrar ...en una política económica distinta, favorable a la industria, a la agricultura, a la navegación de España..." (págs. 32-33)[56].

En 1888, con un Gobierno liberal que frenaba esto, se consideraba obligada la oposición conservadora a manifestar que el librecambismo, "es una doctrina que en su valor y en su rigor matemático podrá ser cierta; ...pero que no es aplicable a las naciones que están... limitadas por el momento histórico en que se encuentran y por las dificultades con que haya tropezado su desenvolvimiento; es, en suma, una doctrina irracional y atentatoria ante todo y sobre todo al principio de las nacionalidades independientes" (págs. 34-35).

La prioridad en la protección la concede a la agricultura. Dirá Cánovas; "¿Dónde está el país de Europa, con su suelo gastado, con

[56] Una actitud conservadora puede ser asumida por un partido progresista o por uno conservador; también una actitud revolucionaria puede ser de un partido conservador o progresista. En la siguiente matriz queda todo esto claro:

Partidos	Talantes	
	Conservador	Revolucionario
Conservador	Cánovas	Maura
Progresista	Sagasta	Figuerola

En las pág. 86-87, volverá a aclarar Cánovas del Castillo qué se entiende por política conservadora.

la necesidad de reemplazar las fuerzas esquilmadas de este suelo –a los de España, en la pág. 43, los denominará "los secos y casi estériles de España", muy influido por *Los males de la Patria y la revolución española*, de Lucas Mallada, que se recalcará en la pág. 44, al calificar a la española como "una de las menos aventajadas bajo el punto de vista material"–, por medio de abonos caros y de intensos cultivos, con su alto precio en la renta de la tierra, cuya anulación o disminución representaría una revolución social y, sobre todo, con la diferencia inevitable de los jornales respecto de ciertas regiones para eso privilegiadas; ¿donde está... la Nación europea que se jacta de poder sostener la competencia? No hay ninguna" (págs. 40-41).

De todo ello desciende Cánovas a la necesidad de comenzar una especie de vivísima reacción proteccionista, entonces en el caso de los cereales. Había una grave situación en el campo. El Gobierno liberal hablaba, para no tener que retocar los aranceles, de mejorar el crédito agrícola, de ayudar a través del gasto y los ingresos públicos. Cánovas del Castillo insistirá en que "se trata... de si dada la situación de la Hacienda pública, y si dada la situación de nuestros campos, del crédito, de los canales de riego, de los transportes de las obras públicas de toda naturaleza, hay o no otro medio eficaz, y sobre todo urgente, de atender al remedio de los males que padece nuestra producción, y de evitar su rápida ruina, que la reforma arancelaria" (pág. 70).

Todo esto va a procurar hacerlo compatible con la producción industrial que se solicitaba en Cataluña. Ese difícil intento de protección integral, que ya ha sido comentado más arriba, es lo que aparece en el ensayo contenido en el tomo III de *Problemas Contemporáneos*, titulado *Necesidad de proteger a la par que la de los cereales la producción española en general*. De este tercer documento de esta etapa debo añadir ahora algo que después se repetirá mucho, incluyendo no sólo a Cambó, sino a Flores de Lemus; que "necesita, pues, la industria catalana, no tan sólo que se le reserve nuestro mercado agrícola, sino que se procure a todo trance su prosperidad, porque la miseria de los cultivadores sin remedio arruina a los industriales" (pág. 379). Esta obsesión para enlazar los intereses castellanos y catalanes fue buscada sin cesar en este trabajo.

El cuarto de los estudios para esta parte de nuestra exposición es el *Discurso leído por el Excmo. Sr. D. Antonio Cánovas del Castillo el día 6 de noviembre de 1889 en el Ateneo Científico y Literario de Madrid con motivo de la apertura de sus cátedras* (Imprenta de A. Pérez Dubrull, Madrid, 1889). La materia que estudia se titula *Algunas consideraciones sobre los modos diversos con que la soberanía se ejerce en las democracias modernas*. Se ocupa este ensayo, sobre todo, de los casos de Suiza, Estados Unidos y Gran Bretaña. Cuatro observaciones deben hacerse. Recoge, en relación con los Estados Unidos, de *The Government Yearbook*, 1889, unas palabras sobre el derecho de Noreteamética "a proteger el Nuevo Mundo de las intenciones del despotismo extranjero", agregando a renglón seguido Cánovas, que lo vivía en el Caribe: "No prejuzgo lo que la diplomacia angloamericana puede intentar a veces, partiendo de este derecho contestable" (pág. 50). Más adelante (págs. 69-72), mencionará el impacto en las instituciones estadounidenses de lo que Maeztu llamará unos pocos años después, *el sentido reverencial del dinero*.

Asimismo, sin salir de los Estados Unidos, alude, con bastante amplitud, a las consecuencias de la corrupción en la marcha de la vida de un pueblo. La documentación que maneja procede del capítulo especial que escribe sobre ello James Bryce en *The American Commonwealth* (Londres, 1888), sin perjuicio de lo que indica Minghetti, en *I partiti politici e la ingerenza loro nella giustizia é nella amministrazione* (Bolonia, 1881), así como Ezra C. Seaman en *Le sistème du gouvernement americain* (Bruselas, 1872), libro éste que Cánovas califica (pág. 76) de "excelente". Se trata de trabajos que abordan los problemas de la que podría llamarse corrupción oficial, derivada de los partidos norteamericanos.

Esta literatura parece asimilar la corrupción a un impuesto no discutido por ningún parlamento. Lo aclara bien Minghetti, al recoger lo que le dijo un norteamericano y lo transcribe Cánovas en la pág. 77: "Bien sabemos que nuestra Administración está llena de indignidades, dilapidaciones y robos, lo cual aumenta los gastos públicos; pero más nos conviene pagarlos con ese aditamento que tomarla a nuestro cargo, porque empleando nuestro tiempo en negocios particulares, nos rinde diez veces más". Suma a esto Cánovas, en la misma pág. 77, que Claude Jannet lo matiza así en *Les Etats-Unis contemporaines* (París, 1889): "Más vale apresurarse a hacer la propia fortuna y dejar a los *politicians* de profesión que gobiernen; cada uno a su oficio, y la política es el de los que ninguno saben"[57], a lo que añade que los norteamericanos "tiénense, en suma, por bastante ricos para que les roben".

Además de estas tres aportaciones, añade otra cuestión que enlaza con el evidente talante de reformista social, que tiene Cánovas del Castillo, como había probado no sólo en 1883, en relación con la Comisión de Reformas Sociales, sino en multitud de textos y de actitudes, que ahora ratifica dentro de la ideología hecha patente en una declaración de Bismarck en el Reichstag –"Me permito reivindicar para mi la paternidad primera de toda la política social"–, al decir (págs. 93-96): "Para mi los tiempos llegan en que un régimen político sea estimado, sobre todo, por la aptitud que posea para mantener en orden al trabajo y al capital, contribuyendo hasta donde quepa a su concierto necesario. Todos los Gobiernos rinden algún tributo ya, aunque en mayor o menor cuantía, al socialismo de Estado, bien que ninguno haya adelantado sus pasos tanto en esta senda como el alemán. Pero lo más grave[58] es hoy, bien lo sabéis, que la Iglesia Católica en la propia Alemania, en Inglaterra, en Francia, y más que en ninguna parte en los

---

[57] Todo esto se une precisamente a la postura de Max Weber en *La ética protestante y el espíritu del capitalismo*. El "time is money" de Benjamín Franklin tiene una base de moral puritana muy clara que, recordémoslo, subraya Max Weber.

[58] Transcribo literalmente, como es lógico, pero esta expresión "pero lo más grave", es inverosímil en la pluma de Cánovas. No sólo por su devoción a la Iglesia, sino porque comulgaba con la orientación que seguía en este sentido Leon XIII. Muy probablemente en vez de grave, pensó en escribir, si lo escribió, importante, significativo, o cosa parecida. Después apareció esto dentro de un texto muy barroco -como solía redactar Cánovas, no sé si por influencias de la literatura del siglo XVII que tan bien conocía- y, de acuerdo con el texto ya señalado de Menéndez y Pelayo, muy probablemente escrito de modo "atropellado", y así llega a nosotros, pero no se le puede despachar hacia el futuro sin esta observación.

Estados Unidos, rechaza, a título de una de sus principales leyes, la caridad, los excesos de la concurrencia o de la lucha por la vida en la regulación del trabajo. El Papa mismo ha declarado no ha mucho que es lícita la existencia de la formidable asociación titulada de los *Caballeros del Trabajo* en los Estados Unidos, con tal que respete la propiedad individual, y que no incurra en los extravíos del socialismo revolucionario. Por tales caminos ya la mayor fuerza moral que posea el mundo[59], reparad también... que la fuerza material más triunfante en el mismo y más gloriosa[60], se ha dejado persuadir del socialismo de la cátedra, del llamado inexactamente *socialismo católico*, del socialismo conservador, y hasta de la nueva economía política realista[61], conformes ya en una cosa, a saber: que las leyes matemáticas de la producción y la demanda ni se deben ni se pueden aplicar a los hombres. No discuto aquí, expongo; no pretendo establecer, según dije ha poco, sino que el Estado del porvenir ha de estar influido, antes que por nada, por el hecho novísimo de que sobre los antiguos problemas políticos claramente prepondera el problema social... El más simple planteamiento de este problema dificilísimo, obligará a prescindir de gobiernos que no sean capaces de pasar irresistiblemente a un tiempo sobre las minorías propietarias o capitalistas, y sobre las mayorías trabajadoras y proletarias, con el fin de que ni las primeras aprovechen las ventajas todas de la concurrencia, ni extiendan las segundas su estricto derecho a vivir trabajando... Si... carecen las democracias de organismos proporcionados a la misión primera del Estado, si no acierta a sobreponerse a los más, cuando haga falta, a pesar de su dependencia absoluta del número, poca duda será permitida respecto a los riesgos que correrá en sus manos el orden social... No olviden las democracias individualistas, enemigas feroces del socialismo a las veces, que está éste dentro precisamente de su propia naturaleza, porque el poder igual de todos, aunque sea un imposible práctico, pide

[59] Evidentemente la Iglesia Católica, con lo que se ratifica lo que se señala en la nota 58.

[60] Evidentemente, el recién nacido Imperio alemán.

[61] No puede dejar de subrayarse la muy oportuna referencia a la batalla del método que inmediatamente recogerá Cánovas.

que las consecuencias sociales para todos sean iguales también... Hoy ya el socialismo católico como el conservador, la Monarquía prusiana de derecho divino como el *torysmo* democrático, o sea la democracia conservadora de Disraeli y sus discípulos, ofrecen lecciones útiles para este caso, que los Estados democráticos tendrán que precipitarse a aprovechar".

El quinto de los textos que se deben comentar es el folleto de Cánovas, *El juicio por jurados y el Partido Liberal Conservador* (Imprenta y Librería de Miguel Guijarro, Madrid, 1889). Ha pasado a tener una pasmosa actualidad, sobre todo si se pone en relación con los cuatro postulados del gobierno bipartidista que enuncia en las págs. XI-XII, como preámbulo al juicio negativo que tiene el partido liberalconservador ante el juicio por jurados "que, con arreglo a la ley de 20 de abril de 1888, otra vez se empieza a ensayar en España" (pág. XII). Tengamos en cuenta que lo había suspendido el Ministerio-Regencia el 3 de enero de 1875. Desde el punto de vista de la economía, ha de recogerse aquí que entre otros motivos, hubo de eliminarse este sistema porque suponía un "gravamen insoportable" para el Tesoro Público. En las págs. IX-X arremete Cánovas, con toda razón, contra el italiano Conde de Foresta que, ante otros argumentos del Ministerio-Regencia arguye que "a su parecer ninguna cosa era más fácil que aumentar el número de los magistrados, e indemnizar suficientemente a cuantos tuvieran que acudir a los juicios criminales", al indicar: "Si aquel expedito pensador se hubiera visto al frente de cualquier gobierno, y señaladamente del de España, después de revolución tan desastrosa como la que acababa de terminar, en medio de una declarada bancarrota del Tesoro público y con la precisión de sostener a un tiempo tres heredadas guerras. de desigual importancia seguramente, pero costosísimas todas, es a saber, la de la Península contra los numerosos ejércitos carlistas; la de Cuba, enfrente de uno de los más tenaces levantamientos de la historia y la del Archipiélago Joloano, de muy diferente modo discurriera". Claro que Cánovas, naturalmente, indicará, a renglón seguido que, aunque "el problema económico alcanzaba por acá a la sazón importancia excepcional... sin embargo, lo que con más urgencia exigió, que en especial se suspendiera el juicio por jurados, no fue eso todavía, sino la incontestable y casi unánime repugnancia de los ciudadanos a efectuar tales funciones".

Creo que debe meditarse, asimismo una frase que aparece en la pág. XLVII: "A la vista está que ni Palma, ni Tissot, ni Ellero, ni el articulista inglés de la Revista de Westminster... ni los conservadores españoles, pueden con razón figurar entre los convencidos de la conveniencia del actual jurado. Ninguno de ellos pasa de ser un *resignado*, es a saber: un ciudadano pacífico que con pena ve introducido en la constitución política bajo la cual vive y quiere vivir, un elemento dañoso, sin dejar por eso de estar obligado a soportarlo".

El sexto trabajo a considerar es un ensayo fechado en 1890, publicado en *Problemas Contemporáneos*, tomo III, titulado *La Economía Política y la democracia económica en España*. Se trata de una defensa del proteccionismo y una crítica al librecambismo, postura esta última que va a personificar en quienes tienen la "pretensión vana de fundar únicamente el bien y el progreso humano sobre el egoísmo individual, y el insensato propósito de buscarle a éste satisfacción completa, no en la ganancia de cada cuál para sí mismo, sino en la del total montón anónimo, que decimos especie humana. A tal escuela, por lo común conforme, cuando no totalmente, con Bastiat, doy aquí el nombre de Democracia económica en España, particular matiz de la Democracia general" (pág. 264). Indica, como motivo del ensayo, algo que enlaza directamente con estos doctrinarios: "No es maravilla, pues, que los librecambistas, directores de la política económica del Gobierno desde el fallecimiento del Rey D. Alfonso XII, saliesen pronto a mi encuentro, como al de todos los que sustentamos la bandera proteccionista, porque, bien que más solapadamente que otras veces, muchos defienden aun sus ideas con solícito ardor. Acreciéntalo ahora además el aproximarse tanto el término de los tratados vigentes que redactaron o inspiraron. Por lo que se les oye, pretenden que pactemos otros iguales o todavía peores, ofreciendo nuevamente de balde a los extranjeros, meras tarifas fiscales, lo cual generaliza y da importancia extrema a la presente lid, entre el estruendo de la cual salen a la luz estas páginas" (pág. 283).

De paso advierte que se equivoca la Liga Agraria, que pretende ayudar a la agricultura pero sin proteccionismo alguno, sobre todo porque tal ayuda exigiría un esfuerzo presupuestario que recargaría el déficit, o la presión tributaria. Esto es, lo tendría que rechazar ya el Tesoro, ya la Liga de Contribuyentes. Es claro que el partido liberal, al poner en marcha esta Liga Agraria, intentaba no perder su clientela campesina. Al final, todos sabemos que logró mantenerla, pero claudicando doctrinalmente y tornándose proteccionista sin rebozo, hasta convertirse incluso en proteccionista industrializador con la aprobación del Arancel Salvador de 1906, en un Gobierno Moret.

Conviene conocer qué economistas se manejan en este ensayo. Llama la atención que aquí prescinde de Ricardo, lo mismo que cuando habla de las doctrinas socialistas prescinde de Marx, lo que no quiere decir que no conociese la existencia del primero y lo citase de modo adecuado, por ejemplo, en el discurso en el Ateneo de 10 de noviembre de 1890 que comento algo más adelante. Menciona solamente a Smith, a Juan Bautista Say y a Bastiat. Vagamente cita, en relación con la Economía, a Aristóteles. De los doctrinarios proteccionistas no alude absolutamente a ninguno.

Tiene mucha importancia el séptimo de estos trabajos, contenido en el tomito *Discurso pronunciado por el Excmo. Sr. D. Antonio Cánovas del Castillo el día 10 de noviembre de 1890 en el Ateneo Científico y Literario de Madrid con motivo de la apertura de sus cátedras* (Imprenta y Fundición de M. Tello, Madrid, 1890), que bien puede titularse *La cuestión obrera y su nuevo carácter*. Piénsese que las soluciones bismarckianas iban viento en popa, que se había celebrado, muy poco antes la Conferencia de Berlín y el Congreso de Lieja, y que justamente seis meses después, el Papa León XIII, firmaría la encíclica *Rerum novarum*, con lo que se pondría en marcha la doctrina social de la Iglesia. Es evidente que Cánovas se disponía a flanquear esta política obrerista con el arma complementaria del proteccionismo que, como hemos visto, le preocupaba notablemente, y de modo bien visible a partir de 1883.

La cuestión obrera la plantea en términos de la que llama la antinomia de Cavour. Expone éste en su ensayo *De las ideas comunistas y de los medios para combatir su desarrollo*, en 1851, cuando ya era conocido como político, que existía una colisión "entre el derecho de propiedad, bajo cualquier concepto, y el de conservación personal o individual, derecho el último que teóricamente representaba a su juicio los caracteres de un principio superior o predominante" (pág. 7). Dirá Cánovas en relación con esto: "A pesar de cuanto la ciencia económica ha discurrido, y creado por sí sola la actividad individual, la antinomia de Cavour continúa íntegra, y aun de año en año se agregan sus riesgos. Y de ahí proviene... el fenómeno... de que tantos Gobiernos a un tiempo intenten tomar hoy sobre ellos la ardua empresa, sino de remediar, que fuera locura, cuanto pide remedio, de disminuir al menos los escollos del revuelto mar de la vida humana" (págs. 10-11).

El primer hito lo encuentra Cánovas del Castillo en el artículo 34, primer párrafo de la Constitución federal helvética de 29 de mayo de 1874, evidentemente, treinta y cinco años antes de la Constitución de Weimar, sin olvidar que Francia, en la revolución de 1848, había decretado la limitación de la jornada de trabajo, "pero sin exigir después su cumplimiento" (pág. 13): "La Confederación tiene el derecho de establecer prescripciones sobre el trabajo de los niños en las fábricas, sobre la duración que debe fijarse al trabajo de los adultos, y sobre la protección que ha de acordarse a los obreros, tocante al ejercicio de las industrias insalubres o peligrosas". Todo esto dio origen, de modo inmediato a una legislación protectora del trabajador, iniciada con la ley de 23 de marzo de 1877 y la ley federal de 1875 –luego ampliada con las de 1881 y 1886, "que extienden más que en ningún país la responsabilidad civil de los patronos respecto a los accidentes" (pág. 12), hasta el punto de que el Departamento federal del comercio y la agricultura en Berna, se sintió obligado a publicar un libro, en 1888, con las diversas leyes promulgadas y, como dice Cánovas (nota 1 de la pág. 12), "con la copiosa jurisprudencia a que han ido dando lugar".

En segundo término están "las leyes sobre los obreros del Gran Canciller Bismarck", así como "los rescriptos del Emperador reinante" (pág. 13).

Para Cánovas reinaba una crisis en la ciencia económica: "la confesada impotencia de la Economía política para formular un reparto de la producción que, respondiendo al concepto de la vida y a la acción del derecho individual que en el proletariado reina, presente al Estado eficaces medios con que pacificar la discordia social" (págs. 13-14). Por eso busca ayuda en un nuevo conjunto de economistas, capaz de comprender estos problemas. Queda encabezado, vagamente, con la *Teoría de los Sentimientos Morales* de Adam Smith, pero, a continuación lo refuerza con Blanqui, quien en su *Histoire de l'Economie politique* (Corbeil, 1866), indica que todos los sistemas económicos de Europa, "se confundían en la opinión común de que era indispensable un reparto más equitativo de los productos del trabajo" (pág. 16) y Simonde de Sismondi quien "tardó poco en pronunciar la archisocialista sentencia de que debiera el Estado obligar a los patronos a satisfacer todas las necesidades de sus obreros" (pág. 17), así como con el "movimiento didáctico de Alemania contra el individualismo y la concurrencia sin freno" (pág. 17), que yo supongo fuese la Verein für Sozialpolitik. A ellos agrega (págs. 17-23),"tres economistas sin tacha de socialismo de ningún linaje, y clásicos en sus principios...: Baudrillart, francés –que explicaba en el Colegio de Francia– autor de *Des rapports de l' Economie politique et de la Morale* (París, 1883 la segunda edición) ; Dameth, suizo, –en la cátedra de Ginebra–, y el ministro italiano, Minghetti", sin olvidar al católico Villeneuve de Bargemont –sobre el que menciona sus "místicas consecuencias", frase evidentemente enigmática en relación con el autor de la famosa *Economía Política Cristiana*– y a las aportaciones, inspiradas en las necesidades de la vida diaria, del conde de Cavour. Tampoco deja a un lado la de Romagnossi y la de Jules Thomas, sin olvidar la postura de A. Bechaux, profesor en Lila y autor de *Le Droit et les faits économiques* (Porrentruy, 1889), quien sostenía que "si el patronato y la asociación (de trabajadores), esenciales elementos de la estabilidad, se muestran flacos y están en camino de desaparecer o anularse, la intervención del Estado habrá de medirse entonces por semejante insuficiencia, situación que impone a los gobernantes funciones nuevas, obligándoles a crear servicios y soportar cargas".

El contrapunto lo encuentra, por un lado, en Leon Say –"con cuyo trato me honro" (pág. 21)–, quien sostenía que no existían "más que dos solos medios de defensa para el trabajador, que son hacerse con propiedad o con capital", tal como se lee en su obra *Le Socialisme d'Etat* (Paris, 1884) y, por otro, en los "nuevos maestros de *Política social* denominados *socialistas de cátedra*", que anota Cánovas que son refutados, "con calor y frecuente acierto" (pág. 25); junto a los socialistas, en el libro de Maurice Block, *Les progrés de la science économique depuis Adam Smith. Révision des doctrines économiques* (Corbeil, 1890), un mundo el del historicismo y socialismo de cátedra alemán que parece manejar Cánovas siempre a través de la obra de Vito Cusumano, *Le scuole economiche della Germania* (Nápoles, 1875) (págs. 26-27).

En relación evidente con todo esto señalará que el Príncipe de Bismarck, al par que "combatía implacablemente por leyes excepcionales al socialismo revolucionario, decidióse un buen día a asumir para la imperial corona germánica la empresa, no hay ya que decir atrevidísima, de contener, dentro de lo razonable, la desbordada corriente del socialista proletariado alemán. Comenzó, por descontado, estableciendo, al tiempo mismo que el sistema de libre concurrencia entre alemanes, patrocinado por List, los diques externos que juzgaba este último indispensables para la conservación del mercado propio, dando espacio además a una preparación suficiente, para conseguir a la larga una ventajosa competencia con el extranjero" (pág. 33).

Esta vinculación de la Zollverein y del proteccionismo educador, procedente de List, debe ampliarse al "socialismo de la cátedra" y a "las anti-economistas pretensiones de Lasalle" (págs. 33-34), aparte de que ha de admitir resignadamente que "el sufragio universal tiende a hacer del socialismo una tendencia, si bien amenazadora, indisputablemente legal" (pág. 30). De ahí que Cánovas subraye, más de una vez, las ventajas que, para frenar esto, ofrece el sufragio orgánico derivado de la ley de Prusia de 30 de mayo de 1848, un mecanismo electoral de segundo grado para elegir a los diputados de la nación.

No podemos dejar a un lado, tampoco, que en las mismas páginas cita a un grupo de economistas españoles conformes con sus puntos de vista: Eduardo Sanz y Escartín, autor de *La cuestión económica* (Madrid, 1890); "el excelente (libro) del Sr. Sánchez de Toca sobre la crisis agraria europea y sus remedios en España" (pág. 26, nota 2); el de Anselmo de Rivas, *La política económica en España*, ambos proteccionistas juntamente con el de Miguel López Martínez, *El absentismo y el espíritu rural*. A ellos añade el conjunto de obreros catalanes que redactaron una *Memoria descriptiva... nombrada para estudiar el estado de las fábricas de hilados y tejidos de algodón en Inglaterra* (Barcelona, 1889). Lisa y llanamente, ahí queda formulada la postura de Cánovas en política social, decididamente intervencionista, y afín, con todas las limitaciones que se quieran, a la de Bismarck.

Del mismo modo, en el octavo de estos trabajos a tener en cuenta, el titulado *De cómo he venido yo a ser doctrinalmente proteccionista* (Imprenta de Fortanet, Madrid, 1891), se formula de modo clarísimo su postura en este sentido.

No merece la pena, sobre un documento tan conocido como es éste, insistir demasiado, pero sí conviene indicar, en primer lugar, que no se entiende del todo sin la lectura de otro trabajo que hizo casi de cantárida en la sensibilidad de Cánovas del Castillo: el de Gabriel Rodríguez –al que califica en la pág. 6 del documento, de "insigne demócrata economista"–, quien el 21 de mayo de 1888, y reproducido en *Revista de España*, números 481 y 482 de 1888, criticó en un discurso en el Ateneo de Madrid, bajo el título de *La reacción proteccionista en España*, a la postura de Cánovas, no ya en lo científico, sino también en lo personal, aludiendo, de modo bastante claro, a su posible oportunismo, porque Cánovas había militado, o más bien habría que decir que había dado su nombre, en su juventud, para que se incluyese entre los defensores de una liberalización arancelaria.

Lo que queda claro en este documento canovista es su filiación respecto a List y Carey, aunque es cierto lo que indica Cánovas sobre un desconocimiento previo en sus primeras campañas protectoras, del economista germanonorteamericano y de su discípulo estadounidense: "Cuando me hice todo lo proteccionista que soy, tan solo sabía de la doctrina de List lo que había inferido de las violentas impugnaciones de los partidarios de Bastiat, que en el ardor de la lucha la desfiguraban lastimosamente... Diferente de esto es que en mis propias opiniones me fortalezca el que antes o después los haya profesado, o los compartan hoy, ...hombres superiores como era List" (págs. 17-18).

También destaca de modo incontrovertible la influencia de Lucas Mallada, cuyos preludios de *Los males de la Patria y la Revolución española*, comenzaban a aparecer en la *Revista Contemporánea*, y la de *The principles of Political Economy* de Henry Sidgwick que cita por la edición de Londres, de 1887, y más concretamente en relación con el capítulo V del libro III, aparte de aludir a los *Principios de Economía Política* de John Stuart Mill y también al socialismo de cátedra y al historicismo alemán de Schoenberg y Schmoller (pág. 58).

Es el noveno de estos trabajos el realizado en 1891, y aparecido en el tomo III de *Problemas contemporáneos*, titulado *De los resultados la Conferencia de Berlin y del estado actual de la cuestión obrera.* Me atrevo a calificarlo de excelente estado de tal cuestión obrera, que comienza con esta frase: "Sábese, al tiempo mismo en que escribo, que Su Santidad León XIII ha de expedir en plazo breve una fundamental Encíclica sobre... (la cuestión obrera), previamente consultada con algunos de los Cardenales más doctos" (pág. 525). A ello se añaden unos párrafos del rescripto imperial de Guillermo II, aparecido el 4 de febrero de 1890, dirigido al canciller Bismarck y que Cánovas traduce así del texto publicado en el periódico oficial de Berlín: "Estoy resuelto a poner mano en la mejora de la suerte de los obreros alemanes, dentro de los límites que a mi solicitud impone la necesidad de mantener la industria en condiciones de sostener la concurrencia en el mercado internacional, asegurando la suerte de ésta y la de los obreros mismos, porque no sólo a los patronos, sino a ellos les quitaría el pan la decadencia de la industria alemana, por la pérdida de los mercados extranjeros. Pero las dificultades que la concurrencia internacional opone a la mejora de la suerte de los obreros no pueden ser vencidas, o a lo menos disminuidas, sino mediante un concierto entre las naciones predominantes en la esfera industrial. Convencido de que otros Gobiernos están igualmente animados que el mío, del deseo de someter a examen las reclamaciones de sus respectivos obreros por mejorar su suerte, quiero comenzar planteando oficialmente con los de Francia, Inglaterra, Bélgica y Suiza la cuestión de saber si están aquellos países dispuestos a entrar con nosotros en negociaciones encaminadas a establecer un acuerdo internacional, respecto a la posibilidad de dar satisfacción a las necesidades que los obreros han manifestado durante las huelgas de los últimos años, y en otras circunstancias. Luego que mi proposición haya sido aceptada en principio, convocareis a todos los Gobiernos que por igual modo se interesen en la cuestión obrera, para tomar parte en una conferencia que delibere sobre la cuestión referida".

En otro rescripto a los Ministros de Industria y Comercio, y de Obras Públicas, Guillermo II hablaría de que era preciso "completar la legislación sobre seguros obreros", así como otros asuntos propios de lo que hoy conocemos como disposiciones de carácter social.

La conferencia de Berlín se abrió el 15 de marzo de 1890, y participaron en ella delegados de Alemania, Austria Hungría, Bélgica, Dinamarca, España, Francia, Gran Bretaña, Italia, Países Bajos, Portugal, Suecia y Noruega –entonces un solo Estado–, y Suiza. Cánovas hablará, en esta especie de crónica, que en parte se basaba en la rica documentación preparada por el Quai d'Orsay con el título de *Recueil de rapports sur les conditions du travail dans les pays étrangères*, sobre las reacciones de los diversos países, así como las de la Iglesia católica –subraya sobre la de León XIII, en su contestación a Guillermo II, que "nada hay a la verdad en (su texto) ...que se parezca a las utópicas proposiciones dadas a la prensa por el Cardenal Manning, pretendiendo que se regulen por intervención legislativa los beneficios y los salarios" (pág. 548)–, y, naturalmente, de la postura que adoptó España. Es durísismo en este sentido: "Muy enemigas instrucciones debieron de llevar nuestros delegados, cuando tan insignificante parte tomaron en los debates, votando casi siempre con los adversarios de toda medida favorable a los obreros. Lo cual no se explica de otro modo, siendo tales delegados, como a no dudar son, hombres instruidos e inteligentes. El uno, distinguido ingeniero de minas, con cuya amistad me honro, apenas ha reclamado, sino que sobre éstas no se legisle o reglamente sin tener en cuenta los informes facultativos. El otro, publicista muy conocido, tan solo ha manifestado, y eso como opinión personal, la de que no deben emplearse en los trabajos subterráneos a las mujeres. Han dado, en tanto, contrario voto al descanso forzoso de un día a la semana, a que esto al menos se determine internacionalmente y a que se prohiba el trabajo de las mujeres de más de veintiún años por las noches, absteniéndose en lo tocante al trabajo de día de las de dieciséis a los referidos veintiún años. Sobre tales materias juntáronse sin reparo a veces con las más ínfimas minorías. Cuando dieron alguna mayor muestra de condescendencia fue al admitir la edad mínima de trece años para el trabajo de los niños, no sin pretender antes que no existía en España respecto a ellos restricción ninguna, ni se conocía otra que la concerniente a los obreros en las minas de azogue de Almadén... Pienso yo que nada se hubiera perdido con que el Gobierno español encargase a estos delegados suyos que enterasen a la Conferencia de que la nuestra no era la última de las naciones que hubiera tenido en cuenta y planteado los modernos problemas relativos a la suerte de los trabajadores. El Gobierno de la revolución en 1872 y otro de la Restauración en 1878, legislaron ya años ha sobre la protección debida a los niños, y una *Comisión de reformas para el mejoramiento de la clase obrera*[62] se ha tomado asimismo algún afán por cumplir su misión después. Instituyola un ministro economista, de los que, según atrás dije, no participan de la antipatía de su escue-

[62] Esto es, lo que llamamos hoy Comisión de Reformas Sociales, creada por un Gobierno Posada Herrera en 1883, que presidió en primer lugar Cánovas del Castillo, y a continuación, a partir de un Gobierno Cánovas, Gumersindo de Azcárate. Más arriba he aludido a ello.

la a toda intervención oficial en las particulares relaciones de los ciudadanos, y de concierto conmigo, pues que me dispensaron el honor de consultarme y darme su presidencia..." (págs. 548-550).

Captó perfectamente Cánovas la importancia del Congreso de las Trade Unions británicas– que recoge del artículo *Un Parlement ouvrier*, aparecido en la *Revue des Deux Mondes* el 15 de noviembre de 1890–, celebrado en Liverpool el 1 de septiembre de 1890, donde se aprobó la posibilidad de organizar "un partido de índole esencialmente agresiva", o sea, el futuro partido laborista (págs. 560-562).

Finalmente, no se comprende del todo el planteamiento de Cánovas si no observamos cómo, en la parte final de este ensayo aduce, como la argamasa que, en resumidas cuentas, todo lo une, a la necesidad de plantear una política proteccionista. También, a que los partidos obreros organizados, al chocar en muchos lados con fuerzas estatales impresionantes, como son los Ejércitos, pueden acabar por provocar la aparición de "la dictadura, (de) lo que en tiempo de Aristóteles se llamó *tirano*, y en tiempo de Cicerón, César...", dentro de un contexto que prefigura, cuando se lee (pág. 592), lo que sucedería treinta años después, al concluir la I Guerra Mundial.

El décimo ensayo forma parte del conjunto de las contribuciones, que, por cierto, fueron múltiples, de Cánovas del Castillo a la conmemoración, en 1892, del IV Centenario del descubrimiento de América. Se trata del texto del discurso de clausura del Congreso Geográfico Hispano-Portugués-Americano, de 1892.

Desde el punto de vista de la economía, que centró gran parte de su exposición, habló Cánovas de cuatro cosas. La primera, fue de la emigración, a la que consideró como fruto de "uno de los derechos más absolutos y más naturales del hombre" (pág. 271), pero añadió, que el Estado debe intervenir en "la recluta y contratación de trabajadores", para que ésta no se vea movida más de una vez por "la especulación de una empresa cualquiera que, por razones industriales y echando mano de toda clase de recursos, arrastra a muchos hombres a abandonar su patria, sin garantizar su suerte" (*ibidem*).

La segunda, sobre las relaciones económicas especiales que se podrían trenzar con Portugal. No pasa de aludir a que "las relaciones comerciales con la vecina nación portuguesa han de establecerse mejor que nunca han estado y han de crearse de tal suerte que, si desde luego no se realiza, nos aproxime mucho, en la materia, a una fraternidad" (pág. 272). Esta fraternidad, ¿qué es? Un poco después hablará de que "nosotros apeteceríamos que tanto (para) la parte de la Península que toca a España, como la que encierra a la nación portuguesa, unidad en el orden económico, (esto es, que) marcharan juntas en el sentido de una común prosperidad. Pero no dependerá sólo de nosotros realizar esta aspiración hasta donde es posible, ni dependerá tampoco por completo de nuestros hermanos de Portugal. Dependerá, como estas cosas dependen siempre, de lo que hagan posible las circunstancias" (pág. 273). El realismo de Cánovas, una vez más, resplandece en estas palabras.

La tercera de las cuestiones fue sobre la posible concesión de ventajas mutuas en los Tratados comerciales entre España y las repúblicas hispanoamericana. Cánovas no se hace aquí ilusiones de ningún tipo: "Nosotros, los españoles, debemos respetar las circunstancias distintas en que esos países se encuentran, sus necesidades fiscales, el estado de sus presupuestos, la posibilidad de corresponder a nuestras franquicias con franquicias determinadas. Sobre este particular, por tanto, no puedo más que decir a los pueblos ibero-americanos: –Haced cuanto podáis, que nosotros os secundaremos con sinceridad; haced todo lo posible para que esa fraternidad que sentís por España... reciba consagraciones prácticas, según nuestros intereses lo permitan, en los futuros tratados de comercio" (pág. 272).

Finalmente, sobre las subvenciones a las comunicaciones marítimas advirtió que se había llegado al límite, esto es, que se habían hecho sacrificios que, "no diré que sean superiores a nuestras fuerzas económicas, pero sí que llegan hasta donde ellas alcanzan al presente" (págs. 272-273).

El undécimo de estos textos, y el segundo de los conmemorativos del IV Centenario del Descubrimiento, es el discurso pronunciado por Cánovas del Castillo el 26 de octubre de 1892, en su doble calidad de Presidente del Consejo de Ministros y del Congreso Jurídico Ibero-Americano, con motivo de la inauguración de éste. Se encuentra contenido en las págs. 28-34 del tomo *Congreso Jurídico Ibero-Americano reunido en Madrid el año 1892*, (Madrid, 1892). De él únicamente merece destacarse, entre las lógicas y cordiales palabras de bienvenida, el mensaje subyacente de las ventajas que se derivan de "que no siempre han sido extranjeras nuestras legislaciones" (pág. 34).

El duodécimo texto y el tercero de los conmemorativos es el *Resumen de los trabajos del Congreso* –esto es, del Congreso Jurídico Ibero-Americano– que presenta Cánovas. En relación con la economía tienen todavía algún interés los párrafos sobre la propiedad intelectual, (págs. 465-466) y sobre el abordaje (págs. 466-467).

El decimotercer texto y el cuarto de los conmemorativos de 1892 es el discurso de clausura del Congreso Militar Hispano-Portugués-Americano pronunciado el 25 de noviembre de 1892, que se contiene en el volumen *Cuarto Centenario del Descubrimiento de América. Congreso militar Hispano-Portugués-Americano reunido en esta Corte en el Centro del Ejército y de la Armada durante el mes de noviembre de 1892. Actas.*, tomo I (Imprenta y Litografía del Depósito de la Guerra, Madrid 1893). Como era de esperar, no hay gran cosa respecto a la economía, pero sí existen enlaces de cierto interés, quizás hoy más que entonces. Uno es el de las fuerzas irregulares y otro el de derecho de propiedad. Tales fuerzas irregulares tienen dos lugares de acción: la guerrilla y las patentes de corso marítimo. Adivina así Cánovas cambios muy profundos en la beligerancia, que entonces trataban de evitarse con la que se llamaba "la nueva idea de que la guerra se haga sólo entre las fuerzas permanentemente organizadas de los Estados" (pág. 177 ampliada con las 180-181 sobre quiénes son beligerantes). Ve que la guerra se hará de otra manera, más que "de poder a poder entre los Estados, y aún de cañón a cañón, de soldado a soldado", en un nuevo planteamiento que consistirá "en la aminoración de la riqueza de la potencia enemiga, apropiándosela o destruyéndola" (págs. 177-178). Esta orientación más actual ofrece "ventaja para las naciones menos fuertes, y por eso varias de ellas no han querido entrar en convenios que limitan su absoluta facultad de defenderse por todo género de medios", esto es, pasando "más allá de las posiciones militares del suelo disputado y de las propiedades públicas" (pág. 178). Casi diríamos que profetizaban la derrota militar norteamericana en la guerra del Vietnam y sus actuales dificultades en Irak y, desde luego, que avizoró lo que iba a suceder a partir de la I Guerra Mundial, cuando considera que "contrabando de guerra es... a saber: todo cuanto directamente o indirectamente pueda aumentar la potencia militar de uno y disminuir la potencia del otro beligerante" (pág. 179). En la Guerra Fría, e incluso ahora, en la tensión entre Estados Unidos y Cuba, este punto ha resultado ser esencial.

Este auténtico tratado de defensa económica aún tendrá un despliegue inequívoco referido, no sólo al problema de la beligerancia a los rebeldes (págs. 180-181), sino a los enlaces entre la neutralidad, el nuevo reparto de territorios –"triste será que veamos con absoluta indiferencia que totalmente se reparta lo que falta por repartir en el planeta, sin que nos toque en ello la menor parte" (pág. 183)–, el mantenimiento de las posesiones anteriores –al indicar que "todavía sería mil veces peor que dejáramos de conservar algo de lo que poseemos" (*ibidem*), que se une a la señalada doctrina de defender Cuba "hasta el último hombre y la última peseta–, y la necesidad de tener una solidísima constitución militar" para poder ser "neutrales con honra" (pág. 184), lo que motiva que sea preciso "que la constitución militar y la constitución económica de las naciones marchen al progreso paralelamente" (pág. 185). Todos sabemos cómo consideraba Cánovas que sólo se podía alcanzar una constitución económica consolidada con el proteccionismo. Su discurso se cierra con la postura de que "los Estados desarmados o mal armados, son fácilmente presa de discordias interminables, durante las cuales las propiedades de todo género se aniquilan, retrocediendo años y años los tristes pueblos en el camino de la prosperidad y aún de la civilización" (*ibidem*).

El documento decimocuarto, que es el quinto y último de los relacionados con las ceremonias conmemorativas del IV Centenario de

1492, es su intervención como uno de los presidentes honorarios del Congreso Mercantil Hispano-Americano-Portugués que se celebró en Madrid en noviembre de 1892. Se contiene en la publicación del Círculo de la Unión Mercantil e Industrial, *Cuarto Centenario del Descubrimiento de América. Congreso Mercantil Hispano-Americano-Portugués celebrado en Madrid en noviembre de 1892* (Tipografía de Tomás Minuesa de los Ríos, Madrid, 1893)[63]. Cánovas considerará que se trata de un Congreso al que no le excede en importancia ninguno otro de los celebrados (pág. 26), pero que tiene ante si dificultades formidables si pone como meta final del mismo "el que, unidos como están de corazón los pueblos peninsulares y los pueblos hispanoamericanos, nos entendamos sobre los sacrificios que hemos de hacer recíprocamente para contraer o realizar de hecho una hermandad económica, una hermandad de intereses" (pág. 29).

El escalpelo de Cánovas va, en este sentido liquidando auténticas quimeras, planteadas en este Congreso, como la "de la unidad monetaria entre las naciones ibero-americanas y las naciones ibero-europeas" (págs. 30-31). Era nada menos que plantear el ingreso en el patrón oro –porque, ¿en qué otra unidad cabría pensar?– precisamente cuando, de facto, España había abandonado los últimos restos que quedaban de la convertibilidad en oro de los billetes, y habíamos pasado del sistema bimetálico soñado por Figuerola al crear la peseta en 1868, a un sistema monetario fiduciario de plata, mientras que, por ejemplo, Argentina, adivinaba que su futuro estaba en el patrón oro, aunque para ello tuviera que pagar un elevado coste "en carne y sangre", como sostuvo casi en vísperas de este Centenario, un ministro del presidente Avellaneda.

A continuación, al contemplar que el modelo de desarrollo que se generalizaba en toda Iberoamérica era el muy abierto que preponde-

---

[63] Recordará Cánovas en estas palabras los otros Congresos convocados al calor de 1892: el Jurídico; el Literario, para mantener "la unidad en la hermosísima lengua castellana"; el Geográfico, y el de Historia del descubrimiento y de la civilización de América. Curiosamente no cita el militar, que inauguró y clausuró, como se acaba de decir. Fue, pues, la de 1892, una conmemoración muy digna en todos los sentidos.

rará hasta 1930, mientras que el español, que él mismo preside, con el famoso Arancel de Guerra de 1891, había iniciado un cierre que va a convertirse en inexorable para la economía española, no le quedó otro remedio en este Congreso que defender su postura. Al hacerlo, va a desvelar aspectos habitualmente poco divulgados de las consecuencias de su proteccionismo. La primera, esta afirmación que es evidente para un estudioso cualquiera de nuestra economía, pero que solo han penetrado en ella los investigadores de nuestra complicada historia intervencionista, como es el caso del mencionado profesor de la Universidad Carlos III, Pedro Fraile. Dice así Cánovas: "Yo no soy de los que creen que en mi patria y en todos los países de la tierra, la sola iniciativa particular basta para producir la prosperidad nacional, sin distinguir de estado de cultura, de estado de instrucción industrial y agrícola, de estado de impuestos entre unos pueblos y otros, ...Mi doctrina ideal, aquella doctrina que por mucho que se sienta no cabe realizar siempre, me lleva a pensar que son más felices los pueblos a medida que se bastan más y necesitan menos. A la iniciativa particular hay que entregarle, en mi concepto, cuanto ella esté en situación de cumplir por sí sola; allí donde la iniciativa particular no llegue, preciso es en mi personal concepto que reemplace sus funciones el Estado"[64].

Por eso es escéptico Cánovas de que se pueda avanzar seriamente en ese camino de una mayor vinculación económica con Iberoamérica. Traza, para ello, un descarnado panorama de cómo se encontraban en aquel momento las relaciones económicas con Portugal (pag. 33-35). Peor aun es la situación con Iberoamérica. Dice Cánovas que "ha faltado... la posibilidad de su realización" (esto es, de algún tipo de unión económica con Iberoamérica), "por la contraposición de intereses..., contraposición que, como también he dicho, más que por cálculo aritmético, más que reduciendo a peso y medida las cosas, se

[64] Debo recalcar, para que se comprenda que eso que he llamado el modelo de economía castiza era algo que fue acogido con júbilo por los españoles, que en el texto de esta publicación, tras esta frase que se acaba de transcribir, se consigna: "Muy bien, muy bien. Grandes aplausos". ¡Y era un Congreso con iberoamericanos que practicaban el librecambismo!

hará desaparecer hasta donde sea posible" (pág. 33), pero esta posibilidad pronto señalará que es escasa: "Con mucha razón clamamos todos porque se hagan entre... (las Repúblicas iberoamericanas) y nosotros tratados... ¿Podría creer nadie que sea culpa de ningún Gobierno español el que sólo tengamos hasta ahora un tratado con nuestros hermanos de América que es el de Venezuela, y dos tratados pendientes de discusión, que son los de Méjico y Colombia?... La culpa no es de los Gobiernos españoles. ¿Lo será por ventura de nuestros hermanos de América? Tampoco. Nuestros hermanos de América necesitan tener muy en cuenta para sus tratados su organización financiera. Para hacer grandes concesiones en sus Aduanas necesitan, por lo general, alterar, modificar, fundar bajo bases diferentes su sistema tributario. No digo que esto no se pueda emprender, no digo que no lo hagan en el porvenir; lo harán, naturalmente, cuando les convenga, cuando sus circunstancias se lo permitan, no lo harán meramente por tratar, aunque sea con nosotros, porque modificaciones mal estudiadas en su régimen económico les crearán dificultades de importancia" (pág. 35).

El trabajo decimoquinto de esta etapa vital de Cánovas es un texto dado a luz también en 1892, aunque ajeno a las conmemoraciones: el *Discurso leído por el presidente Excmo. Sr. D. Antonio Cánovas del Castillo en la sesión inaugural del curso de 1892 a 93 celebrada el 28 de noviembre de 1892* (Real Academia de Jurisprudencia y Legislación, Madrid, 1892). Busca Cánovas del Castillo como materia "el derecho penal bajo sus conceptos varios" (pág. 6). Pero aun así enseña cuestiones muy interesantes que, incluso, habría que calificar de audaces, en relación con la economía. Una entre ellas especialmente importante es la de los delitos sociales. Indica Cánovas: "Los santos mandamientos, donde en sustancia está (la moral cristiana), prohíben hasta el simple deseo de los bienes ajenos, contradicción absoluta de los proyectos de los anarquistas y socialistas revolucionarios. Pero tampoco cabe olvidar que, en los Santos Padres y grandes doctores cristianos, frecuentísimamente aparece la doctrina, jamás desmentida por la Iglesia, de que si a los pobres ni siquiera les es lícito desear ajenos bienes, los ricos carecen en cambio del derecho que ejercitan de usar y abusar egoístamente de su fortuna, porque han de considerarse depositarios de ella o meros administradores antes que propietarios, en la acepción ordinaria, destinándola al general provecho, pues que no al individuo, sino a la comunidad humana pertenecen las riquezas de la Tierra" (pág. 9).

También tiene evidente relación con la economía el que, en polémica con lo que dice Garofalo en *La Criminologie* (París, 1888), considera (págs. 10-11) como "delitos a secas" los atentados políticos derivados de grupos terroristas que pretenden, entre otras cosas, lograr así una subversión del orden socioeconómico. Del anarquismo de entonces, que cinco años después le segaría la vida, al socialismo revolucionario actual de ETA o del GRAPO en España, existe en todo el mundo occidental una larga tradición de tensiones, con consecuencias muy importantes para el orden económico, que convierten siempre en presentes a trabajos como éste de Cánovas, cuya actualidad se desprende de sus párrafos sobre "los atentados..., los homicidios de cualquier grado, los incendios, las rebeliones o sediciones y cuantos obedezcan a móviles de índole antisocial precisamente. Sin necesidad de estímulo, se encarnizará al cabo con ellos la legislación de nuestro siglo, y todavía más de los venideros, ya por causa del peligrosísimo mal ejemplo, ya por indignación contra el tremendo empleo de los nuevos instrumentos y artificios de destrucción... Por eso atribuyo yo mayor urgencia al estudio de los delitos de su especie en que por medio de la palabra se incurre, o lo que vale lo mismo, al estudio de la inducción y la provocación, bastante más punibles en mi concepto, que cuando se refieren a delitos comunes, tratándose de delitos sociales" (pág 12, que se amplía en la 17).

Insistirá algo más adelante –teniendo en cuenta el estudio de C. Lombroso y R. Laschi, *Le crime politique et les révolutions*, (París, 1892)– al decir que no "hay que admitir que la guerra declarada por el socialismo revolucionario a las clases afortunadas, para arrancarles violenta e ilegalmente la supremacía política y suprimir así capital y propiedad, sea un género de guerra, poco o mucho excusable, y que merezcan también título de políticos los delitos que de aquella emanen. No;

acompaña sin duda una particular gravedad a los delitos sociales que importa prever aparte... Entiendo que la propaganda facciosa contra la propiedad individual, el capital, la familia, y contra el vínculo social sobre todo, deben merecer, no idéntico, sino mayor castigo en nuestro Código que cualquier violación de los nuevos derechos políticos, muchos menos esenciales que los civiles y económicos para los hombres... Que los delitos sociales pueden carecer hasta con frecuencia de perversidad de ánimo y de corrupción personal[65], por igual manera que los políticos... ¿Mas borra eso su punible índole?" Y aduce la autoridad del criminalista francés Sarlent, quien, al hablar de la Comuna de París, decía que "ningún asesino..., no sin citar los peores, ha causado nunca males tamaños a sus compatriotas cuanto los individuos de tan nefanda corporación" (pág. 79).

De ahí que manifieste (pág. 29) tras aludir a la "dirección bárbara que Bakunin inició en la Internacional", que "nuestro Tribunal Supremo se ha apresurado con grandísima razón a declarar delictuoso el anarquismo, el colectivismo y hasta el propósito de sostener sin causa o con ella la lucha sistemática del trabajo contra el capital y de los trabajadores contra la burguesía, con ocasión de aplicar el artículo del Código contra las asociaciones ilícitas".

Finalmente, el último de sus trabajos a considerar, el decimosexto de este grupo, es su conferencia pronunciada el 7 de enero de 1895 en el Círculo de la Unión Industrial de Madrid, que se publicó en el volumen *Conferencias dadas por los Excmos. señores don Antonio Cánovas del Castillo, don Francisco Pi y Margall, don Fernando Cos-Gayón, don Alberto Bosch y Fustagueras, don José Canalejas y Méndez, don Pablo de Alzola y Minondo, en el curso de 1894 y 1895* (Romero, Impresor, Madrid, 1895).

Vuelve en él Cánovas –ahora ya con talante de triunfador–, a enfrentarse con los librecambistas, quienes, sostiene, niegan "al Estado, ... a la Nación, a quien el Estado representa, el derecho de proteger a las industrias nacionales, en las cuales hay que comprender la agricultura nacio-

[65] El famoso problema de Raskolnikov en *Crimen y castigo* de Dostoyevski.

nal" (pág. 7). Frente a eso alzará su postura que sintetizará así en la pág. 8: "¿Cómo negar el derecho del Estado, no sólo a la defensa de la independencia del país, sino a la de los intereses nacionales?". El sofisma es evidente, pero en aquel tiempo no se reparaba demasiado en ello. Esta asociación incluso parecía evidente, hasta provocar el paso del proteccionismo al nacionalismo económico.

Naturalmente el salto al intervencionismo se daba sin rebozo alguno: "Ya no hay, sino en algún raro caso, quien se atreva a sostener que la intervención del Estado sea ilícita en materia de industria y de agricultura, y que la protección del Estado sea infecunda" (págs. 11-12).

Quizá sea éste del final, el ensayo más superficial, que busca el aplauso fácil, esto es, el menos riguroso, de todos los que aquí se han analizado. No se cierra, pues, este recorrido con broche de oro, no.

***

Pero esto que acabo de escribir es pura anécdota, no categoría, porque, bien poco tiempo después, bruscamente se apagó la voz de Antonio Cánovas del Castillo, Recordemos que le hemos visto sistemáticamente convertido en un explorador infatigable de nuevos horizontes para el pensamiento; le hemos contemplado, una y otra vez, trabajar con rigor y con pasión y, sobre todo, trascender en muchísimas ocasiones hasta ahora mismo. Por eso no se acaba su obra con el siglo XIX, ese siglo que él, con su muerte, cerró en España. Fue una cabeza lúcida y, al mismo tiempo, patriota. Como una humilde flor campesina asturiana me apetece ponerle sobre su tumba, estas estrofas que tomo de mi traducción del poema *Vagabundeo* que el literato portugués Miguel Torga escribió volando sobre Samarcanda rumbo a Macao, y en las que me permito sustituir Portugal por España, la nación por la que Cánovas del Castillo se sacrificó, con plena conciencia y hasta el final, y en las que se dibuja, a mi juicio, a la perfección su persona:

Voy, como un nuevo adelantado,
a asegurar
al futuro
que España
tendrá siempre la dimensión universal
de la infinita inquietud de cada heredero.

CAPÍTULO II
CINCO ASPECTOS DE LAS RELACIONES ENTRE FRANCISCO SILVELA Y LA ECONOMÍA

Conviene prolongar el examen que de algunos aspectos de Francisco Silvela y de Le-Vielleuze se efectuó, casi recién muerto, por un insigne estudioso de inicios del siglo XX, Eduardo Sanz y Escartín. Lo comenzó en las sesiones de la Real Academia de Ciencias Morales y Políticas del 5 y 12 de diciembre de 1905 y concluyó en las de 24 de enero y 6 de febrero de 1906. Creo que merece la pena y que no es ocioso tampoco el relacionar su pensamiento y su acción con el mundo de la economía. Silvela va a ser, precisamente el hombre de Estado que comprende nada menos que la importancia de lo que propone su ministro de Hacienda, Raimundo Fernández Villaverde, y va a ser capaz de sostenerlo para que algo, que era fundamental para nuestra prosperidad, saliese adelante.

Conviene, pues, escuchar lo que dice Silvela. El gran Azorín, el 8 de noviembre de 1904, y desde el diario *España*, que dirigía Manuel Troyano, con motivo del inicio el día anterior, en el Ateneo de Madrid, de un ciclo de conferencias de Francisco Silvela, bajo el título general –con evidente influencia de una obra famosa de Menéndez Pelayo– de *Ensayo de una Historia de las ideas éticas en España*, nos señaló, a mi juicio a la perfección, qué actitud debería ser la que se adoptase ante este insigne político: "El rumor de las conversaciones ha cesado de pronto; en la puertecilla del fondo acaba de aparecer un señor delgado, esbelto, con una barba amplia, con una corta y aliñada melena. Es el Sr. Silvela. El señor Silvela avanza sonriente, dúctil, hasta la mesa; su cuerpo está enfundado en una levita impecable, y ante sus ojos lucen los cristales de sus lentes de oro. El señor Silvela se sienta en el sillón: luego arquea los brazos con ademán sosegado y rítmico; después se pasa por los labios el fino lienzo de un pañuelo. Y al fin, en medio del profundo silencio dice: Señoras y señores...". Un siglo después, cuando me dedico a revisar las ideas económicas de una serie de importantes políticos conservadores, ¿qué nos dice de nuevo Silvela?

Félix de Llanos y Torriglia nos señalará en la nota *Para gobierno del lector*, incluida al comienzo del tomo I de la obra en la que se recoge de Francisco Silvela, un haz notable de *Artículos, Discursos, Conferencias y Cartas*[1] esto: "Un momento hubo en el cual Silvela, durante el periodo de la Regencia del Duque de la Torre, apareció en contacto con los políticos de la Revolución (septembrina); pero marcó con toda claridad que sólo les unía una coincidencia de criterio económico. La fecha, sin embargo, debió ser inolvidable para él, pues en ella obtuvo del gran público su primer triunfo oratorio. Un proyecto de reforma arancelaria del Ministro de Hacienda, Figuerola, acababa de levantar gran polvareda. Los productores lo consideraban antipatriótico. Los librecambistas, lo reputaban tímido y condenaban al Ministro (Figuerola) por desertor de sus compromisos y sus ideales. «–Si él ha transigido como político –exclamaba indignado el consecuente D. Gabriel Rodríguez– nosotros no transigimos». La *Asociación Arancelaria* había celebrado una reunión pública en el Circo de Price para protestar contra el proyecto. La *Asociación Protectora del Trabajo Nacional*, por el contrario, en unas hojas impresas anunciaba que recogía el guante que Moret le había lanzado. En medio de esta agitación, y so pretexto de conmemorar el aniversario de su fundación, la

[1] Mateu, Artes Gráficas, Madrid, 1922 y 1923; tres tomos; esta referencia en el tomo I; en el tomo III, en las págs. 457-461, viene la relación de aquellos trabajos no publicados en esta recopilación; entre éstos que no se incluyen está el discurso pronunciado para su recepción en la Real Academia de Ciencias Morales y Políticas, el 5 de junio de 1887, que se tituló *Principios capitales a que debe ajustarse en nuestra codificación la vida y modo de ser de las personas morales* (G. Hernández, Madrid, 1897); la cita que se hace, en el tomo I, págs. 13-14.

Arancelaria convocó a cuantos coincidieran con ella a público mitin en el Salón de la Bolsa, bajo la presidencia de D. Luis María Pastor. La concurrencia fue extraordinaria, mezcla de gentes de todas procedencias y estratos sociales. Orador hubo que se felicitó de que allí, por primera vez, estuvieran juntos «la blusa del obrero y el sombrero de copa»". Y uno de los independientes que acudieron al llamamiento fue Silvela».

No conocemos de modo íntegro lo que Silvela dijo entonces el 25 de abril de 1869, en los momentos en que protestaba el "partido economista", como se llamaba a los librecambistas que llevaban todavía sólo siete meses en el poder, gracias a un extraño amparo de Prim[2]. Tenemos que conformarnos con lo que se insertó en *El Imparcial* el 27 de abril de ese año. De ese resumen, bastante tosco, extraigo tres argumentos del mayor interés. El primero, que supongo que hoy será repetido por doquier, salvo por los defensores que aun quedan en Iberoamérica del estructuralismo económico latinoamericano y personajes como el francés Bové, dice así: "Los que entran de lleno en la Economía política tienen que ser librecambistas a la fuerza... Los proteccionistas se desentienden de esto y vuelven a repetir sus manoseados argumentos, como si no hubieran sido cien veces contestados".

El segundo es algo así como el anuncio de que iba a apoyar con tenacidad el mantenimiento del equilibrio presupuestario, al considerarlo algo fundamental para el desarrollo económico español. Va a ser consecuente con esto cuando apoyó contra tirios y troyanos la actitud de Fernández Villaverde en 1900. Los tirios eran los partidarios iniciales del catalanismo, con el doctor Robert al frente, así como los empresarios del movimiento del *entancament de caixes*, y los troyanos, nuestros regeneracionistas, siempre perdidos en el bosque de la economía, con Joaquín Costa a la cabeza, más el apoyo empresarial del movimiento de las Cámaras de Comercio, dirigido en Madrid por

---

[2] Fue Manuel Tuñón de Lara el primero, a mi juicio, que acertó a comprender la importancia de las vacilaciones en este punto de Prim; creo haberlo destacado bien en la recensión que hice de la obra de Tuñón de Lara, *La España del siglo XIX (1808-1914)*, en *Revista de Economía Política*, septiembre-diciembre 1962, nº 32, págs. 220-226.

un famoso confitero madrileño, Prast, que pasó a la historia literaria porque, en su confitería, el P. Coloma situó la vida del ratón Pérez. Dirá Silvela en 1869: "Es preciso que los presupuestos queden nivelados; nada de *déficits* que hagan necesarios otros empréstitos, que se llevan capitales que debieran aplicarse al desarrollo de la producción", excelente exposición del efecto *crowding out* o *expulsión*, que de vez en cuando debemos recordar.

El tercer argumento es un delicioso ataque a Castelar, quien, dentro de sus diversos vaivenes políticos, parecía haber saltado, tal decía Gomis, hacia su conversión en un orador proteccionista, en Manresa y otras localidades catalanas, donde había arraigado con firmeza la doctrina de la protección del trabajo nacional. Ahí mostraba Francisco Silvela que sería un peligroso enemigo político: "Castelar es un hombre eminente. Pero tan impresionable como eminente. Ya declaró que cuando quedó huérfano dejó de ser católico. Hoy, al ser diputado, deja de ser librecambista".

Moret, entonces defensor del librecambismo –su cambio, con el Arancel Salvador de 1906, va a ser clave para entender un giro radical en nuestra historia económica–, comprendió entonces que era importantísimo el apoyo que comunicaba Silvela a las rebajas arancelrias[3]. Aclara bien éste sus puntos de vista en el siguiente párrafo de su artículo *Las guerras de los pueblos y las guerras de los gobiernos*, publicado algo antes[4]: "Todos los progresos nacidos de las manifestaciones primarias e inmediatas de las fuerzas individuales, representan una prenda de orden, una garantía de unión... Los grandes adelantos de las industrias mercantil y manufacturera; las conquistas de la libertad de comercio, que hacen práctica la división del trabajo de las naciones; la rápida comunicación de ideas, de conocimientos y de productos, ...las asociaciones internacionales para fines de caridad, de ciencia o de industria, son otras tantas fuerzas que lentamente irían uniendo las na-

[3] Cfs. Ángel María Segovia, *Francisco Silvela*, en la obra *Figuras y figurines*, Madrid, 1877.

[4] Cfs. Francisco Silvela, *Las guerras de los pueblos y las guerras de los gobiernos*, en la *Revista Mensual*, mayo de 1868.

ciones y las razas, separadas por injustificados odios históricos". Por cierto que en el desarrollo de ese artículo muestra de modo explícito la base doctrinal que tenía tras sí, cuando se declara enemigo del *estadismo* y del *funcionarismo*: "Bastiat y su escuela".

Todo esto está muy relacionado con otra cuestión que ensombreció mil veces la eficacia, y todo hay que decirlo, la honra –¿es preciso recordar unos párrafos vitriólicos de Segismundo Moret en este sentido?– de no pocos altos políticos de la Restauración, la de las subvenciones a las compañías ferroviarias. La cuestión había comenzado con un proyecto de ley de O'Donnell, en 1866, que parcialmente llevó adelante su sucesor de ese año, Narváez, iniciándose ahí una política que sólo concluyó con la estatificación ferroviaria tras la ley de 24 de enero de 1941. Esta actitud, preludio de muchas otras muy parecidas, fue enjuiciada así por Silvela en una carta al director de *El Imparcial*, fechada en Baños de Montemayor el 27 de julio de 1867, al señalar que esta actitud subvencionadora la "apoyarán decididamente cuantos opinan que, así como Dios atiende a la subsistencia de los pájaros, el Estado debe proveer a las ganancias de los empresarios". Era el preludio de su sátira feroz, la *Carta de Cándido al Ministro de Fomento*, en relación con esta política.

De ahí no se puede deducir que le pareciese bien la Revolución de 1868. Él había comenzado a sentirse cómodo en la Unión Liberal, pero la ruptura de O'Donnell con la reina Isabel II no le había llevado a distanciarse de la dinastía. En la historia me parece que queda esto absolutamente claro. No me corresponde a mi entrar aquí en polémicas y puntualizaciones. Pero en la evolución de la Unión Liberal hacia el que se llamaría después Partido Liberal Conservador de Cánovas del Castillo, el enlace entre estos dos grandes políticos parecía obligado. Y tal enlace se produjo. Burell lo dijo a la perfección[5]: "Cánovas extendió hacia él su influjo y le sumó como abanderado", mientras se esfumaba, poco a poco, la Unión Liberal. Recién aprobada la Constitución de la Restauración, en 1876, esta vinculación se reforzó con el

[5] En *Antología de las Cortes Constituyentes de 1869 y 1870*, Madrid, 1913.

famoso artículo *Distingamos*. Es imposible ignorar ese enlace tras su lectura[6]. Incluso en su actitud cuando Cánovas se aproximó a Romero Robledo, que le disgustaba, mostró extrema lealtad a su jefe político. Asimismo, aquella frase famosa de Silvela refiriéndose a Cánovas – "el deber supremo que tenemos todos es el de soportarlo"– prueba una lealtad a mi juicio muy honda. En la carta con que contesta Silvela a Teodoro Llorente, el 2 de diciembre de 1892, que fue publicada en el periódico valenciano *Las Provincias*, en medio de una crisis política considerable en las huestes conservadoras entre canovistas y silvelistas, escribirá: "No llegaré a separarme de Cánovas en lo que él haga cuestión de gabinete. Yo no tengo valor moral para arrostrar las sospechas y aun certezas, de ambición mezquina que caerían sobre mi si de mi mano recibiera tal golpe". Por supuesto que algunos hechos ocurridos pudieran interpretarse de otro modo, pero yo prefiero la versión que ofrece así Félix de Llanos y Torriglia[7]: "Lo que aconteció después fue indeclinable consecuencia de premisas que se venían sentando a lo largo del tiempo. Errores, ofuscación, malquerencias, contrapuestos conceptos sobre licitud de la desenvoltura y daños del comedimiento, ambiciones nobles, mezquinas rivalidades, pasiones, intereses, ¡cuánto factor notorio descontando los ignotos, entra siempre en la elaboración de las grandes, inevitables, crisis!"

Melchor Fernández Almagro señala así la raíz de la honda incompatibilidad entre Romero Robledo, quien no repugnaba a Cánovas, hasta el punto de buscar cómo vincularle al partido "para aliviarle del peso que para él representaba la política al pormenor, con su inevitable carga de impurezas", y Silvela: "Mientras el arte romerista de gobernar consistía en *ir tirando*, el de Silvela cifraba su puro empeño en la reforma del Estado, en la educación del ciudadano, en el saneamiento de los usos"[8].

---

[6] Apareció el 17 de octubre de 1875.

[7] Cfs. Félix de Llanos y Torriglia, *Nota preliminar*, en Francisco Silvela, *Artículos, Discursos, Conferencias y Cartas*, Mateu Artes Gráficas, Madrid, 1922, tomo I, págs. 368-373.

[8] Cfs. Melchor Fernández Almagro, *Historia política de la España contemporánea*, tomo II, *Regencia de doña María Cristina de Austria durante la menor edad de su hijo don Alfonso XIII*, Ediciones Pegaso, Madrid, 1959, págs. 157-162.

Todo esto es cierto, pero en esos momentos tenía lugar una decisión capital para la política económica española, que estará para siempre unida al nombre de Cánovas del Castillo: el Arancel de Guerra de 1891. Ahí comienza, y va a durar hasta nuestro ingreso en el GATT en agosto de 1963, una subida continua de las barreras arancelarias españolas. Silvela, que había sido librecambista, y que, hasta cierto punto, defiende un proteccionismo muy suave, ¿no se sintió también conmovido en esos momentos por lo que tenía que considerar una equivocación de su jefe político, para el que, como vicepresidente primero del Círculo Liberal-Conservador de Madrid, había pedido a los presidentes de los Comités provinciales unión y disciplina en el partido? Pero, ¿fue solo lo de Romero Robledo, y más adelante el escándalo de Alberto Bosch y Fustagueras, en relación con el manejo de los presupuestos de Madrid, lo que originó ese enfriamiento? Recordemos lo que Silvela, sobre la moralidad en la administración de la Hacienda municipal había manifestado en su Conferencia en el Círculo de la Unión Mercantil el 30 de abril de 1889. ¿Nada tuvo que ver el proteccionismo? Dejémoslo de momento ahí.

Para ser lo más exacto posible en relación con sus tomas de posición en los asuntos arancelarios, debo exponer que el 8 de julio de 1890, en forma de circular a los Gobernadores Civiles, con la firma de Silvela, se podía leer en *La Gaceta de Madrid* el *Programa del Gobierno*. Señalaba textualmente éste como su propósito "la decidida y franca protección al trabajo –entiéndase, no a los trabajadores, sino en el sentido que se defendía por los empresarios agrupados en el *Fomento del Trabajo Nacional*– y la producción nacional, basada, entre otros medios y poderosos auxiliares, en la revisión arancelaria; una enérgica política de nivelación en los presupuestos, sin reparar en dolorosos sacrificios de personal o material –no olvidemos que es el momento en que Galdós escribe *Miau*–, y el respeto escrupuloso a los compromisos relacionados con el crédito público". En la citada comunicación del Círculo Liberal-Conservador de Madrid, que había provocado, de momento, el entusiasmo de Cánovas del Castillo –escribió éste a Silvela agradeciéndolo, con párrafos como, "me han complacido mucho (esas cuartillas), hasta el extremo de no haber podido resistir el deseo de dar conocimiento de ellas a S.M.–", se insistía en la política hacendística de economías, que, por cierto, hemos visto que placía a Silvela desde sus primeros pasos en la política, indicando que "las reformas económicas que las circunstancias imponen, demandan grandes energías y exigen de todos considerables sacrificios, y si en el Parlamento y en el Gabinete, y en el centro de la vida política nos hemos decidido a hacerlo con un fin elevado y patriótico, debemos esperar confiadamente en que secunden nuestro ejemplo todos nuestros correligionarios en las provincias".

Esto me lleva de nuevo al asunto del proteccionismo y Silvela que, como se observa en este capítulo, no está claro ni muchísimo menos. Posiblemente su toma de posición más nítida respecto a sus ideas cuando se iba a iniciar la última década de su vida sea su discurso parlamentario de 12 de noviembre de 1894, en plena escisión respecto a Cánovas del Castillo, en un momento en el que éste había hecho triunfar un proteccionismo muy amplio con sus decisiones de 1891 y 1892, centradas en el Arancel de Guerra, aunque no debe olvidarse tampoco un decidido amparo al trigo. Pues bien, Silvela, sobre la cuestión arancelaria, indicó entonces que opinaba que "la fórmula adoptada por el Gobierno sobre ese particular parécenos que responde (al)... deseo de no llegar a ninguna solución por el temor de tener que optar entre el absurdo o las doctrinas liberales. Si a ello se llega, claro es que nuestras opiniones han de coincidir también con las que todos los conservadores sustentan y defienden en ambas Cámaras; la defensa de la producción y del trabajo nacional relacionado con la existencia y la apertura, si fuese posible también, de mercados para nuestros productos y para nuestra agricultura. Eso ha sido el principio escrito por el partido conservador en sus relaciones con todas las demás cuestiones científicas y sociales, y nosotros hemos de acudir a defenderlo". Poco más que esto, es todo lo que sobre tal cuestión cabe decir. La unión de conservadores y proteccionistas era una evidente realidad en España, y parece que Silvela se unía a ella, quizá sin entusiasmo, pero sin ahondar demasiado en sus consecuencias.

Este poco más podría ser que la vinculación Cánovas-Silvela resulta clara ya en torno a la campaña para que el trono fuese para el entonces príncipe Alfonso. Da la impresión que el acuerdo resultó fácil. Recuérdese la carta que fechada en Deauville el 10 de septiembre de 1871 recibía enviada por Isabel II: "Silvela: Deseando oír tu consejo sobre lo que deba hacerse en el porvenir para sostener y defender la Causa de la legitimidad y de la justicia que mi Hijo representa, no vacilo en ponerte estas líneas para rogarte que vengas y estés aquí el 20 del mes actual", que en definitiva fue el día 23. Es cuando comienza a marcar sus diferencias con el librecambismo de los hombres del Sexenio Revolucionario.

En esa marcha hacia un futuro de vinculación con Cánovas, Silvela, en primer lugar, rinde homenaje a los moderados. En su conferencia, pronunciada en enero de 1873 en el Ateneo de Madrid, que entonces presidía Cánovas, en vísperas de la abdicación de don Amadeo de Saboya y de la proclamación de la I República, calificó a los dirigentes del Partido moderado de "pléyade de hombres ilustres", secundados, "por aquella juventud que evocaba Donoso... excitándola a que impulsara el movimiento científico y político", quienes juntos acabaron por constituirse en "los doctrinarios que realizando una campaña antes científica que política, dieron el triunfo a las doctrinas conservadoras tal como entonces se comprendían". En lo económico, en palabras de Silvela, ¿qué hicieron aquellos hombres a los que señala tan elogiosamente?: "Aquellos hombres fueron los que crearon el sistema de Concordatos, y llegaron hasta a devolver a la Iglesia la facultad de adquirir, preparando, con prudente moderación el restablecimiento de sus derechos y de sus facultades todas... Aquellos hombres fueron los que dirigiendo con mano previsora los elementos de riqueza de nuestras colonias, concluyeron, casi por completo, con la trata, hirieron de muerte a la esclavitud, señalando la hora de su terminación, y elevaron, sin embargo, la riqueza de aquellos territorios en unos términos que no ofrece la historia del mundo ningún ejemplo de prosperidad tan rápida y tan inmensa... Aquellos hombres fueron los que arreglaron nuestro sistema absurdo de contribuciones inverosímiles, dando la unidad posible a la tributación, sin que ni uno solo de sus proyectos tuviera que morir asfixiado por la atmósfera de la realidad, como esos hijos monstruosos que ha dado de sí la impotencia revolucionaria enfermiza de nuestros economistas demócratas".

Y continúa esas matizaciones así, en las que el influjo de Federico List y no ya la línea Ricard-Cobden, parece evidente. Aprovechando el elogio a los moderados agrega: "Aquellos hombres fueron los que organizando una prudente intervención del Estado en el desenvolvimiento de la riqueza pública y de los elementos naturales de un país poco preparado para el ejercicio de la actividad individual, liberalizaron nuestros Aranceles al propio tiempo que prosperaban nuestras industrias, honraron la agricultura, crearon nuestras redes de comunicación, dieron independencia al Magisterio público huyendo en todas las ramas del socialismo del antiguo régimen[9] y del anarquismo de este régimen del porvenir, al que nos ha entregado en instrucción pública, en expropiaciones, en obras públicas, en minas, en montes, el capricho de unos cuantos economistas ilusos que en los primeros momentos de la Revolución (de septiembre) acertaron a apoderarse del cerebro de algún Ministro con la facilidad propia de los primeros ocupantes de un país virgen de toda dominación científica".

Se hundió el partido moderado, entre otras cosas, para Silvela, cuando desde sus filas Posada Herrera –ese super Fouché de la política española por su capacidad para cambiar de lugar político y mantenerse en el poder–, indicó que no sabía resolver desde sus filas el moderantismo "qué pedazo de pan se le daba al pueblo cuando se le concedía un derecho". La alabanza que hace a Cánovas, sin citarlo, pero con alusión evidente a su discurso de inauguración del curso en el Ateneo de Madrid, el 26 de noviembre de 1872, al mostrar las bases que planteaba el problema social que entonces rugía por el mundo –

[9] Confieso que eso del "socialismo del antiguo régimen" tiene una posible comprensión que a mi se me escapa. El antiguo régimen, ¿es el de Isabel II? Y ese socialismo, ¿era el del *Manifiesto comunista* de Marx y Engels, de 1848, o los socialismos utópicos de los Fourier y demás, que sí tuvieron eco en España? ¿Por qué, en aquellos momentos de tensiones en la Internacional parece dar por cancelado al socialismo?

¿no basta con recordar que la Comuna del País había estado a punto de triunfar en 1870?–, solidarizándose con él, al decir que ante "los más pavorosos problemas teológicos y sociológicos de la edad presente", Cánovas del Castillo les había formulado "su solución.... construyendo, respecto de ellos un ideal", que se encontraba en el Cristianismo.

Silvela, se adentró después en el problema social. En 1878 comenzó por opinar que lo que se debía hacer, por un lado, era la reacción inmediata, incluso dejando de lado las leyes existentes. De esta actitud habría de ser protagonista "todo ciudadano, todo industrial, todo comerciante, todo trabajador que no fíe su porvenir a la insensata protección del internacionalismo, el cual le explota cuando trabaja para no ofrecerle en definitiva sino la miseria el día en que alcanzaran el logro de sus aspiraciones; (en suma) todas las clases que representan verdaderos intereses sociales", porque "están en la obligación de no entregarse ciegamente a la protección de los Gobiernos, sino de contribuir, por su parte, en la medida de su actividad, de sus medios, de su influencia, a desbaratar los planes fraguados en la oscuridad". Y, para los trabajadores ¿qué propone? Simplemente que hay que ilustrarlos "sobre sus verdaderas necesidades y conveniencias, que no son, ciertamente, las de destruir una organización, en la que, como todos, con el trabajo honrado pueden mejorar sus condiciones". Por supuesto que por detrás estaba la reacción nacional contra el intento de regicidio, al regresar a Madrid el 25 de octubre de 1878 de un viaje por el norte, con un protagonista entonces célebre: Oliva Moscosi. Las doctrinas anarquistas estaban, en aquellos momentos, constituyendo la base de casi todo el movimiento obrero en España.

Cánovas se acercó, de la mano lejana de Bismarck, por supuesto, más que Silvela, a la solución de la cuestión social. Éste sí la rozó, pero no fue mucho más allá. Así en su conferencia *Relaciones de la higiene y salubridad pública con el derecho*, el 17 de abril de 1890, en la Academia de Jurisprudencia y Legislación, nada habló del seguro obligatorio de enfermedad, que Bismarck había adoptado en Alemania por ley de 13 de junio de 1883, y sólo de la protección a la higiene de la mujer, la puericultura, los lazaretos y cuarentenas, la sanidad de la vivienda, o la adulteración de los alimentos, subrayando que en todo eso el Poder ejecutivo debía moverse con extraordinaria pulcritud, poniendo como ejemplo cómico, que parecía muy significativo, el caso de un Gobernador Civil que, con el amparo del artículo 22 de la Ley provincial, había cerrado una fábrica que le resultaba incómoda, y contra la que hasta entonces no se había podido actuar judicialmente, fundándose el Poncio en "que se había declarado el cólera en El Cairo"[10].

Otro dato sobre sus reacciones ante los problemas sociales lo tenemos en sus palabras sobre la causa famosa de la *Mano Negra*. De Silvela son estos puntos de vista: "Se decía en la prensa y en todas partes que las sociedades (obreras) secretas se sostenían por la mala situación económica; el caso es que tal estado produjo un proceso en que uno de los afiliados a la *Mano Negra*, tildado de traidor, fue condenado y ejecutado por sus compañeros. Descubiertos los autores del crimen, se condenó a siete a la pena de muerte; se pidió el indulto por toda clase de personas; era creencia general que la sentencia cruenta no se cumpliría; costó trabajo sumo levantar el patíbulo; pero el hecho fue que, ejecutados los asesinos, la violenta impresión de la ejecución produjo como consecuencia la desaparición de la *Mano Negra*", a pesar de que las circunstancias económicas eran las mismas. La defensa de la dureza para concluir con todo tipo de infracciones legales penales, a causa de la disuasión a través del castigo, es clara en este sentido. Cuando se postula eso por Silvela, el 9 de mayo de 1890[11] la tensión social en España era muy grande. Léanse los puntos de vista del II Congreso del PSOE, celebrado ese año en Bilbao, mientras se preparaba la creación de la II Internacional frente a una I Internacional ya declaradamente bakuninista y muy potente en España. Casi no faltaba nada para la bomba del Liceo de Barcelona. Pero no contemplemos despectivamente todo eso, porque sobre la cuestión social Silvela será, a mi juicio, clarividente en un artículo titulado *A propósito del Prime-*

[10] Un resumen de esta intervención en la *Revista de los Tribunales*, 17-24 de mayo de 1890.

[11] Véase en la *Revista de Legislación y Jurisprudencia*, tomo XXXVIII.

ro de Mayo, que publicó en *El Liberal*, a petición de este periódico, el 1 de mayo de 1893. Su párrafo central es éste: "Todo advenimiento de una clase nueva a la política –acababa de señalar que eso sucedió con la de los trabajadores– ha producido una alteración favorable a sus intereses en el régimen de la propiedad y de la distribución de la riqueza, y esa vulgar observación, que la historia confirma, no será desmentida ahora". Pero, añade a renglón seguido, para dejar las cosas claras: "Las bases fundamentales de la propiedad, de la familia, del Estado, del orden público, no sufrirán alteración esencial; nada hay en las teorías socialistas, colectivistas y anarquistas que ofrezca condiciones proporcionadas a semejante revolución; es preciso llegar al esceptismo" por lo que se refiere a su viabilidad, si bien "podemos engañarnos al examinar esos programas y confundir viejas pasiones y eternos apetitos, con gérmenes de evangelios desconocidos; pero la aplicación y el asiento de los impuestos, las funciones del Estado en la asistencia pública y la reglamentación de las grandes industrias, sufrirán, sin duda alguna, profunda modificación en el porvenir". Silvela, pues, está retratado ante tres cuestiones: el proteccionismo, el equilibrio presupuestario y la cuestión social. Pero existe una cuarta, con hondas consecuencias políticas: la cuestión regional y una quinta, el riesgo derivado de la corrupción. Hablemos algo de ambas. Tras la crisis de 1892 con Cánovas, quedó, al menos de modo aparente, desmoralizado. En un borrador de contestaciones a *Blanco y Negro*, para la sección *Declaraciones íntimas,* esto resultaba clarísimo. Transcribo algunas: "*Cualidad que prefiere en el hombre*: La ausencia.– *País en que deseáis vivir*: En Andalucía... antes de la Reconquista.– *Animal que prefiere*: La ostra.– *Mis políticos favoritos*: Los prehistóricos.– *Estado actual de mi espíritu*: De siesta". El preludio de su famoso texto, *España sin pulso*, ahí se encontraba.

Pronto le veríamos preocupado ante un muy importante tema político, que fue en el terreno fiscal la denominada "gamazada". Lo señala así Felix de Llanos y Torriglia[12]: "Navarra, alarmada por el intento de

[12] En *Nota preliminar* a Francisco Silvela, *Artículos. Discursos. Conferencias y Cartas*, Mateu Artes Gráficas, Madrid, 1923, tomo II, págs.18-19.

reformar la llamada Ley paccionada de 1841, había puesto el grito en el cielo contra lo que era en el fondo un recargo tributario, y Silvela que vio en el conato una desconsideración para legítimos amores regionales compareció con su firma en *El Tiempo* sosteniendo, bajo el título *La cuestión foral en España*, (que) aparte de la inoportunidad del conflicto (debían entonarse) loores a la administración local del viejo reino, (y que).... aunque «el regionalismo es una fuerza anacrónica y mal dirigida en la mayor parte de las soluciones que le apasionan, es *una fuerza*, y en un país cuya enfermedad más peligrosa y alarmante es la anemia, nosotros miramos al regionalismo y a sus manifestaciones con cariño y observamos con indulgencia hasta sus extravíos cuando son sinceros»".

Sobre estas cuestiones regionales no es posible ignorar tampoco su conferencia, a mi juicio espléndida, y que vuelve a tener en estos momentos, por desgracia, mucha actualidad, pronunciada en el Ateneo de Madrid de 23 de marzo de 1893, cuando aun estaba fresca la tinta con la que se habían escrito un año antes las famosas Bases de Manresa, inicio del nacionalismo romántico organizado como catalanismo en la etapa de la Restauración. La tituló Silvela *Conspiración de la Baronesa de Albi. Estudio sobre el regionalismo catalán en el siglo XVII.* Indicaba con claridad, al hilo de la vida y andanzas de esta bellísima, desenvuelta, y españolísima mujer, quien en esta conspiración mostró un patriotismo mezclado con un talante que, asombrosamente, ha sido escasamente ponderado, que ante el renacimiento del catalanismo, "todo estudio, toda observación, son poco para decidirse a herir una afección o un sentimiento popular con una reforma, o a variar con el imperio del gobernante una costumbre tenida por buena por quienes la mantienen, aunque no sea más que en el nombre, como un recuerdo glorioso y estimado. Esos respetos y afectos populares a las leyes viejas son esencias de vida, de paz, de satisfacción internas, de indulgencia y resignación para los males, los errores y los vicios inevitables en el gobierno humano, esencias que no se reemplazan con nada; pues el estudio y la experiencia de las dificultades y misterios del arte del gobierno, detenidamente observados y mirados, no arrojan verdad más positiva y segura que ésta: el respeto a la vida de leyes, instituciones y costumbres es el principio de toda buena política, y el acierto a distinguir lo que alienta, para sostenerlo, y lo que murió, para no apoyarse en ello".

En esta conferencia señala: "Estúdiese bien el movimiento regionalista catalán del siglo XVII, y en él se hallarán las mejores pruebas y enseñanzas de que el regionalismo fue entonces y será siempre un pretexto para las aspiraciones de notoriedad o de personales aumentos de algunos caudillos ambiciosos; una ocasión para el extravío de no pocos ilusos, pero no un riesgo para la unidad fundamental y las fuerzas útiles de la patria, si se rige el país en ley y en justicia y se inspiran los gobernantes en el respeto a instituciones y costumbres vivas; no obstinándose en subordinarlas y transformarlas al capricho de ideales que a ellos se les antojan progresivos".

Finalmente, Silvela, que venía de aquellas filas de la Unión Liberal que habían condenado las inmoralidades económicas que habían nacido en las filas del partido moderado, reaccionó con mucha viveza contra las que surgían en las Corporaciones municipales, y que en Madrid, después de que el marqués de Cabriñana denunciase todo un conjunto de actuaciones realmente reprobable, dio lugar, el 9 de diciembre de 1895, a una ruidosa manifestación, que se tituló, por eso, Manifestación de la Moralidad. El Gobierno Cánovas, que había compuesto su Gabinete prescindiendo de los silvelistas, había empleado todo tipo de tretas de escasa limpieza democrática para impedir el triunfo de esta tendencia en las elecciones a concejales del Ayuntamiento madrileño. Los conservadores canovistas recién llegados al poder vieron, con esa manifestación la necesidad de pensar en un cambio de política.

Todo esto es lo que concede mucha importancia a la conferencia de Francisco Silvela el 30 de noviembre de 1895 en el Círculo de la Unión Mercantil bajo el título de *La organización municipal en las grandes ciudades*. En ella provocan gritos de ¡Muy bien! y ovaciones continuas, las alusiones directas que hace a que era preciso que germinasen "vigorosamente las semillas... de la moralidad pública"; que para los "hombres de labor diaria, de trabajo en la industria, en el comercio", era menester "desgraciadamente, luchar, a menudo, con esos parásitos que invaden nuestra Administración municipal y provincial, que germinan y crecen en medio de la podredumbre de nuestra Administración y de nuestra política"; que, "sin necesidad de informaciones y de procesos, veis, unas veces con pena, otras con indignación mal reprimida, cómo se malogran y se ahogan ciertos propósitos, y cómo se constituyen fortunas privadas por el misterioso procedimiento de la administración gratuita de la fortuna pública"; apuntaba que esto se agravaba con el caciquismo: "Es menester arrancar de las Municipalidades de Madrid y de las grandes ciudades todo lo que se refiere a la cuestión electoral para Diputados a Cortes y para Senadores, y solucionar esos servicios, o con organismos parlamentarios o con organismos verdaderamente independientes de la Administración municipal, porque mientras estén en sus manos, mientras ellos elaboren el censo para Diputados a Cortes, mientras de su seno salgan los funestos Presidentes de mesa en la forma de Tenientes de Alcalde, y con las burlas grotescas de los Alcaldes de Barrio más o menos fingidos o hipotéticos, mientras eso suceda, la inmoralidad del Ayuntamiento de Madrid no se podrá arrancar radicalmente de su seno".

La corrupción, bien la entiende en esta conferencia Silvela, es fuente de retraso y su carencia, raíz de desarrollo. Este párrafo es bastante claro en tal sentido, aunque en realidad lo es todo el contenido de esta intervención: "La administración de una ciudad (sobre la que pesa la convicción, cierta, exagerada o calumniosa de que existe corrupción)... resultaría y resulta enteramente imposible".

He ahí los cinco problemas económicos esenciales sobre los que se pronunció Silvela. Resulta ser un proteccionista poco contundente, un acrisolado defensor del equilibrio presupuestario, un preocupado por las consecuencias de la entonces llamada cuestión social, un simpatizante con el regionalismo y un implacable enemigo de la corrupción. Esto le moverá, desde el partido conservador, a intentar una política dispar de la del canovismo. Dentro de esta búsqueda de cambio de política, se encuentra la división de papeles entre Silvela y Fernández

Villaverde, bien visible en los jardines de una casa que Liniers tenía en Burgos, el 12 de julio de 1897. Basta señalar esta fecha para comprender lo serio de los problemas que en aquellos momentos se alzaban ante España. Ese día afirmó, en aquel mitin en la casa de Liniers, que en las cuestiones concretas de la economía que él tendría que exponer como nuevo programa conservador, se encontrarían en las palabras de Fernández Villaverde, al que, por eso, cedía la palabra diciendo nada menos que esto: "El señor Fernández Villaverde, cuya competencia en materias económicas es tan grande, tenía el encargo de examinar los problemas financieros, y habiéndolo hecho aquí, por no poder acompañarme en mis próximos viajes, era para mi hasta un deber de cortesía hacer que su discurso fuese la nota saliente de la reunión de Burgos, lo cual, por otra parte, se acomoda a la atención preferente que la cuestión económica nos merece".

Este discurso de Fernández Villaverde, que fue reproducido íntegro en *El Tiempo* –el órgano de Silvela–, donde ocupó ocho columnas, muestra lo oportuno de que yo, como economista no dé ni un paso más sobre la obra de Silvela, porque en lo que a la economía atañe tras 1897, es Raimundo Fernández Villaverde quien va a ser, al gobernar Silvela, el que ocupe la atención. Sin embargo, nada menos que la gran reforma de Villaverde, de 1900, hubiera sido imposible sin el apoyo caluroso, valiente, decidido de Francisco Silvela. Cumplía así éste lo que Andrés Mellado decía sobre él en el discurso que pronunció en la Real Academia Española el 5 de mayo de 1912[13]: "Para él no fueron las cuestiones del gobierno más que cuestiones de moralidad". Y la defensa de Fernández Villaverde en mil sentidos lo era.

Unos pocos días después de aquella reunión política de Burgos, el 8 de agosto de 1897, Cánovas era asesinado. Y un año más tarde, Cuba, Puerto Rico y Filipinas se habían perdido. Fernández Villaverde, como ha mostrado José María Serrano Sanz, pasaba a tener la palabra.

[13] Cfs, Andrés Mellado y Fernández, *Discurso necrológico-critico, leído ante la Real Academia Española en la recepción del autor*, sesión del 5 de mayo de 1912, La Editora, Madrid, 1912.

Y el apoyo fue el de Silvela, hasta que perdió la asistencia del Alcázar regio. Pero ésa es otra cuestión.

Capítulo III

EL NACIMIENTO DEL POPULISMO ECONÓMICO EN ESPAÑA: EL GOBIERNO LARGO DE MAURA (1907-1909)

Presentación y encuadre previo político

El presente estudio se centra en el momento cénit de la política de don Antonio Maura: El que corresponde al que, después, se llamó su *Gobierno largo*. Se inició éste el 25 de enero de 1907, mientras agitaban la villa de Madrid motines por la subida del pan, y concluyó, tras ser retirada la confianza regia, como es bien sabido, el 21 de octubre de 1909, tras los acontecimientos de la Semana Trágica, el desastre militar del Barranco del Lobo, cerca de Melilla, y la reacción interna y exterior tras la ejecución de Ferrer Guardia.

Esta llegada de Antonio Maura al poder con este *Gobierno largo* no se puede desprender de un amplio contexto sociológico, político y económico. Quizá se ha abusado de la presentación política, que por eso es la más conocida. Pero yo he de comenzar por ella. Cuando en la *Gaceta de Madrid* de 26 de enero de 1907 se publican los Reales Decretos que crean el Gobierno Maura, sucediendo al Gobierno liberal que presidía el Marqués de la Vega de Armijo, ascienden con Maura al poder figuras importantísimas como Augusto González Besada en Fomento, Juan de la Cierva y Peñafiel en Gobernación, Fernando Primo de Rivera, Marqués de Estella, en Guerra, Guillermo Joaquín de Osma y Escull en Hacienda o José Fernández y Niño en Marina. Tan impresionante catálogo de nombres va a respaldar el designio, firmísimo, de Maura, de marcar su decidida impronta en España tras una convulsa administración liberal. Recordemos que en año y medio, desde finales de junio de 1905, se habían sucedido cinco Ministerios liberales, presididos sucesivamente por Montero Ríos, que llevó de Ministro de Hacienda a Echegaray, quien entonces precisamente pronunció la frase famosa del "santo temor al déficit", y que permaneció en el poder cinco meses; Moret, que tuvo como Ministro de Fomento a Rafael Gasset, con lo que se pusieron las bases de una política hidráulica en España; el general López Domínguez; Moret por segunda vez durante 48 horas y, finalmente, el Marqués de la Vega de Armijo que, como López Domínguez, tuvo como Ministro de Hacienda al capaz Navarro Reverter. No eran las personalidades las que habían fallado en el antiguo partido de Sagasta. Era el agotamiento doctrinal y organizativo del partido liberalfusionista el que daba paso a la energía y capacidad del Gobierno Maura. En vísperas de su marcha, bajo el epígrafe *La Charada política*, Salvador Canals escribía en *Nuevo Mundo*, 3 enero 1907, año XIV, número 678, que se barajaban para presidente los nombres "de Canalejas, de Moret, de Montero Ríos, de Echegaray....", y añadía: "Semejante realidad, ¿qué enseña sino que es un desmedrado artificio todo esto que sostenemos y entretenemos como régimen parlamentario y de opinión....? En cuanto a partidos, existe uno, y hasta pujante y poderoso.... Ya porque noblemente se crea en esa necesidad de los dos partidos, ya porque esa necesidad se invoque como disfraz de recelos, lo cierto es que parece como que toda la política se subordina al deseo de crear partido liberal, pero sobre la base falsa de suponer que, prolongándoles a estos restos del viejo partido liberal la estancia en el poder, ensayándoles cada trimestre o cada semana un presidente, dejándoles tiempo y ocasiones para fortalecer sus caciquismos provincianos, se crea partido liberal o se puede llegar a crear partido liberal. Vano empeño....!".

No conviene olvidar, al llegar a este punto, que Maura llevaba un mensaje que se había gestado años atrás, hasta tal punto que creo que la obra que se inicia en 1907 de algún modo es heredera de los acontecimientos de 1903. Recordemos que en el Gobierno Silvela habían chocado las concepciones de dos grandes políticos conservadores, pesimista la una, representada por Raimundo Fernández Villaverde, que ocupaba la cartera de Hacienda, y optimista la otra, que era la que tenía Maura, que desempeñaba la de Gobernación. Es el instante en que, realmente, a mi juicio, Maura se hace bismarckiano. En la última parte de su etapa liberal, mientras Maura acaudillaba a los *gamacistas*, cada vez más opuestos a la dirección que, con Sagasta, seguía el partido liberalfusionista, al polemizar con su antiguo Jefe, a finales de 1901, en la discusión del *Mensaje de la Corona*, fue el instante en que Maura pronunció su famoso discurso de la *Revolución desde arriba*, al que pertenecen estas significativas palabras: "España necesita una revolución desde el Gobierno; si no se hace desde el Gobierno, un trastorno formidable la hará desde abajo. Llamo revolución a las reformas hechas por el Gobierno *radicalmente*, *rápidamente*, *brutalmente*; tan brutalmente, que baste para que los distraídos se enteren, para que nadie pueda abstenerse, ni aún aquellos que asisten al espectáculo (político) con resolución de permanecer alejados". Al acentuar el gamacismo sus tesis paralelas a las del partido conservador, provoca una aproximación creciente entre Maura y Silvela. Tres son las líneas de acercamiento: la primera, el combate a sangre y fuego de las medidas que, tituladas sociales, fuesen contra la propiedad individual, en cuanto en ésta puedan basarse valores del individuo, o si atacaban la radical responsabilidad moral de la persona humana. La segunda, la oposición cerrada a toda veleidad separatista, que en aquel momento se hallaba en las famosas *Bases Catalanistas* de la Asamblea de Manresa. En un discurso que Maura pronunciaría el 3 de noviembre de 1905 ante los voluntarios catalanes supervivientes de la guerra de África, fue definitivo en sus conceptos: "No somos de los que creen fortalecer al Estado dilacerando el tejido social; .... nosotros no podemos sentir afanes de centralismo cuando presenciamos cómo un cesarismo grotesco ha engendrado la anarquía burocrática; .... nosotros no queremos transferir la ineptitud, la inestabilidad y la inconsciencia de órganos y poderes movedizos, alternados, temporales, precarios, acosados y atribulados sobre aquello que, por ley de naturaleza, está mejor en la propia mano de los administrados y de los ciudadanos.... Cuanto más firme e indudable sea el sentimiento de unidad nacional, habrá menos pretexto para seguir vertiendo y avinagrando en el tonel desvencijado de una Administración impotente y fracasada, la savia vigorosa de los organismos locales....". Esta línea conduce a otra de modo ineludible: defender en la vida local, el autogobierno municipal. Por otro lado, su posición ante el catalanismo lo centra en su orgullosa frase: "Cataluña tendrá lo que yo le dé, y nada más que lo que yo le dé".

Por eso, cuando entra Maura en el Gobierno Silvela como Ministro de la Gobernación, muestra inmediatamente su talante de Bismarck ibérico: crea el Instituto de Reformas Sociales. No olvidemos que se hizo gracias a la levadura de la Comisión de Reformas Sociales, creada en 1883, bajo la presidencia de Antonio Cánovas del Castillo. En esa actitud de firme apoyo a las reformas sociales, Maura fue constante. Ossorio y Gallardo escribirá sobre este talante lo que sigue: "Decimos todos que somos partidarios de la ley de Descanso dominical, deseamos que el obrero repose; esto es evidente y tampoco sobre esto hay diferencia; pero mientras los liberales burlan sistemáticamente ese descanso para no incomodarse con los que les pueden aportar unos votos a las urnas, nosotros hemos reñido una contienda luchando contra elementos que eran nuestros vecinos medianeros para defender los derechos del obrero, sin que tuviéramos siquiera la loca pretensión de que nos lo agradeciese éste".

Creo que en este preámbulo debo destacar, aunque sea a costa de adelantar acontecimientos, que éste es el espíritu reformista que recogerá el maurismo. Hablando precisamente a los mauristas dirá el citado Ossorio y Gallardo: "Habréis de creer que es necesario perseverar en el camino de la acción protectora de los obreros; pero esto no con esperanza de agradecimiento, que ello equivaldría a tanto como tener espíritu de usurero, sino por un sentimiento íntimo de justicia.... Por la justicia en favor de los menesterosos siempre; por el miedo a los caudillos y agitadores profesionales, jamás".

Este es el espíritu original que al movimiento conservador incorpora Maura. Pero lo une a un intenso nacionalismo, que se exterioriza en su decidido apoyo a gastos militares que restablezcan la potencia ofensiva y defensiva de España. Esto es lo que provoca la ruptura con Villaverde en el gobierno Silvela. El Ministro de Hacienda, obseso con la contención del gasto, se opone a los planes de reconstrucción de la flota que defiende el Ministro de Marina Sánchez de Toca. Maura apoyó a Toca con denuedo. Como Villaverde colocaba la estabilización por encima de todo, terminó por chocar con quien la posponía a un nacionalismo reformista que, como veremos después, se iba a encarnar en un populismo.

Del mismo modo que hemos señalado su visceral oposición a lo que afectase a los valores de la libertad del individuo, su optimismo ante el futuro español, su oposición a todo separatismo, su firme creencia en la capacidad de los cuerpos y corporaciones intermedias, hemos de remachar su intenso nacionalismo español que culminará en el maurismo. Maura señaló: ".... el nacionalismo español.... no es un mero lirismo, sino una realidad que todos debemos sentir en nuestras almas". De ahí se pasará al nacionalismo económico que asume Maura: "¿Creéis que no tenemos necesidad de hacer una economía nacional para no ser tributarios de elementos extraños a nosotros?"

Cuando a Silvela le sucede Villaverde en 1903, Maura consigue derribarlo con estrépito en el Congreso de los Diputados. Por eso hemos de esperar a que muera éste, en 1905, para que sus seguidores, acaudillados por González Besada –al que en su necrología Maura calificará de "bondadoso"– aceptasen la dirección de Maura. No había sucedido aún así cuando éste ocupó, casi de manera facciosa y por poco tiempo, la Presidencia del Gobierno. Esta situación, por cierto, creo que tiene interés porque, aunque breve, permitió a Maura formular ante el propio Congreso de los Diputados sus esenciales tesis económicas. Sintéticamente yo las resumiría como sigue, con palabras del propio Maura: "No creo que haya en la política española quien vacile en la necesidad suprema de mantener y conservar como un tesoro sagrado el resultado de tantos esfuerzos como hemos aplicado todos a extirpar el *déficit* de nuestro presupuesto", que señala era una actitud que su antecesor "solía anteponer.... casi a toda otra". En segundo lugar, expuso entonces que con calma, con aportaciones de todos los partidos, era como se debía abordar el tema "de la depreciación de nuestra moneda y del estado del cambio internacional". En el fondo, Maura compartía una opinión que en aquel momento exteriorizaba así el Conde de Romanones: "Y tambien afirmo que tenía que venir el mismo Necker a la casona de Carlos III a regir la Hacienda española y, mientras en París y en Londres y en Amsterdam amanezcan todos los días leyendo telegramas de España, anunciando huelgas generales y colisiones y muertos en Bilbao, Barcelona, Valencia....; que se han sublevado dos generales, que va a estallar la revolución, etc., agrandando, exagerando, desfigurando, como se hace, todos los esfuerzos, medidas y resortes serían inútiles y estériles, estrellándose contra la realidad, que es aquí la causa mayor". Esto es; que lo que parece corresponder, para que se regularice el cambio y con él la economía, al Ministerio de Hacienda, en realidad es incumbencia de los Ministerios de Gobernación y de Guerra. Por eso Maura dio siempre prioridad al orden público, y por eso no consideró que pudiese llegar a buen puerto el proyecto de Ley de Villaverde, de 21 de octubre de 1903, que pretendía crear como unidad de cuenta y patrón monetario la peseta oro, con establecimiento, por el artículo 1ı, de "la circulación y la libre acuñación del oro". Ahí está la raíz de que más adelante Maura, con Osma en Hacienda, hiciese desaparecer definitivamente este proyecto de Villaverde.

El 14 de diciembre de 1904 cae el efímero primer gobierno Maura a causa de la actitud de Alfonso XIII en el asunto del general Loño. Tras los Ministerios brevísimos del general Azcárraga y de Villaverde, entran los liberales al poder con, como hemos dicho, Montero Ríos.

Esta fue la etapa de formación de Maura. Surge así lo que podría calificarse como un raro personaje para aquellos tiempos políticos. Uno de sus seguidores lo explicaba así en un artículo titulado *La discordancia de siempre* que apareció en *La Vanguardia*: "Este hombre erigido en caudillo, empezó a decir cosas extrañas y desconcertantes, tales como éstas:

"– No se regalan actas. La tendrá el que disponga de votos.
"– La Ley está por encima de la Prensa.
"– El poder público no es recreo, sino pesadumbre.
"– El que quiera *hacer carrera política*, que se vaya a otro lado, porque yo no me ocupo de eso.
"– Llevar los grupos al Gobierno será un alto oficio, pero no es el mío."
" Los conservadores estupefactos –continúa el artículo– glosaban estas cosas diciendo:
"– Este hombre no conoce la vida.
"– Este hombre anda por las nubes.
"– Así no se hace un partido.
"Hasta de la decencia de sus costumbres se hizo un cargo. ¡Cómo había de gobernar un hombre que *no la había corrido*!"

Al llegar aquí es preciso introducir otra influencia en su política, que habían después de destacar los mauristas de cuño regionalista: me refiero al regeneracionismo. Como de la Unión Nacional, Alba pasa a reforzar al viejo partido liberalfusionista; como de las filas del regeneracionismo parecen nacer, como fruto predilecto, las fuerzas del partido reformista de Melquíades Álvarez y las diversas corrientes de la izquierda que coincidirán en el grito de ¡Maura, no!, pudiera creerse ajenos al regeneracionismo a éste y al populismo conservador español que él va a crear. Ya debe darnos qué pensar la filiación política de uno de los hijos de este movimiento regeneracionista, como fue el egregio miembro de la generación del 98, el ciervista Azorín. Pero yo he de destacar aquí cómo es vivísima la influencia de Macías Picavea, y, sobre todo, de su obra *El problema nacional*. Basta mencionar los elogios tremendos que a éste tributa un fiel seguidor de Maura, Miguel Santos Oliver, bajo el título *A propósito de un libro. Macías Picavea*. La lectura del trabajo de Narciso Alonso Cortés, que se ocupa de este personaje a la cabeza de veinte estudios literarios de interés en su libro *Nuevo y Viejo*, me parece definitiva. Eso es lo que latía en una frase del maurista Goicoechea, pronunciada en un acto electoral de su grupo político el 1 de febrero de 1914: "El maurismo representa, no un liberalismo conservador, sino el advenimiento de una democracia conservadora... La democracia conservadora es un sistema de gobierno que encomienda la custodia de los grandes intereses sociales... no a una persona, ni a una oligarquía, sino al pueblo todo, atraído por una constante labor de dignificación y de educación al ejercicio de la ciudadanía..." Sólo se superaría así el régimen entones vigente que, dice Goicoechea, "tiene su exacto reflejo en esta frase de Costa: *Es el gobierno de los peores...*" Por cierto que las citas de Costa en los discursos de propaganda maurista van a ser incesantes. El mismo Goicoechea, ha de señalar, en una conferencia pronunciada el 27 de marzo de 1914 en el Teatro de la Comedia de Madrid, que uno de los principales antecedentes doctrinales del *Gobierno largo Maura* habría sido "aquel movimiento de las clases económicas e intelectuales que se llamó Unión Nacional".

La paradoja de todo esto es que las izquierdas comienzan a soñar con el cirujano de hierro, con el escultor de pueblos, con el artífice de naciones, con el buen déspota, y las derechas con la atracción de la ciudadanía a las elecciones, con la lucha contra el caciquismo, con el estímulo a participar en la obra del Gobierno. Por supuesto que ésta debe efectuarse con "el concurso simultáneo concertado y ponderado de todas las energías nacionales, hasta que sea verdad plena el gobierno de la Nación por sí misma, como organismo vivo, de modo que sus destinos dejen de estar en manos de una oligarquía, gente agremiada con diversos nombres, irrisorios a veces, sin otro designio que acaparar en el Estado y en las localidades la fuerza social". Ese párrafo maurista, ¿no lo suscribiría íntegro un regeneracionista?

Las consecuencias sociopolíticas van a ser rápidas. Marcelo Martínez-Alcubilla escribe en la presentación del *Apéndice de 1907* del conocido *Boletín Jurídico-Administrativo* que complementa el *Diccionario de la Administración Española*, que esta línea regeneracionista asumida por Maura iba a favorecer "el desarrollo de las Asociaciones,

Gremios y Corporaciones" y plantear sin recelos y con franqueza la descentralización local, todo lo que se enmarcaba en lo que Alvaro Martínez Alcubilla llamaba administración social a la española, para oponerla a la administración burocrática afrancesada. Las consecuencias económicas de esto las desarrollaré un poco más adelante.

Cuando este mensaje político aparece ante el público conservador español provoca una fortísima conmoción. Surgen adhesiones personales próximas al fanatismo, hasta convertir a Maura en un auténtico caudillo carismático. Escribe así Benito Mariano Andrade y Uribe en *Maura y el partido conservador* (Librería General de Victoriano Suárez, Madrid, 1910, págs. 16-17), que "profesamos verdadera veneración (a Maura) por estimarle como político que descuella en España cien codos sobre todos los de su época. Ocúrrenos a muchos conservadores hoy, lo que antaño ocurría a los carlistas que pelearon en la guerra civil al lado de D. Carlos y es que personalmente estamos entregados en cuerpo y alma –esta es la frase– a nuestro caudillo".

Esto, naturalmente, provoca la aparición de nuevos hábitos políticos, que chocan con los habituales del tradicional partido liberalconservador, que por la presión maurista comienza a cuartearse. Las tensiones ante los nuevos modos políticos se exteriorizaron cuando el diario *ABC* lanzó la idea de hacer una manifestación en honor de Maura a principios de 1913. Llegaron a prepararse trenes especiales. Los jefes conservadores tradicionales decidieron proscribirla, para no hacerse "responsables de alteraciones de orden". Las masas, con Maura, entran en la escena política desde un enfoque conservador, y con todas sus consecuencias. El mitin maurista de Zaragoza celebrado el 27 de octubre de 1913, el mismo día en que se encarama en el poder Dato, relegando a Maura al ostracismo, fue condenado no sólo por los liberales, sino por los conservadores. Recordemos la información, con el titular estrepitoso, *La plancha de Zaragoza*, con que se ocupaban del acto tanto *El Liberal* de Madrid como el de Bilbao. Sin embargo, aquellas masas iniciales crecieron de modo impetuoso en España, creando una organización política sui géneris. Los conservadores pasaron a tener así una proyección popular que sólo poseían hasta entonces en nuestra Nación los republicanos, los socialistas, los carlistas y los nacionalistas catalanes. Ossorio y Gallardo, en sus memorias *El sedimento de la lucha* escribe: "Surgían grupos en las Universidades, en el Ateneo, en las asociaciones mercantiles, y hasta entre los obreros.... Celebrábamos sin cesar mítines y conferencias. A falta de rotativos, brotaban por doquier modestos semanarios y otras publicaciones intermitentes. Fue inundada España de tarjetas postales con retratos y pensamientos de Maura y sus fieles. Hubo papel de fumar "Maura, sí", y Anís Maura, y caramelos, y sellos de correos. Fuimos los primeros que hicimos propaganda electoral arrojando candidaturas desde un aeroplano. En los círculos de distrito se establecieron escuelas mauristas, algunas de las cuales (subsistían todavía en 1933)... Las mujeres fueron enardecidas colaboradoras de nuestra campaña. En nuestros actos menudeaban las bofetadas, los palos y las intervenciones de la fuerza pública".

Este estallido de adhesiones, lo destaca el mismo autor, no era tanto al que quería gobernar por encima de todo, sino al que incluso "se negaba a gobernar, y ponía la dignidad de la función pública por encima del gusto regio. No hacía falta tanto para que un pueblo impresionable y lírico como el nuestro se mostrase irritado por la injusticia, indignado por el vejamen y alarmado por la indefensión. Esto explica que la causa de un caudillo conservador y la acometida de unos hombres conservadores tuviesen un apoyo popular de los más fervorosos y cálidos que alcanzó en España una fórmula política". También causaba esta adhesión el que, en su etapa liberal, hubiese sido Maura Ministro de Ultramar, y que por sus medidas se le hubiese sometido, dice Francisco Sánchez Valdepeñas, "a la tortura de ser execrado por la nación entera, cuando fue sólo previsor, y la prueba es que luego, aunque tarde, sus previsiones se cumplieron" hasta culminar en la catástrofe de 1898. Resaltaba así que lo que defendía era fruto de convicciones propias, "resultado de su larga y detenida observación de político austero; testimonio expresivo –continúa Sánchez Valdepeñas– de sus relevantes cualidades de eminente estadista, que ha sabido satisfacer las juiciosas demandas de la opinión sana...".

En un librito titulado *El caso Maura*, redactado por Miguel Santos Oliver en 1914, y editado por un grupo popular maurista, se escribe que "el caso de Maura fue un día el mismo de Jovellanos; fue después el de Balmes y sus nobles amigos; fue ayer el de Silvela. En órbita distinta, fue también el de Salmerón, ha sido el de Azcárate... y el de don Melquíades Álvarez, condenados todos, uno tras otro a ser expelidos y sustituidos con enorme desventaja y por tipos cada vez más mediocres o abyectos, mediante esa selección al revés y esa nivelación hacia abajo que constituyen la fase actual de la decadencia española".

Maura, pues, en lo político significó que los ciudadanos españoles comenzasen a decidir por sí mismos sobre el futuro político que deseaban, con dos grandes líneas de actuación, que no fueron percibidas en sus inicios por el Regio Alcázar. Una, por la derecha, llevará a la Dictadura de Primo de Rivera, seguirá por la Era de Franco y concluirá en UCD, AP y, finalmente, en el PP. Otra, por la izquierda, provocará la llegada de la II República. Y ese centrismo de Miguel Maura, asimismo desembocará en UCD y, finalmente, en el PP. La Restauración no percibió que había llegado su final cuando, ante Alfonso XIII, Maura exigió el poder en 1913 –con aparente inutilidad– para –era su frase– "los mismos hombres y los mismos principios de 1909". Cuando la Corona, ante eso, escogió a Dato, condenó a la esterilidad lo que había nacido con el golpe de la brigada Dabán en Sagunto y con el genio de Cánovas del Castillo.

No voy a ocuparme en esta presentación y encuadres previos más que muy de pasada de un aspecto bastante importante de la política de Antonio Maura: su reforma local. Antonio Carro Martínez lo subrayó en su interesantísimo ensayo *Génesis y trayectoria de las reformas locales de Maura*, al indicar que éste, ya en 1903, como Ministro de la Gobernación presentó ante el Senado un Proyecto de Ley de Bases para la reforma de la Administración local el 27 de mayo. Entonces Maura indicó: "Para este Gobierno, el empeño de la reforma de la Administración local es un empeño fundamental; lo es para todo el Gobierno, y para mí, la razón de mi existencia ministerial", y concluyó así el discurso: "Les digo que mi vida ministerial está ligada a la suerte de este proyecto, que no habría venido aquí sino para hacer esto, y que si no puedo hacerlo, me marcharé de este banco". De este proyecto de 1903 procede el que Maura presentó el 7 de junio de 1907. Era plenamente consciente de que así atacaba las lacras del caciquismo de la Restauración. Como Salvador Minguijón destaca, "quiso Maura que la reforma se hiciera con toda legalidad. Que fueran las Cortes las que la hicieran. Habían de ser los políticos que usufructuaban la situación o las situaciones los que a sí mismos se ejecutaran renunciando a los resortes que estaban en sus manos. Era mucho pedir".

Como ha señalado con gran agudeza en su ensayo *Maura y la reforma local* Carlos Ruiz del Castillo, "el hombre que preconizó la revolución desde arriba, en realidad quiso hacer arriba la revolución desde abajo. Que a esto equivalía el propósito de sanear las instituciones locales, que representaban la mayor proximidad al hombre y a la familia". Adolfo Posada resume en *Evolución legislativa del régimen local de España* (1910) así lo sucedido con el Proyecto de Reforma Local Maura hasta su naufragio cuando navegaba en las aguas ya más tranquilas del Senado: La totalidad de la Reforma "se discutió en el Congreso durante 20 días, dedicando la misma Cámara 12 al Régimen municipal; se pronunciaron en la discusión, también en el Congreso, 2.950 discursos, presentándose 1.387 enmiendas; de ellas, 22 del partido conservador, 16 de los solidarios catalanes, 157 de los demócratas, 464 de los liberales y 724 de los republicanos. En el Senado –donde sólo se aprobó el Libro I– se pronunciaron 707 discursos y 620 rectificaciones; se presentaron 551 enmiendas, de ellas 19 de los conservadores, 129 de los liberales, 364 de los demócratas, 14 de los republicanos, 16 de los solidarios y 9 de los carlistas. El Senado dedicó al Libro I 87 sesiones; de ellas, 19 a la discusión de la totalidad y 68 al articulado. Comenzó la discusión en el Senado el 19 de noviembre de 1908 y terminó el 26 de mayo de 1909". El proyecto tenía 400 artículos. En su preámbulo, escrito indudablemente por Maura, se podía leer que la reforma estaba inspirada "en el convencimiento firme de que cercenar o sofocar la vida local es para la nación tan dañoso como para el cuerpo humano maltratar la sangre de sus arterias".

La conmoción ocasionada por este proyecto de ley se debe, en buena medida, a que no era precisamente una obra legislativa reaccionaria. El 24 de mayo de 1908, Gumersindo de Azcárate, que, aunque no se le admitió, había dimitido el 22 de marzo anterior de la jefatura de la minoría republicana del Congreso de los Diputados, por no estar conforme con la obstrucción que parte de ella efectuaba al proyecto de Ley, decía ante la Asamblea republicana: "En la forma que ha quedado (redactada) por la Comisión (la ley de Administración local), es la más liberal y democrática de Europa". Sin embargo, las campañas periodísticas de oposición del denominado trust –nombre popular de la Sociedad Editorial de España, constituida por los tres periódicos de más tirada (*El Liberal*, *El Imparcial* y *Heraldo de Madrid*), aunque la estimación de Salvador Canals da para cada uno una difusión diaria de unos 50.000 ejemplares, y, en conjunto, nunca por encima de los 300.000, a lo que debemos añadir los periódicos de provincias que *El Liberal* había creado, más *El Noroeste* de Gijón– comenzó precisamente cuando Maura presentó este proyecto de reforma de la Administración Local. Los aparentemente progresistas, miembros del Comité Ejecutivo de esta Sociedad que se había constituido por diez años, y que estaba formado por Ortega Munilla, José Gasset, Sacristán y Miguel Moya, resultaron objetivamente ser reaccionarios.

Para concluir esta alusión sólo quiero añadir aquí, por su posible transmisión hacia decisiones de la política económica, el tema del voto corporativo en las corporaciones locales. Para Ruiz del Castillo, "el voto corporativo no hacia más que reflejar el principio dual de la representación, que es, al fin y al cabo, lo que da vida a la doble Cámara en la organización legislativa del Estado", y prosigue: "Voto corporativo que se manifiesta en el proyecto de 1903 al través de los Concejales natos, y en el Proyecto de 1907 al través de los Concejales representantes de Entidades e instituciones. En la constitución de las Diputaciones provinciales, el voto corporativo de los Ayuntamientos tenía carácter de sufragio indirecto, como emitido por los concejales, y la representación actuaba mediante el voto limitado que hacía posible la representación de las minorías".

Esta convicción organicista de la vida local, que se funde con este corporativismo incipiente, es defendido así por Maura, en 1908, en el Congreso de los Diputados: "Yo creo que os equivocáis, que exageráis, como exageraría yo si dijera que tiene la vida corporativa un florecimiento, una consistencia, una tradicional y educativa aptitud como yo le deseo; pero advertid que data de pocos años.... ese movimiento social en España, y, sin embargo, pululan por todas partes las Asociaciones... ¿Todo el movimiento obrero en España no se ha realizado por la Asociación? ¿Y no estamos ya en este punto en un periodo que para otras naciones ha representado medio siglo, y que nosotros hemos andado en diez años? Y eso ha sido mediante la Asociación, con el inconveniente de ser una Asociación coja, porque no ha habido socios más que de un lado. Y, sin embargo de ese defecto, ved la rapidez con que hemos salido de la zona de las huelgas y las violencias. Pues los Sindicatos agrícolas, pues las Asociaciones agrarias, pues la labor que se está preparando con los Pósitos, pues todas las leyes que se han dictado en los últimos veinte años, ¿de qué vienen impregnadas sino de ese espíritu?"

Maura defiende esta representación corporativa a través de tres tercios en el Municipio, para canalizar, señala, el interés de "patronos y obreros, (del) elemento intelectual, (del) elemento comercial, industrial y agrícola y de los intereses materiales..." Por supuesto que éste es sólo un primer paso de un proceso que debe proseguir, porque "es mucho más egoísta la familia que la Asociación; en la Asociación empieza la vida pública, y yo no puedo –señala– llamar a eso egoísmo, sino iniciación de ciudadanía, y por eso deseo que la vida corporativa prospere, y se multiplique, y actúe, y tenga órganos en la Ley para pesar en la vida pública". Maura siente con hondura este tipo de representación corporativo u orgánico, la defiende, pero queda claro que ello ha de ser sin menoscabo del sufragio universal. Sus enemigos, como el mismo Maura recoge, hablaron por cierto "de los propósitos liberticidas y reaccionarios consabidos del Gobierno, con ocasión de la representación corporativa...".

Con esto entramos en un planteamiento más amplio de tipo político y cuyas ideas veremos poco después. En una conferencia pronunciada por Maura en el Círculo de la Unión Mercantil el 2 de abril de 1902, dijo: "No podrán prosperar ni fructificar las instituciones sociales, ni las instituciones jurídicas con las cuales se quiere acudir a moderar y resolver los conflictos de clases y mejorar las delicadas, complicadas y a veces envenenadas relaciones entre patronos y obreros, entre capital y trabajo, mientras no se haya logrado hermanar con la reforma de la Administración local una reconstitución de los organismos naturales de la sociedad, donde los individuos se apiñan por clases y gremios; reorganización en que, principalmente, ha de consistir lo más interesante y arduo de la reforma que la Administración local demanda".

Esta posición concitó actitudes muy encontradas. José Canalejas se opuso terminantemente, al sostener que "la representación corporativa era un margen protector de las ideas conservadoras". A favor de las tesis de Maura se alinearon, entre otros políticos, Vázquez de Mella, Cambó y Gumersindo de Azcárate, quien hubo de pagar su fidelidad a la doctrina krausista que impone la democracia orgánica con la dimisión a que, como hemos dicho, se vio obligado a hacer de la Jefatura de la minoría republicana. La herencia de todo esto es ya un conocido capítulo de la historia de España.

Este contexto político ha de tenerse muy claro, para poder encajar en él la labor socioeconómica del Gobierno largo Maura. Porque éste pone sobre el tablero político español el tema de la representación política. Por una parte, el maurismo, de manera obsesiva, trata de conseguir la mayor cantidad de transparencia electoral posible. La lucha contra el caciquismo ocupa un lugar preponderante en todo esto. Pero algo más revolucionario para las concepciones de la Restauración se agita desde Maura. El 15 de marzo de 1907, José Fernández Bremón, impresionado por la irrupción de nuevas ideas, en realidad ya del maurismo, que acompañaban al nuevo Gobierno, escribía en el epígrafe *Crónica General* de *La Ilustración Española y Americana* que "los liberales, al transformar la España antigua, habían procurado deshacer las agrupaciones gremiales en que se dividía la nación, para establecer, con el individualismo, las libertades mercantil e industrial, y dar al voto en los comicios un carácter personal y libre. Acaso por eso no arraigó el sistema....: el procedimiento, copia francesa, no convenía a nuestras costumbres; en cambio, la agremiación, como tenía raíces españolas, revivió y ha vuelto a tener fuerza. Día llegará en que los gremios voten los Ayuntamientos y las Cortes, y los Gobiernos procedan de esa fuente electoral.... obrera.... y aristocrática y de clase media, agremiadas por profesiones e intereses para producir situaciones nacionales con la representación de todos los intereses, sustituyendo a la fría e impersonal indiferencia de las elecciones de partidos políticos, tachadas por todos de ilegales".

Este movimiento organicista fue, de varios modos, defendido por Maura a partir de su conferencia del Ateneo de Madrid de 29 de mayo de 1896, titulada *La organización del Poder público.* Aparecen así nuevos conceptos políticos, como el de cabeza de familia, como se observa en el artículo 10 del tan citado Proyecto Maura de Reforma del Régimen local de 1907, en el que se puede leer que "los habitantes de un término municipal para los efectos administrativos se clasifican en cabezas de familia, vecinos, domiciliados y transeúntes". Debo anotar que, como señala el profesor Clavero Arévalo en su trabajo *El concepto de cabeza de familia en Maura*, parece que "la cualidad de cabeza de familia es una nota jurídica existente en nuestro ordenamiento municipal anterior a Maura, en cuanto que o bien era exigida para tener la cualidad de vecino (Leyes de 1845 y 1868), o sin serlo tenía relevancia jurídica a ciertos efectos dentro de la categoría de vecino (Ley de 1877)". Pero el tema es muy de fondo, y se observa en la cerrada oposición que muestran ante este concepto los liberales, encabezados por José Gómez Acebo, el Conde de Romanones, Niceto Alcalá-Zamora, Julio Burell, Joaquín Ruiz-Jiménez, Rafael Gasset y Santiago Alba. Ninguno de ellos alude, ni por supuesto Maura, a estos rastros legales que ha exhumado el profesor Clavero. Alcalá-Zamora, en la discusión iniciada el 6 de febrero de 1908 destaca que todo es fruto de una concepción "audazmente innovadora y esencialmente revolucionaria", que partía de que los Municipios eran una asociación de casas y familias, con lo que el vecino, que venía siendo la expresión perfecta de la ciudadanía local, queda relegado al puesto de un habitante de segunda clase. Por otra parte, Posada se da cuenta que esto encaja en el deseo de incorporar a la vida municipal a los elementos sociales mediante el voto corporativo, con un primer antecedente en el proyecto Silvela-Sánchez de Toca de 1891, y del que hay incluso algún rasgo, como captó Juan Luis de Simón Tobalina, en el proyecto Moret de 2 de octubre de 1902.

CINCO CUESTIONES COMPLEMENTARIAS

Lo que he expuesto hasta ahora parece claro, pero el encaje político de Maura plantea, por lo menos para mí, cinco preguntas que, sintéticamente debo dejar enunciadas.

La primera deriva de la Conferencia de Algeciras, que nos concedió una serie de responsabilidades en Marruecos, sobre las que volveré enseguida. Pero la intervención que Maura decide que se efectúe en el Norte de Africa, y que se va a saldar con dos grandes cataclismos –uno en la metrópoli, con la Semana Trágica, y otro en el protectorado, con el típico fracaso momentáneo de un ejército de ocupación, que fue el desastre ya citado del Barranco del Lobo– ¿se buscó como salida nacional, o nacionalista si se prefiere, o bien fue un caminar, incluso renqueante, tras Francia? Parece claro que la opinión no deseaba, bajo ningún concepto, que comenzase una acción bélica española en África. En un excelente artículo, *Ante Muley Hafid*, Ramiro de Maeztu escribía en *Nuevo Mundo* el 23 de enero de 1908: "Hay en España un pequeño núcleo de opinión favorable a la acción armada en Marruecos. El pueblo está en contra de ese núcleo, abrumadoramente en contra. Los periódicos que más se afanan en servir al pueblo las propias opiniones populares, también están en contra. Pero el núcleo existe.... Lo componen algunos diplomáticos, algunos políticos, algunos publicistas, algunos generales. Es un núcleo de personas cultas, pocas en número pero.... influyentes. Se dice que su influencia ha llegado a las esferas más elevadas. Se asegura, en cambio, que el Presidente del Consejo se halla en su fuero interno de parte del pueblo". Pero, ¿Maura intentó despertar un patriotismo, que creía peligrosamente adormecido, con una acción exterior contra "el moro"? Dejo aparte un tema que aún sigue sin aclararse, aunque yo no creo en su influencia en Maura. Me refiero a los intereses capitalistas que se agitaron dentro de las campañas de Marruecos, especialmente en la que popularmente se denominó la guerra de Melilla, muy directamente vinculada siempre a la minería de hierro de la zona oriental. Hubo muchas polémica. Ya había llamado la atención sobre este tema Ramiro de Maeztu en su artículo *Negocios con Marruecos* en *Nuevo Mundo* el 26 de marzo de 1908. El 1 de julio de 1909, en *El Motín*, Nakens condenaba, mientras hacía una enfática declaración de patriotismo, la intervención en Marruecos, porque la creía promovida por intereses capitalistas extranjeros: Masseult, Mannesman "y los híbridos turbios de las minas de Beni-bu-Ifrur".

Como se unió todo esto a la ferrerada –que ya venía gestándose desde los mítines de junio de 1908 contra el proyecto de ley antiterrorista, y que tuvo un primer conato con la petición rechazada de indulto para el anarquista Juan Rull, que llevaron adelante Alomar y Junoy– se trató de justificar la Semana Trágica como "un alzamiento del noble país catalán contra la guerra de Marruecos", porque en esta guerra africana "se quieren tomar las minas rifeñas y comprometer el honor nacional de España con los sacrificios del pueblo que ha de dar para ello su vida y su dinero", según cita textual del largo artículo de uno de esos pseudointérpretes extranjeros de lo que ocurre en nuestra Patria, en este caso, el profesor Sergi, de la Universidad de Roma, titulado *La primera protesta contra la guerra*, que vio la luz en plena campaña internacional contra Maura en *Le Courier Européen*. Para que se vea hasta dónde llegaba la ofensiva, citaré las fantásticas declaraciones a un supuesto redactor en Barcelona de *Il Secolo* de Milán, de un no menos supuesto Monseñor José Veleda de Gunjada, quien declaraba: "La guerra de ahora se ha provocado por intereses mineros de los jesuitas...." Citas de este jaez podrían multiplicarse, pero no me parece que merece la pena insistir en la búsqueda de fichas disparatadas.

No debemos olvidar que todo lo complica el que sobre José Nakens y Francisco Ferrer, al comienzo del Gobierno largo Maura –exactamente el 3 de junio de 1907– se vio en la Audiencia de Madrid la causa por la bomba de la calle Mayor. Ferrer entonces fue absuelto. El 13 de octubre de 1909 se le fusilaría en los fosos del castillo de Montjuich.

La segunda pregunta procede de una conversación con investigador tan excelente de nuestra historia contemporánea como es José María García Escudero. Maura, ¿fue plenamente consciente de que con su orgullosa e insolidaria actitud dentro del partido conservador, iba a destruir a éste, al par que se creaba el nuevo fenómeno sociológico del maurismo, del que algo hemos hablado? Y una vez aparecido el populismo maurista, ¿no fue frenado en demasía por Don Antonio Maura, por lo que, como tal, fue imposible que jugase dentro del sistema de la Restauración?

La tercera se relaciona en parte con otro político, sin el que quizá se entiende mal a Maura. Me refiero a Juan de la Cierva. El autoritarismo que en Maura riñe sempiterna batalla con un liberalismo de origen, ¿tiene sus raíces en la personalidad de Maura, o en la de su consejero la Cierva? O si se prefiere; si Maura era racionalmente liberal-conservador ¿cuál fue el motivo de que se convirtiese cordialmente en autoritario conservador?

La cuarta la comparten Maura y Alfonso XIII. Desde mi niñez escuché a mi padre, que había sido Joven Maurista y que conservaba diversos libros sobre Maura, como el de Luis Antón del Olmet, marcados con el sello de "Maura, sí" críticas acerbas tanto por la despedida de Maura por la Corona en 1909 como por la preferencia que ésta marcó al llamar al Gobierno a los conservadores idóneos en 1913. Un siglo después, ¿no cabe al menos más de una explicación, o si se prefiere, alguna disculpa, para la acción del Soberano? Porque por supuesto que con el Código de Justicia Militar en la mano, Ferrer Guardia podía ser condenado a muerte. Pero, ¿no hubiera sido muy político un rápido indulto? Y en cuanto a 1913, ¿Maura tenía el férreo control del aparato del partido conservador, o lo tenían, con Dato a la cabeza, otros personajes más o menos molestos con el maurismo creciente?

La quinta y última pregunta es quizá la más apasionante de todas desde un punto de vista biográfico de Maura. Porque, ¿le faltó a éste la decisión de jugar a fondo la política que aclamaban sus seguidores? ¿Debió Maura romper, con todas sus consecuencias, con el partido conservador? ¿No resulta chocante, tras su juego de silencios y ausencias, el patrocinio final del Gobierno Nacional? Toda esta serie de interrogaciones inmersas en esta última pregunta, me las sugirió el estudio que creí forzoso hacer previa y brevemente, sobre el desarrollo del populismo maurista.

Algo he dicho antes sobre él. Ahora debo comenzar por destacar la angustia soterrada que se observa ante estos silencios, a esta falta de decisión, en sus seguidores. Por ejemplo, escuchemos a Angel Ossorio y Gallardo, que decía en Bilbao el 30 de noviembre de 1913: "Yo procedo con absoluta independencia de Don Antonio Maura; yo no recibo sugestiones.... de Don Antonio Maura... El señor Maura calla, no incita ni sugiere; pero de la intimidad de sus deseos, del estado de su conciencia, ¿cómo vamos a dudar? Prescindiendo de otros antecedentes, conviene –prosigue– recordar el más inmediato. El señor Maura, en carta que acaba de dirigir a mis amigos entrañables que han levantado en Zaragoza la bandera de Maura, les dice: "....No serían convicciones políticas las mías, si no deseara su propagación indefinida, hasta lograr si posible fuera la unanimidad, a fin de que prevalecieran positivamente en beneficio del interés público. Por ello, todavía más que por la añeja benevolencia personal con que me distinguen, les debo y les doy mil gracias. Advertidos como están ustedes del apartamiento que me han aconsejado y aconsejan mis personalísimas obligaciones, conocerán que he de atenerme a esta sola manifestación, y no me interpretarán erradamente mi reserva".

Quizá por estas vacilaciones del caudillo se acentúa el populismo. He aquí cómo lo formulaba entonces el mismo Ossorio y Gallardo: "No hay en España más que una realidad: el pueblo; y con el pueblo tenéis que actuar, y del pueblo os vendrá la fuerza, y al pueblo os habréis de dirigir". El impulso popular pasaba a ser muy fuerte. Después veremos sus entronques doctrinales y sus consecuencias para la política económica. Ahora, en relación con la quinta pregunta que más arriba señalaba, he de añadir que una ruptura posible con el Rey se adivinó en la carta que Maura le dirigió el 1 de enero de 1913, a la que pertenecían párrafos tan duros como aquellos de que "el partido conservador no puede ya, dentro de tal sistema, funcionar como oposición de Su Majestad, ni turnar en el Gobierno, ni compartir las responsabilidades". El final posible lo pone Ossorio al escribir: "La lealtad de don Antonio se asustó ante la audacia del intento". Lo que sí provocó todo esto fue un enfriamiento en los entusiasmos dinásticos de los mauristas. A mí me basta con el examen de dos textos, de la pluma los dos de Antonio Goicoechea, aparecidos en *La Tribuna* el 22 de enero y el 18 de marzo de 1914, titulados, respectivamente, *Los "amigos del Rey" (1763-1783)* –referente al famoso partido inglés de los King's Friends bajo Jorge III– y *Cómo se acepta el poder (1834-1841),* sobre el conflicto entre Roberto Peel y la reina Victoria en 1839. Era difícil la postura ante la Corona del maurismo y, sobre todo, cuando entre sus seguidores se propaló la idea de que la audiencia concedida por el Rey a Azcárate era la respuesta que el Regio Alcázar daba a las altiveces y desplantes de Maura y sus seguidores.

Todo esto tuvo gran importancia en la vida política española, sobre todo si tenemos en cuenta una frase maravillosa del profesor Ruiz del Castillo, en su trabajo *De la vida política. Opiniones de un espectador* (Santiago de Compostela, 1926): "Maura era el médico de urgencia, pero no podía ser el médico de cabecera; no lo hubieran tolerado las oligarquías que medraban con la impotencia de la autoridad, pero que necesitaban de autoridad de vez en cuando para salir de los trances difíciles. Por eso el prestigio creciente y casi indiscutido de Maura, no era ya incorporable a una acción persistente y eficaz de Gobierno".

EL ENCUADRE SOCIOLÓGICO

Aparte de este encaje en el entramado político, no podemos dejar a un lado el contexto sociológico. Precisamente el Gobierno Maura va a contemplar una serie de acontecimientos que originan que la sociedad del siglo XIX pase, de modo definitivo a ser la del siglo XX. Será bueno recordar rápidamente algunas cosas, y no es la menor que nos encontramos estos tres años del Gobierno largo inmersos en la Edad de Plata de la vida intelectual española, para seguir con el afortunado epígrafe del profesor Mainer. Baste recordar esta escalofriante serie de títulos y autores aparecidos en el período. De Rubén Darío, que acaba de llegar de Ministro de Nicaragua en Madrid, son *El canto errante* y *Poema de otoño y otros poemas* (1907); de Antonio Machado, *Soledades, galerías y otros poemas* (1907); de Azorín, diputado maurista por Purchena, aparte de multitud de artículos en la prensa, algunos contra los defensores de Ferrer, como el *Colección de farsantes* en *ABC*, 13 septiembre de 1909, son libros como *El Político* (1908) y *España* (1909); de Unamuno, que se había convertido ya en "el sabio rector de Salamanca", *Poesías* (1907); de Pío Baroja, *La ciudad de la niebla* (1909) y *Zalacaín el aventurero* (1909); de Juan Ramón Jiménez, *Elejías puras* (1908); de Valle Inclán, *Aromas de leyenda* (1907), *Aguila de blasón* (1907), *Romance de lobos* (1908) y *Una Tertulia de antaño* (1908); de Manuel Bartolomé Cossío, *El Greco* (1908); de Menéndez Pidal, el inicio de la edición crítica del *Cantar del Mío Cid* (1908); y de Benavente, *Los intereses creados* (1907), mientras lanzaba a los escenarios obra tras obra. Los que respecto a estos Himalayas, habría que llamar, con injusticia, autores menores, muestran también un extraordinario vigor. Blasco Ibáñez publica *Sangre y arena* (1908); Joaquín Dicenta, *Daniel* (1907); Joan Maragall, *Nausica* (1907); Gabriel Miró *Del Vivir* (1908); los hermanos Alvarez Quintero estrenan *El genio alegre* en 1907 y *Las de Caín* en 1908; Marquina, a su vez, estrena *Las hijas del Cid* en 1908; Manuel Machado publica *El mal poema* (1909); Palacio Valdés, *La aldea perdida* (1909); Concha Espina edita *La niña de Luzmela* en 1909; Ramón Pérez de Ayala, *Tinieblas en las cumbres* (1907); Ricardo León, *Casta de hidalgos* (1908);

Ramón Gómez de la Serna funda en 1908 la Revista *Prometeo* y publica *Beatriz* (1909). En el ámbito popular, se producen homenajes a Menéndez y Pelayo, en esos momentos en la cumbre de su obra ingente, y a Emilia Pardo Bazán, que publica *La sirena negra* en 1908. En 1907 se inicia la publicación de *El Cuento Semanal*, con ilustraciones de Julio Antonio y de Castelao. El institucionismo marcha en cabeza de una fecunda revolución pedagógica española. El Real Decreto de 16 de julio de 1907 aprueba el Reglamento de la Junta para la Ampliación de Estudios e Investigaciones Científicas (*Gaceta de Madrid* del 22 de junio), que había sido fundada por Real Decreto de 11 de enero de 1907, en vísperas de la entrada de Maura en el poder, quien así recogía y aceptaba esta afortunada creación, impregnada, como es bien sabido, de espíritu institucionista, pero que también se explica por el formidable revulsivo que originó en la opinión española la concesión del Premio Nobel de Medicina en 1905 a Ramón y Cajal, al que se nombra Presidente de la Junta. Por ejemplo, Julio Rey Pastor comienza a reunir voluntades para crear la Sociedad Matemática Española, que se funda efectivamente en 1910. Otra corporación en la que se entremezclan las influencias krausistas, católicotradicionalistas, católicoprogresistas y regionalistas, la Universidad de Oviedo, celebra en 1908 su tercer centenario, que constituyó una especie de homenaje mundial al alborear de un nuevo y exigente estilo universitario en este centro español. En 1909 comienza a funcionar el Centro de Estudios Históricos. Al contemplar el panorama educativo e investigador español de entonces, un importante pedagogo portugués, Manuel Borges Grainha escribe que "existe en España una clase preponderante, trabajadora, reflexiva e intelectual, que procura transmitir vida y energía a la nación".

La revolución en las artes plásticas ha comenzado, con el fuerte impacto de Gris y Picasso en el lanzamiento del cubismo. En 1907 Picasso concluye *Las señoritas de Aviñón* y esos son los años en que Juan Gris da el salto de dibujante, primero en *Madrid Cómico* y en *Blanco y Negro*, y después en *Le Cri de Paris*, *Le Charivari* y *L'Assiette au Beurre*, a gran pintor que define su estética con la frase famosa: "Cézanne ya hacía la arquitectura; yo parto de ella". Pero esto se superpone a una excelente línea pictórica española en el propio solar, aparte del triunfo internacional de Sorolla, Zuloaga y Anglada Camarasa. Si se repasan los expositores y las obras mostradas en el Círculo de Bellas Artes o en la denominada Exposición General de Bellas Artes de estos tres años, nos encontramos, sin ánimo de ser exhaustivo, con Eduardo Chicharro y su *Gitana*; con un precioso *Estudio* de Ramón Casas; con Zuloaga y *Un domingo en la aldea*; con Fernando Alvarez de Sotomayor y *Una gallega*; con Rusiñol y *Jardín de Aranjuez*; con, además, Julio Romero de Torres, Valentín de Zubiaurre, López Mezquita, Pinazo y Benedito. Añadamos que en música, Falla trabaja esos años en París con Dukas y Debussy, que en 1907 Albéniz concluye la *Suite Iberia*, y que en 1908 Turina da fin a la suite para piano *Sevilla* y a la *Sonata romántica*.

No pretendo, sería otro el momento, hacer un inventario de la espléndida realidad intelectual que ofrecía entonces España. En resumen, puedo indicar, en primer término, que se trataba de una de las situaciones culminantes de nuestra vida cultural de todos los siglos, que parece exhibir sus frutos precisamente cuando gobierna Maura. Pero he de añadir también que esta maravillosa realidad sufre una tentación y, mayoritariamente, cae en ella. Desde el *Yo acuso* de Zola, flotaba en España la posibilidad de, al modo galo, constituir lo que podría ser, de hecho, el partido intelectual español, apoyado en alguna formación política situada de modo claro a la izquierda. En esta Edad de Plata se da, a mi juicio, ese paso histórico que corresponderá analizar a otros, y que proporciona a la cultura de las naciones latinas un ambiente muy poco parecido al de las germanas y anglosajonas. Corresponde la responsabilidad de este hecho, como conjunto, al grupo intelectual que protestó a causa de la Ley de Jurisdicciones y, para bien o para mal, individualmente, es de Galdós, quien en esta etapa del Gobierno largo da el sensacional paso de inscribirse, como militante muy activo, en nuestro partido republicano, para convertirse en 1909 en presidente honorario de la Conjunción Republicano-Socialista. En 1908 –centenario de la Guerra de la Independencia, con la que el pueblo relacionaba a Galdós a través de sus *Episodios Nacionales*– fue cuando comenzó a utilizársele para la campaña contra Maura. El 18 de abril de 1909 se celebró una "romería cívica" en Madrid, presidida por Galdós, Giner de los Ríos, Sol y Ortega y Soriano. En otros actos se suma a ellos Pablo Iglesias. Si bien se había anunciado, sin protestas, el fusilamiento tras juicios sumarísimos de algunos revoltosos capturados tras la Semana Trágica, lo cierto es que la detención, el 1 de septiembre de 1909, de Francisco Ferrer en Alella (Barcelona), desató la acción de este partido o grupo intelectual. Entre este acontecimiento y el célebre discurso de Ortega y Gasset en el Teatro de la Comedia, *Vieja y nueva política*, se inscribe el dato histórico de que una parte apreciable del mundo intelectual español –Unamuno nada dice y Azorín se opone con denuedo– prueba las mieles del activismo político, situándose en la ofensiva contra Maura, dentro precisamente del grito de ¡Maura no!

Algunos datos más debemos tener en cuenta. En primer lugar, que no conviene olvidar que, como han probado trabajos de Flores de Lemus y de Bernis, la persecución laicista que se desarrolla contra la Iglesia en Francia acentúa la venida de órdenes religiosas desde el vecino país, que traen no sólo un talante muy eficaz en ciertos sectores, como el de la enseñanza, sino también sus capitales –que van a jugar un papel positivo en la inversión de un sector tan importante como el hidroeléctrico– e incluso ciertos procedimientos de fabricación, como sucede con una serie de licores. El conjunto ha de conceptuarse como muy positivo para la sociedad y la economía de España.

Son también estos años –de 1907 a 1909– los que contemplan la generalización del deporte de masas. Son momentos en que Cavia, desde *El Imparcial* y Carlos Miranda, desde *El Liberal*, polemizan sobre cómo traducir *football*. Los campeonatos que organiza el Madrid Football Club desde el 24 de marzo al 2 de abril de 1907 en el Hipódromo de Madrid, tienen un público ya numeroso, que también asiste en gran número a otros acontecimientos deportivos organizados por la Unión Velocipédica Española y la Real Sociedad Gimnástica Española. La Olimpiada de Londres, que se celebró en la primera quincena de julio de 1908, despierta algún eco en la prensa. A principios de 1909, el comentarista deportivo que firma "El Gigante Anteo", seudónimo de José María Carretero, después más conocido como "El Caballero Audaz", presenta una estadística del deporte español: "Pasan de 3.400 los que practican el foot-ball; 5.900 son los ciclistas; 2.100 los que en el excursionismo entretienen sus días de asueto; 2.000 los que a la gimnasia y deportes atléticos consagran sus horas libres; exceden de 4.000 los restantes, entre esgrima, tennis, pelota vasca, remo, etc., y los automovilistas superan la cifra de 3.000".

El estilo del petróleo comienza a irrumpir con fuerza en el escenario nacional, en sustitución del estilo del carbón que había presidido la economía y la sociedad en el siglo XIX. En la época de este Gobierno largo se desarrolló la XI Exposición Internacional de Automóviles en el Gran Palacio de los Campos Elíseos de París. En sus cercanías, la Hispano-Suiza hizo estacionar dos automóviles embarrados, que se anunciaba habían llegado por sus propios medios desde Barcelona a París. La hazaña era evidente, porque el estilo del petróleo no sólo va a repercutir en los vehículos sino en las carreteras. *Roger*, en el artículo *La crisis y sus remedios* –en *Nuevo Mundo*, 17 de enero 1907, año XIV, nº 680– escribía al presentar las causas de una honda depresión que se extendía por Cataluña: "Para vergüenza del Estado Español es imposible hoy en día venir a Barcelona desde Francia en automóvil.... Las dos carreteras que unen la frontera con la capital no tienen puentes en los ríos que las atraviesan, ni vados siquiera en las riberas; mal cuidadas siempre, o las llenan de baches o las dificulta la grava sin apisonar. Anchos ríos de avenidas torrenciales como el Besós y el Tordera van por donde quieren. Y el Estado, escudado en el presupuesto, no remedia ninguno de estos males". Unos datos que publicaba *La Ilustración Española y Americana*, sobre importación de vehículos automóviles franceses hacia España, muestra que ésta subió de 1901 a 1905 en un 249 por 100. Desempeñaba en esto un papel evidente la extremada afición que tenía por estos vehículos Alfonso XIII. En 1907 la casa Delhaye exponía el modelo especial que ésta había adquirido, con una robustez especial precisa para superar los problemas de las malas carreteras que entonces tenía España. El 29 de marzo de 1909 se establece, por primera vez, el servicio público de automóviles en Madrid.

Naturalmente que todo esto se refuerza con el inicio de la conquista del aire. En 1909 –es el año del paso del Canal de la Mancha por Bleriot– Alfonso XIII se traslada a Pau para presenciar una exhibición de los hermanos Wright con un aeroplano. Existen intentos de vuelo, tanto del incipiente modelo original de aeroplano, el "Aviador nº 2", del Capitán Cañellas en Valladolid, como del aeroplano "Salamanca" de los hermanos Salamanca, nietos del primer marqués de Salamanca, a mediados de 1909; muy pocos meses después de la caída de Maura, el 11 de febrero de 1910, Julien Mamet sería el protagonista en Barcelona del primer vuelo en avión realizado en España, que repetiría el 23 de marzo en Madrid. Alfredo Kindelán, con Torres Quevedo construyeron el primer globo dirigible español, fotografiado en el ejemplar del 6 de agosto de 1908 en *Nuevo Mundo* en vuelo sobre Guadalajara. Poco después, aunque todavía en diciembre de 1910 fue Kindelán, protagonista del naufragio del globo "María Teresa", quien decide convertirse en aviador, y, por ello, en el fundador de la Escuela Militar de Cuatro Vientos y en el primer aviador militar español. En agosto de 1910 el primer título español de piloto de avión lo obtuvo Benito Loygorri.

Otro dato sociológico más. En 1907 se comienza a utilizar la palabra cine en vez de cinematógrafo. Se leía con ese motivo que era "la corrección castiza del pueblo a un espectáculo nuevo que atraía con mucha fuerza". Julio Camba escribiría así en su artículo *El "cine"*, publicado en *Nuevo Mundo* el 25 de julio de 1907: "El cine es una cosa muy distinta del cinematógrafo. El cinematógrafo tiene un carácter universal, mientras que el cine es un espectáculo tan castizamente madrileño como la verbena de San Antonio.... Madrid le ha dado al cinematógrafo un espíritu local y un nombre especial. La palabra cinematógrafo era demasiado larga, demasiado complicada y demasiado científica. Había en ella un extranjerismo antipático y una pedantería inaguantable. Los labios de las modistas y de las cigarreras, hechos para el beso, para el donaire y para la risa, no podían someterse a la fortuna de un esdrújulo tan difícil. Entonces nació la palabra cine".

Simultáneamente, a principios de octubre de 1908, se cierran, por orden gubernativa, los cafés cantantes de Madrid, que eran calificados en la prensa de "focos a que solía acudir el hampa trasnochadora de Madrid y donde más de una vez ocurrieron delitos de sangre". Parecía decirse adiós a todo un casticismo que se perdía definitivamente, aunque todavía vivía y era homenajeado, Ricardo de la Vega. En este sentido, el 10 de diciembre de 1908 se subastaron en el Ayuntamiento las obras de la Gran Vía madrileña, que se enmarca en la promoción de obras de transformación urbana, como fue también el caso de la inauguración por Alfonso XIII de las obras de la corta de Tablada, en Sevilla, o de la lectura en el Congreso de un proyecto de reforma de los Correos y Telégrafos, para lo que era básico el edificio, en Cibeles, de Otamendi y Palacios, que entonces inició su construcción.

La prensa había recogido el 19 de agosto de 1908 que se había probado un teléfono sin hilos –recordemos que a la radio se la denominó TSH durante mucho tiempo– en Italia. Maura era así contemporáneo con los preludios de grandes cambios en la vida ordinaria del hombre.

Concluían también otros fenómenos. Por ejemplo, la etapa de las exploraciones geográficas, que culmina precisamente estos años con las expediciones polares que son seguidas con gran atención por los españoles. Emilio H. del Villar escribe un artículo titulado *Entre los hielos polares* en *Nuevo Mundo* el 2 de mayo de 1907. Finaliza también mucho de lo que quedaba del Antiguo Régimen. Cuando nace el Príncipe de Asturias, don Alfonso, fue apadrinado por Pío X y la Reina Madre, Doña María Cristina. Estaban como testigos, representantes del Rey de Portugal, del Emperador de Austria, del Kaiser de Alemania y del Rey de Inglaterra. El Zar enviaba el nombramiento de coronel de Lanceros a Alfonso XIII, quien también era coronel de los regimientos de Artillería nº 5 de Baviera, de Lanceros nº 16 de Gran Bretaña y de Infantería nº 38 de Austria. Las monarquías europeas trataban de estrechar lazos con estas cortesías finales, que iban a concluir con la I Guerra Mundial. Todavía en la etapa del Gobierno largo

Maura, los reyes de España se trasladan a Gran Bretaña con motivo de un enlace Orleans-Braganza. En un banquete que se celebró con tal motivo, asistieron, además de los nuestros, los Reyes ingleses, los Emperadores de Alemania, la reina de Noruega, la reina de Portugal, la duquesa de Aosta y los Grandes Duques Wladimiro de Rusia. Las monarquías eran aún una familia y con la boda de Alfonso XIII habíamos entroncado con ellas firmemente. Sus soberanos visitan España también con aire de parientes y amigos. Durante el Gobierno largo, llega Eduardo VII a Cartagena y a Madrid Federico-Augusto III de Sajonia, aunque también se produce la conmoción del asesinato, el 1 de febrero de 1908, del rey de Portugal don Carlos, y del príncipe heredero don Luis Felipe. La muerte de D. Carlos de Borbón y de Este, el pretendiente carlista Carlos VII, el 18 de julio de 1909, en Varesse, eliminaba una complicación sucesora quizá no muy importante, pero sí significativa. El pleito dinástico parecía que podía llegar a su fin, con lo que también así se cerraba el siglo XIX.

Pero esta sociedad que descubre el deporte y la higiene, incluido el cuarto de baño con agua corriente, así como también la higiene pública, pues cuando en abril de 1909 azotó a Madrid, y en mayo saltó a Sevilla, una fuerte epidemia de tifus exantemático, el Gobierno elaboró un proyecto de canalizar el Manzanares y sanear el subsuelo de la Villa; que se estructura en torno al motor de explosión; que está dentro de la Edad de Plata de nuestra literatura y con un auge investigador grande; que abordaba de modo serio el tema de Las Jurdes, con el célebre Congreso de 1908; que contempla, tras el encuentro que tuvo lugar el 31 de mayo de 1907 cerca de Córdoba con la partida del Pernales y con la muerte el 31 de agosto de 1907 de éste y del Niño del Arahal en unas lomas de la Sierra de Alcaraz, el final del fenómeno sociológico del siglo XIX denominado el bandolerismo andaluz; que aún guarda tradiciones nobiliarias más o menos arraigadas, es aún muy poco estable.

Se comprueba cuando vemos cómo se tambalea por intentar el Gobierno una limitada acción exterior. Unos asesinatos de europeos –españoles, franceses e italianos– que tienen lugar en Casablanca, debido a los acuerdos de la recién concluida Conferencia de Algeciras de 1906, nos obligaban a intervenir en Marruecos. Tras una visita a París de Maura, y después de un desembarco desde el "Don Alvaro de Bazán", el comandante de Caballería Manuel Fernández Silvestre es nombrado jefe de la policía militar de Casablanca, que posteriormente tras la ocupación militar hispano-francesa, termina por permanecer en la ciudad. Poco después, a principios de 1908 como consecuencia de una reunión de Maura en Madrid con el ministro marroquí El Mokri y el francés de Asuntos Exteriores Pichon, las tropas españolas, a partir de Melilla ocupan la Restinga de Mar Chica y, frente a las islas Chafarinas, Cabo del Agua. El sultán Abd-el-Aziz fue destronado por su hermano Muley Hafid el 23 de agosto de ese año. El 8 de octubre de este mismo 1908, las instalaciones de la Compañía Española de Minas del Rif en Beni-bu-Ifrur es asaltada por moros. Un atentado de un rifeño, El-Larbi, a Ceuta, motiva el 19 de febrero de 1909 una expedición de castigo que destruyó sus viviendas. En el Este, las tropas españolas que estaban en Cabo del Agua, arrasan la casa del caid de los Quebdanas. Tras una reacción del general Marina, una amplísima zona quedaba dominada por el Ejército desde el Cabo Tres Forcas a todo el contorno de la Mar Chica, llegando por el interior a Zeluán, y dominando el macizo del Gurugú y al Este todo el país de los Quebdanas, hasta el Cabo del Agua. Esta notable victoria militar sirvió poco a Maura, a pesar de que la campaña del Rif parecía a punto de terminar. ¿Por qué? Téngase en cuenta que, tras un nuevo incidente, que motivó la ocupación española del Atalayón y Nador, el 9 de julio de 1909, el conflicto se había generalizado. El 26 y 27 de julio de 1909 tuvo lugar el desastre del Barranco del Lobo. El 21 de julio se había iniciado un conato de motín en la estación de Atocha, en Madrid, contra la guerra, durante el embarque de tropas para África. Salió parte del Regimiento de Lusitania, pero el Infante D. Fernando, que era oficial de él, fue solo a despedir a los soldados. Quizá por eso, para paliar el posible mal efecto de que no saliese inmediatamente para el frente el cuñado del Monarca, como marido que era de la infanta María Teresa, se dio gran publicidad a finales de agosto a la llegada como oficiales de húsares, a Melilla, de D. Felipe y D. Reniero de Borbón, hermanos del infante D. Carlos –el viudo de la infanta Mercedes–, mientras otro hermano, Jenaro, luchaba como guardiamarina en el crucero guardacostas "Numancia", al lado del duque de Montpensier, también voluntario. El 3 de octubre sale para Melilla el infante D. Carlos al frente de la brigada de húsares. Se publicaron fotografías de gentes llorosas que despedían a los soldados que, sobre todo desde Barcelona, salían para Melilla. De ahí que, prácticamente de modo simultáneo, se produjesen los días 26 y 27 de julio de 1909 violentos desórdenes en Sabadell y Barcelona. Tengamos en cuenta que la organización anarquista Solidaridad Obrera es de 1907. Se declara el estado de guerra en esa ciudad y comienza la Semana Trágica, que tiene un fuerte componente anarcosindicalista. Alguna consecuencia inmediata tuvo la revuelta, porque el 10 de agosto se acuerda disolver la extraña brigada políticosocial que dirigía Mr. Arrow. El fruto final, y más importante, sin embargo, será, de modo rápido, la caída de Maura. ¿Hubo alguna insinuación tras el asesinato en 1908 del Rey Carlos y el príncipe heredero Luis Felipe de Portugal?

El encuadre económico

El tercer entramado en el que se inserta la Administración Maura es el económico. Mirado desde el punto de vista de la coyuntura, es claro que se enmarca en una onda alcista nacional de renta, que va a detenerse precisamente en 1910, nada más caer Maura. De acuerdo con las cifras de Angus Maddison, tomado de su obra *The World Economy Historical Statistics* (OCDE, 2003), el PIB español creció en 1907 un 3'14%; en 1908, un 3'9% y en 1909, año final del Gobierno largo de Maura, un 1'7%. En 1910, ya con Maura fuera del poder, caía nada menos que en un 3'5%. En 1906 el aumento respecto a 1901, o sea a la herencia de Villaverde, era en ese lustro, de sólo el 0'8%. Maura es quien saca a la economía española de un auténtico letargo económico. Se habían seguido en ese espacio que va de 1901 a 1907, sucesivamente los ministerios de Sagasta, Silvela, Fernández Villaverde, uno de un año de Maura en 1904, Azcárraga, Fernández Villaverde, Montero Ríos, Segismundo Moret, López Domínguez, de nuevo Moret, y finalmente, el liberal del marqués de la Vega de Armijo. Agréguese que de acuerdo con Leandro Prados de la Escosura, en su obra –básica para las cifras españolas de la estimación de Angus Maddison– *El progreso económico de España (1850-2000)* (Fundación BBVA, 2003), la tasa media anual de crecimiento del PIB para el periodo 1901-1913, fue del 1'34%, que es superada sistemáticamente en esta etapa de Maura.

De ahí que me parezca muy conveniente unir esto a lo que yo considero que se debe bautizar con el nombre de *efecto Flores de Lemus*, por haber sido expuesto en primer lugar por este economista, por cierto en un análisis histórico en el que se refiere a otro capítulo de la historia de Maura. Señala Flores de Lemus en su célebre ensayo *Sobre una dirección fundamental de la producción rural española*, cómo en 1906 se detiene en España el movimiento hacia el incremento de la superficie semillada para cereales. Al buscar las causas, señala, en primer lugar que se origina "como consecuencia de la baja del cambio sobre el extranjero" y añade que "la implantación del nuevo arancel y la generalización del pago en oro de los derechos de Aduanas concentró con enorme violencia el descenso en el año 1906". La intervención del cambio, que produjo una subida en la peseta –que es lo que Flores llama "una baja del cambio sobre el extranjero"–, "con una inconsciencia infantil, hizo cuanto pudo para agravar la cuestión", sólo aliviada por la ley de 3 de enero de 1907, de Navarro Reverter, elevando transitoriamente los derechos sobre los tipos. Pero no resultó el arreglo de esto, sino de que, como donosamente sostuvo Flores de Lemus, los españoles tuvimos entonces "la Providencia al quite", en labor que "con tanta frecuencia ha venido sustituyendo en nuestra historia a la previsión del Gobierno", al producirse una subida de precios de cereales en el mercado mundial. Desde 1910-11, se reanuda el proceso de aumento de la superficie semillada, que se detiene en 1918-19. ¿Y por qué en esta ocasión?

Flores de Lemus es muy claro: "Desgobierno fue lo principal de 1906, y desgobierno fue la causa primordial del daño en 1918-19".

Sólo que entonces (en 1906) se debía a una lamentable política derivada de los cambios de los diversos gobiernos liberales que hemos visto se sucedían vertiginosamente en el poder, y ahora (1918-19) el motivo era "la anarquía social producida en los campos por la ruina del principio de autoridad".

He aquí como se encadenan los hechos: "La elevación de los precios al por menor durante la guerra (la I Guerra Mundial) redujo los salarios reales en las regiones agrícolas de más extenso proletariado a términos que, en el invierno de 1917-18, hicieron la situación insostenible. El hambre y la desesperación abonaron el campo para la propaganda radical, y el espíritu de la lucha de clases adquirió en los campos una extensión como jamás se había registrado en nuestra historia". Como resultado, "cuando en mayo y junio de 1919 Maura y Ossorio establecieron como mejor supieron el principio de autoridad, era ya tarde. El progreso de la superficie semillada, detenido bruscamente, siguió paralizado".

Flores de Lemus señala que sería erróneo creer que este freno a la superficie semillada, o lo que es lo mismo, de la inversión en el secano español, se debe, como sostienen algunos, a que "desde 1920, el nivel de los precios al por mayor de los grandes artículos del sistema cereal se derrumba, y, entre tanto, el nivel de los salarios agrícolas, aunque con algunas oscilaciones perceptibles en determinadas regiones, sigue elevándose y alcanza en aquel invierno el máximo reconocido. Se ha supuesto, en consecuencia, que esta enorme baja de la rentabilidad de nuestra agricultura fue la causa del estancamiento". Pero en 1922-23 nos encontramos con que el beneficio de los cultivadores llega al mínimo y, sin embargo, es el momento en que "el movimiento de avance de las superficies se reanuda con inusitada energía". Esto es; el avance del área semillada cesa cuando los beneficios crecen, y se inicia con vigor cuando éstos disminuyen. Flores de Lemus lo aclara: "La explicación es, sin embargo, muy sencilla; no fue la falta de beneficios del cultivo lo que produjo la crisis, sino la pérdida de la confianza en sí mismos por parte de los propietarios y cultivadores a causa de la lucha social. Y la depresión cesa cuando el espíritu de lucha remite en el proletariado de los campos, cuando sus organizaciones se debilitan o desaparecen, y aquella confianza y el espíritu de empresa renace en los cultivadores".

En 1907, la llegada de Maura al poder y su bien conocida energía, provocaron que sobre todo el conjunto de la economía se proyectase este *efecto Flores de Lemus* favorable a la inversión, que éste descubrió relacionado con la agricultura de secano, pero que se puede generalizar a todo el proceso económico español. Tengamos en cuenta esto, además, porque 1907 es en el mundo un año coyunturalmente negativo. Basta recordar la crisis americana, la llamada crisis Knickerbocker, que precisamente se inicia ese año y con rapidez se transmite a todas partes, aunque no sea ocioso recordar que se inscribe en la onda larga alcista que va de 1896 al final de la I Guerra Mundial. En 1907 hubo bajas importantes en los precios de los mercados exteriores; apareció una lucha por el oro de cierta consideración, con restricciones, por ello, en la oferta monetaria y subidas en el tipo de interés. También se observan sus efectos al estudiar el grado de pliopolio de la economía española, que mide la afluencia de nuevas empresas a nuestra economía. Los datos en este sentido son claros, aunque una de las entidades que entonces nace es una tan esencial para la economía de nuestra Patria como la Hidroeléctrica Española, fundada por el Marqués de Aldama.

Un dato complementario más sobre la economía nacional, cuando se va a iniciar el *Gobierno largo Maura*, se relaciona con que, a partir de 1906, es cuando se detecta la generalización del fenómeno de la constitución de grandes grupos de presión sectorial y de concentraciones grandes de capitales precisas para nuevos modos de producción. Las nueve fábricas de vidrio plano deciden vincularse dentro de lo que entonces se llamaba un *trust*; se crea por las más significativas empresas siderometalúrgicas la organización llamada Central Siderúrgica; se amplían las agrupaciones de fabricantes de azúcares y alcoholes; se constituye una Sociedad de salineros; también otra asociación para los fabricantes de papel, que tanto impacto va a tener incluso en la historia cultural de España; el marqués de Torre Cabrera trata de conseguir, gracias al avance de los Sindicatos agrícolas, una Federación Agrícola Nacional, que vería facilitada su tarea porque en muchas regiones surgía un sentido económico ante el tema de la tierra, un propósito claro que ya tenía poco que ver con ciertas valoraciones y que cristalizaba en variadas Federaciones de empresarios agrícolas, entre las que destacaba la Federación Agrícola de Levante. Incluso cabría el señalar aquí que es el período en que se da el primer paso hacia un consorcio de los fabricantes de pan de Madrid. El cártel de la Unión Española de Explosivos, se encontraba en acción desde 1896. De modo espontáneo comienza así a aparecer, desde las vísperas de la toma del poder por Maura, un corporativismo con aspectos cartelizadores que pide, como es lógico, también su puesto al sol político.

Este planteamiento social, que se une al doctrinal defensor de la *democracia orgánica* a partir de tesis ya krausistas, ya sólo regeneracionistas, ya católicas, va a influir en Maura. Por supuesto que éste no contemplaba este organicismo naciente como algo susceptible de sustituir a los partidos políticos. En un discurso pronunciado en el Senado como homenaje a Salmerón en 1908, Maura diferencia a tales partidos de "las facciones, mortales para los pueblos", mientras que son los partidos "necesarios para el progreso y para la fecundidad de los Parlamentos, en que cabe separar la intensidad, la lealtad, la firmeza y la consecuencia en las ideas de toda animadversión personal, viendo tan solamente en los brazos que pelean, órganos de cosas superiores a los hombres, a los accidentes y a los tiempos". Las corporaciones naturales y los partidos ideológicos se entremezclan así en el pensamiento de Maura, para evitar lo que sería el callejón sin salida de la creencia de que la política económica debe ser dirigida, en exclusiva, por los grupos de presión sectorial armonizados. Volveremos sobre esto.

Los instrumentos de que va a echar mano Maura, están ya alineados. Repasémoslos: *nacionalismo*, que obliga a poseer un Ejército y una Armada modernos, sobre todo, si tenemos en cuenta las obligaciones que se echan sobre España desde la Conferencia de Algeciras de 1906; *lucha contra el terrorismo anarquista*, que había culminado con el intento de magnicidio de la bomba de Morral, pero que Maura conocía muy bien en su propia carne con la cuchillada de Artal, quien llevaba sobre sí, en el momento de darla, un artículo de Blasco Ibáñez que declaraba que Maura "era carne de Angiolillo"; *reformismo social*, con un decidido apoyo a todas las medidas de progreso social; *preocupación primordial por la vida local*, con combate simultáneo contra el caciquismo; *lucha contra todo amago de separatismo*, pero con admisión, como realidad, de la región; *corporativismo*, que pasa a convertirse en el eje de buena parte del juego de las fuerzas que convoca para la industrialización de España; *nacionalismo económico español*, que termina por dar sentido a toda esta política industrial; *lucha contra el déficit*, en lo que seguía la herencia de Villaverde, pero sin obsesionarse con una estabilización de la peseta capaz de hundir el progreso económico alcanzado; *apoyo político a las clases medias*, y, por encima de todo, *Gobiernos fuertes, con actitudes enérgicas*. Este tema de la confianza que el ciudadano debe sentir ante el Poder público es continuo. Por ejemplo, la retirada de los *duros sevillanos* –aquella famosa falsificación basada en que el duro se fabricaba con plata que no valía 5 pesetas–, que se hace del 10 al 25 de agosto de 1908, y que en realidad lo que se busca es que el ciudadano tenga confianza en la moneda de curso legal. Pero una política económica tal como la desea Maura, exige muchas veces *decisiones enérgicas*, repetimos. Basta transcribir unos párrafos referentes a un asunto casi técnico, en relación con Navarro Reverter y el impuesto sobre alcoholes, para contemplar al vivo el alma de Maura que declara que el rendimiento, "que de antiguo es tan pingüe en las Haciendas extranjeras.... lo habría sido también en España si lo implantase un poder convencido y firme, en vez de disiparlo *ab initio* una sistemática e incesante claudicación". No es ocioso el recordar, como nos ha señalado su fiel Prudencio Rovira y Pita, que sobre su última mesa de trabajo, Maura tenía el poema *If* de Rudyard Kipling.

IDEARIO ECONÓMICO DE MAURA

Llegar a conocer el ideario económico de Maura es tarea ardua y complicada. Quizá se deba a un cierto distanciamiento, muy buscado por él, respecto al mundo de los negocios, cuya defensa tanto complicó las biografías de políticos bien conocidos de la Restauración, desde Silvela a Cambó, hasta, como ya se ha señalado, provocar, dirigido a alguno de ellos, un juicio durísimo por parte de Moret. Persona tan conocedora del ambiente financiero español y de sus vericuetos como José G. Ceballos Teresí, ha de indicar lo que sigue, en su voluminosa selección de artículos *Estudios económicos y financieros*, aparecida en 1933: "Maura, además, aquel espíritu puro, no fue nunca otra cosa que político de Patria nacional única, sin el menor contacto con las impurezas, casi irremediables y hasta predecibles, de la vida militante de los negocios y empresas financieras nacionales y cosmopolitas".

De todas maneras, para intentar un acercamiento, en lo posible, a las ideas que sobre estas cuestiones tuvo Maura, he revisado alguna literatura obligada. Por ejemplo, los siete voluminosos tomos de sus *Dictámenes*, seleccionados y clasificados por Miguel Maura Gamazo y José Romero Valenzuela (Editorial Saturnino Calleja, Madrid 1929-32). Por supuesto, como se señala en el *Prólogo* a los mismos, que en ellos "se da preferencia a temas de Derecho Civil.... porque esa rama de la ciencia jurídica fue, sin duda, la que más cultivó el autor....". Pero, sin embargo, a través de las consultas, de las opiniones, de los juicios críticos, se puede conocer la reacción de Antonio Maura ante una serie de realidades socioeconómicas muy significativas de la vida española de comienzos de siglo, incluso aunque el autor pretenda ser ajeno a tales cuestiones. Creo que lo prueba el catálogo que yo he logrado de talantes de Maura, ante la enajenación de bienes eclesiásticos –con motivo del asunto del Palacio de San Telmo en Sevilla–; ante la economía rural de la España seca –el contencioso era sobre el concepto de huerta en Mengíbar–; ante el impacto de la I Guerra Mundial en la explotación de nuestra minería de hierro; ante la crisis siderúrgica española, que se contempla a través de dos dictámenes sobre Nueva Montaña; ante la crisis carbonera y los transportes de este mineral, con motivo de un tema de Solvay; ante la significación de las inversiones de capital extranjero en España, en relación con la empresa del Hotel Palace; ante las consecuencias de la Desamortización; ante los términos exactos de cómo debe interpretarse la famosa Ley Maura de 14 de junio de 1909, sobre construcción naval, que volveremos a estudiar más adelante; ante el privilegio concedido al Banco Hipotecario de España de "ser el único de su clase y con facultad exclusiva de emitir cédulas hipotecarias al portador". Significación especialísima tiene el dictamen sobre los acuerdos de reserva de mercados entre las empresas españolas productoras de electricidad que se recoge en el tomo V de estos *Dictámenes*. Aún si se deja a un lado toda la articulación del caso, que es sin embargo de consulta obligada para los que se dediquen a la historia de la electricidad en España, he de destacar que, a juicio de Maura, debe ser clara la complacencia –y desde luego, jamás critica el hecho– ante la existencia de pactos o acuerdos entre las empresas de producción o distribución de energía eléctrica, con exclusivas para el suministro de toda la electricidad dentro de un término municipal, sea "para alumbrado, calefacción, otras aplicaciones de servicio doméstico y hasta fuerza motriz si fuese dada por contador o aplicada a motores...". El mismo camino conceptual lleva el dictamen sobre el aprovechamiento del salto de La Muela. Nada digamos del dictamen, también por cierto contenido en este tomo V, sobre el dominio del mercado por otro monopolio, la Sociedad General Azucarera, en la zona de Guadix-Baza, o del que se refiere al monopolio de explosivos, establecido por la ley de 10 de junio de 1897 y el Real Decreto de 12 de julio de 1898 en favor de un cártel que dio lugar al nacimiento de la Unión Española de Explosivos. Queda claro así que Maura no tiene, ni de lejos, preocupación alguna por los resultados de prácticas monopolísticas, y que es evidente su simpatía ante una política de consorcios, uniones, sindicatos, cámaras, cárteles, ante las que no se muestra, ni de lejos, receloso. Casi tendría que decir que posee un talante entusiasta ante los mismos.

Algo más se desprende de la lectura de estos Dictámenes, que, dicho sea de paso, están redactados en un lenguaje pulquérrimo y rico. La lectura conjunta compone un friso valiosísimo para comprender las actividades, los valores, de la burguesía en los últimos años de la Restauración. Maura, a través de su bufete, pasó a conocer desde dentro y muy íntimamente, a la sociedad española en sus grupos más acaudalados. A veces, del mismo modo como acontece con los literatos y sus fuentes de inspiración, los economistas recibimos valiosos y, en principio, insospechados apoyos intelectuales para nuestras investigaciones. Me parece que en esta ocasión, debo señalar que, en más de un sentido, el relevo en la ayuda que, para conocer a nuestra burguesía recibimos de un Galdós, es quizás equivalente a la que se obtiene de la lectura de estos documentos de Maura, escritos en perfecto castellano y con una preciosa exhibición de buen saber y buen sentido jurídico, con alguna ocasión, como la de la muerte repentina de un vendedor de una partida de trigo en Almodóvar, que roza los juegos lógicos de un Lewis Carrol, por ejemplo.

¿Un consejero económico?

Sin embargo, he de confesar una cosa. ¿Maura hubiera podido articular su respuesta económica ante problemas muy complejos sin asesores muy capaces? Así he de hacer entrar en escena, al menos como el traspunte o como el apuntador en su concha, a la figura de Flores de Lemus. Desde mi libro *Flores de Lemus ante la economía española*, he destacado la íntima colaboración entre estos dos españoles. Si de algún político se sintió cordialmente próximo este gran economista, fue de Maura. Quizás el acercamiento provino de la preocupación de ambos por Haciendas y Administraciones Locales. Este, a su vez, pensó en el profesor de Economía Política de la Universidad Central para Ministro, y es evidente que solicitó su consejo y que lo recibió. A veces esto originó algún conflicto muy grande, como aconteció entre Cambó y Maura. Me parece que ya ha llegado el momento de revisar el archivo de Maura para conocer más a fondo esta colaboración. La hipótesis de que así se comprobará una ayuda técnica de Flores a Maura continua e importante, no me parece desatinada. Por ahora, no es posible decir en este sentido mucho más. Uno de mis maestros opinaba que Maura no sabía nada de economía, y que sus aciertos quizás hubiese que atribuírselos a Osma. Yo creo que más bien todo conduce a Flores de Lemus.

MAURA Y EL LIBERALISMO ECONÓMICO

De todas maneras, y como final de estas consideraciones, creo que se puede señalar alguna cosa más previa. La primera, que Maura no era librecambista y que le parecía que los vientos que soplaban –por seguir una metáfora suya sobre esto– eran los del nacionalismo económico. En la sesión necrológica celebrada en honor a Echegaray en la Real Academia Española el 5 de octubre de 1916, dijo: "Cuando la ráfaga manchesteriana recorrió toda la Europa con idílicas y seductoras promesas de prosperidad económica y de fraternidad internacional, ejerciendo poderoso influjo en todas partes, llegaba Echegaray a la madurez de su vida y fue uno de los contados, escogidos e infatigables propagandistas de aquella escuela. Importa poco que el viento saltase a opuesto cuadrante, y adquiriese auge, que perdura hoy, la contraria concepción de la economía internacional".

Pero a más de no ser librecambista, creo que tampoco era nada liberal ante el resto de los problemas económicos. En 1909 se enfrenta en el Senado con el político liberal Amós Salvador, y le dice: "¿Conoce S.S. una afirmación de personalidad más silvestre, más áspera, más egoísta que la propiedad individual? La propiedad es el "yo" erguido frente a los demás; lo mío, con universal exclusión. Pues bien; esa propiedad, tan pronto como queda metida en un pueblo, cuando es urbana, cuando hay gas y electricidad, resulta esclava. Ya no puede levantar el edificio, volar el balcón, disponer los huecos sino en cierta simetría; es una propiedad mutilada, castrada, domada, sojuzgada a la conveniencia comunal; ¿por qué? Porque el individuo es vecino, y cuanto más grande sea el pueblo, más está sometido a las necesidades comunes, porque éstas son mayores. Otro tanto les pasa a las industrias y a las leyes económicas que sobre las industrias actúan, a medida que es mayor la ciudad, más mentira resulta todo eso de las armónicas leyes naturales de la producción y la concurrencia, todo lo que S.S. pone como una luz frente al monopolio derogador de las leyes económicas, las cuales ya están derogadas y acribilladas por los cruces de calles, aceras, líneas, zanjas, ordenanzas, arbitrios, y por todo lo que es ciudad".

Una realidad económica española, derivada del orden liberal, que fue la Desamortización, es objeto también de crítica desde sus primeras aportaciones doctrinales. El 26 de noviembre de 1897, en la sesión inaugural del curso de la Real Academia de Jurisprudencia y Legislación de Madrid decía Maura: "Desbaratar y suprimir la (propiedad) concejil fue mutilar el cuerpo de la Nación en una de sus más nobles entrañas y nadie sabrá calcular los desastres causados; porque la vida agrícola y pecuaria, la vida rural, era la mayor parte de nuestra vida". Por eso, en el *Gobierno largo* procura cerrar los ya escasos portillos que aún quedaban abiertos a la acción desamortizadora, con la Real Orden de 14 de junio de 1907, modificada parcialmente por la Real Orden de 21 de noviembre de 1908 para las fincas de menos de 30 hectáreas, y, sobre todo, con la Ley de 24 de junio de 1908 de conservación de montes y repoblación forestal. Culminaba así parcialmente Maura un sendero de rectificación de la Desamortización que procedía ahora del *Catálogo general de los montes públicos exceptuados de la desamortización*, que se formuló en la Real Orden de 12 de abril de 1862; y de la Ley de 24 de marzo de 1863, que clasifica los montes públicos y dicta disposiciones sobre excepciones de venta, población de yermos, aprovechamientos, etcétera, completada con el Reglamento de 17 de mayo de 1865 y continuada con las leyes de 11 de julio de 1877, dictada para la repoblación, fomento y mejora de los montes públicos, y de 8 de mayo de 1888 sobre bienes de aprovechamiento común y dehesas boyales. No debemos olvidar tampoco que Maura no daba un salto en el vacío porque, a partir de la Ley de Presupuestos de 5 de agosto de 1893, todos los años se concedían explícitamente créditos para repoblación y mejora de montes públicos, y porque, por la Ley de 30 de agosto de 1896, se dispuso la revisión y formación definitiva del Catálogo de Montes que deben quedar exceptuados de la venta por razón de utilidad pública, coronado todo con el Real Decreto de 29 de septiembre de 1896 para eliminar de la desamortización montes y terrenos de aprovechamiento común y gratuito de los vecinos de los pueblos. Pero aunque existían estos precedentes, lo que me interesa destacar es que Maura los vigoriza, en función sobre todo del restablecimiento de un nuevo orden económicosocial que ya no es, repito, el liberal.

Por eso el maurismo fue populista, y en este populismo se relacionó con movimientos tan ajenos al liberalismo económico como fueron los proteccionistas y los regionalistas. Miguel Santos Oliver es quien mejor, a mi juicio, expuso esto en un trabajo fechado en marzo de 1915. Señala así este autor que "por encima de.... (los diversos) intereses (regionales), debe existir, regulando y haciendo compatible su diversidad, una suprema concordia económica, una solidaridad en la cual todo se asiente y todo repercute. La riqueza crea riqueza. Un incremento de la agricultura trae aparejado otro incremento de la industria; el bienestar del obrero se traduce en mayor consumo, y el del labrador, en otro tanto. No son enemigos, sino aliados; y sólo una pasión, una ofuscación antipatriótica puede empeñarse en ahondar sus diferencias. Agricultores, industriales, comerciantes, son como las tres armas del ejército de la producción que en tiempo de paz tienen entre sí sus piques de cuerpo, sus rencillas y sus rivalidades; pero que ante el enemigo común, que es la competencia, que es el extranjero, se agrupan solidarios en el peligro y en la defensa de la misma patria y de la misma bandera".

EL INTERVENCIONISMO CORPORATIVISTA Y EL NACIONALISMO ECONÓMICO ESPAÑOL

¿Va a sorprendernos, pues, que cuando pasemos ahora mismo a estudiar los ejes de marcha a través de los cuales se efectuó el despliegue de la política económica del *Gobierno largo* Maura, tengamos que comenzar por el intervencionismo corporativista que subyace en el esfuerzo industrializador que pone en marcha?

Este primer capítulo esencial de la acción de Maura en la vida económica española arranca de la celebración en Madrid, los días 18 a 23 de mayo de 1907, de una Asamblea nacional para constituir el denominado Consejo Permanente de la Producción y el Comercio Nacional. Al llamamiento, que se verificó por Real Decreto de 5 de abril de

1907, se comentó entonces que "respondieron unánimemente todas las entidades invitadas". La Asamblea, bajo la presidencia del Ministerio de Fomento, se constituía por representaciones de las Cámaras de Comercio, Industria y Navegación, de las Cámaras Agrícolas, de los Sindicatos y Comunidades de Labradores, de la Asociación General de Ganaderos, y "en general, de todas las Asociaciones industriales, agrícolas o comerciales legalmente constituidas" que lo solicitasen y obtuviesen del Ministerio de Fomento antes del 1 de mayo. Precisamente para aumentar esta representación corporativa en el seno del Consejo antes citado, se dictó el Real Decreto de 31 de mayo de 1907, cuya finalidad última venía ligada a una declaración de la exposición de motivos del Real Decreto de convocatoria de la Asamblea, que indicaba que todas las entidades que explícitamente allí se recogían, y "cuantos organismos nacieron al impulso de la necesidad y viven por razón de su conveniencia, tienen, en efecto, una organización oficial, atribuciones propias, deberes y derechos definidos; mas la languidez de su vida, su escasa intervención en las resoluciones del Estado que directamente les afectan, y la ausencia de todo vínculo entre ellas, ha determinado que, como tantas otras instituciones, no consigan arraigar en la conciencia nacional y desnaturalicen a diario su función". Por eso, se decide "obtener una representación directa y constante, que asesore a diario sobre las necesidades públicas y transmita rápidamente las resoluciones, lazo de unión entre gobernantes y gobernados, que, si es siempre de conveniencia, se convierte en necesidad cuando la función principal está vinculada en los segundos, y no son los primeros más que reguladores de su impulso e instrumento armónico de su dirección".

Las gentes contemplan la creación de este inicial Consejo como la constitución de una "Junta de Productores para discutir los problemas industriales, mercantiles y agrícolas que así (quedaban) sustraídos al albedrío de los políticos". Que el designio del Gobierno era de tipo corporativista, poco cuidadoso de mantener mitos como el del mercado como supremo ordenador de la vida material, resultó pronto evidente. Tan es así, que pasa a ser protagonista de una salida ideológicamente revolucionaria con motivo del problema azucarero. Fijémonos que hasta entonces el Estado no actuaba jamás de una manera coactiva directa en economía, porque aranceles, impuestos y otras disposiciones empujaban de determinado modo, pero nunca alterando por sí la Administración los instrumentos de producción. Sin embargo, a comienzos de 1907, Maura decide abordar el problema azucarero, en el que, al provocarse una transformación de suministros con motivo de la pérdida de las Antillas y abandonar en buena parte España las compras de azúcar de caña del Caribe, se había originado una sobreproducción de azúcar, en la península, en su mayor parte procedente de la remolacha. Maura decidió que la compensación por una elevación del impuesto en 10 pesetas por 100 kilos de azúcar, fuese el garantizar que durante tres años el Gobierno impediría la creación de cualquier otra fábrica de azúcar. Como es lógico, la disposición tiene rango de Ley, y el Gobierno emprende tan audaz camino ante la estupefacción de los comentaristas políticos, que pronostican un descalabro. Quizás explique mejor que nadie este estado de la opinión el pie de una caricatura publicada por Xaudaró en *Blanco y Negro*. Se ve a un estuchito de azúcar que pasa saludando ante reverencias de las gentes, sobre un texto que reza: "También pasó el proyecto de azúcares, aunque le dábamos por muerto!" La frase es significativa, porque en el número anterior, el mismo cucuruchito de azúcar, con la leyenda "proyecto de azúcares", detenía la marcha de un automóvil que llevaba al volante a Maura, quien manifestaba al pie: "Pues señor.... Este obstáculo es mayor de lo que yo pensaba!"

Insistamos un poco en el tema, porque realmente la importancia de esta Ley Osma de 3 de agosto de 1907, aparentemente sólo de reforma de la ley de 19 de diciembre de 1899 que creó el impuesto especial de los azúcares, sobrepasa con mucho su función recaudadora, y no se había ocultado a nadie este extremo. En el preámbulo del proyecto presentado a las Cortes, que se puede leer en la *Gaceta de Madrid* de 8 de junio de 1907, se decía que la protección arancelaria en el azúcar "había excedido en tal grado de lo que fuere indispensable para amparar su producción, que el estímulo trascendió de golpe a la hipertrofia de la industria en una desmedida y temeraria acumulación de los medios de producir". Por eso, el artículo 2 de la Ley señala que "durante el plazo de tres años.... no se permitirá el establecimiento de nuevas fábricas de azúcar de caña o de remolacha ni de nuevos trapiches para la fabricación de azúcares o mieles de caña o de remolacha, como tampoco de la ampliación de la potencia máxima industrial de las fábricas o trapiches existentes.... Durante otros tres consecutivos años no se establecerán nuevas fábricas de azúcar de caña o de remolacha en un radio de 90 kilómetros de fábrica ya establecida.... A título de excepción.... se podrán establecer fábricas cooperativas por los productores de caña para la elaboración de azúcar de esta planta". Además, el Gobierno podría "autorizar toda fábrica cooperativa que se quisiese establecer por una Sociedad que lo sea precisamente de los productores de la remolacha de la propia comarca donde y cuando se cerrase una fábrica existente que hubiera trabajado durante los tres años inmediatamente anteriores, siempre que la potencia industrial de la fábrica cooperativa que se autorice no exceda de la misma potencia de la fábrica cerrada".

Era una típica medida parcial contra la *crisis económica Knickerbocker*, a la que ya hemos aludido, en su proyección sobre España. Por ello en el preámbulo del proyecto de Ley se puede leer que "las disposiciones prohibitivas del establecimiento de nuevas fábricas no pretendían resolver de plano la crisis que abruma al mayor número de las existentes. Dan tiempo para que se resuelva. Logran, por lo pronto, que no se agrave". Y apunta una solución de tipo corporativista, al señalar como más conveniente que se halle "una distribución racional de las fuerzas vivas de la industria" que tienda "a que la producción se regule en definitiva por el consumo" y que "no ha de estimarse imposible que tal solución se imponga al propio y reflexivo acuerdo de los productores....". El declinar del papel del mercado en España tiene así una fecha inicial, 1907, y un político impulsor, Antonio Maura. Desde entonces este reflujo no cesó hasta 1959 y, por ello, la significación de quien inició el proceso y comprendió que ya no tenía sentido mantener ciertas lealtades a las por él denostadas *armonías económicas*, adquiere toda su grandeza. Recalco así que esta disposición, al pasar al Estado la regulación de la producción industrial y el cierre o apertura de establecimientos en un sector concreto, con un inicio de colaboración corporativista, la reputo, insisto, de una gran audacia.

Esto obliga a plantearse dónde se encuentra la fontana donde Maura bebió el agua de este antiliberalismo económico, tan fuerte que podría pasar casi por revolucionario. Nadie ha acertado a decírmelo, y bien merece una investigación detenida a la que, creo, se debe dedicar algún tiempo. Ossorio y Gallardo aborda el tema, pero lo hace de modo muy superficial. Me parece que sólo intenta justificar un heredomaurismo en el Partido Social Popular, el grupo demócratacristiano que él lideró, y que trató de convertirlo "en conjunción de tradicionalistas, mauristas y católicos neutros", con una base doctrinal que les proporcionaría la Sociedad de Estudios Políticos, Sociales y Económicos. He trabajado sus quince primeros volúmenes, donde además de ensayos del propio Ossorio y Gallardo –uno de ellos titulado *Antonio Maura*– están otros de Blas Vives, Carlos Ruiz del Castillo, Antonio Lleó, José María Ruiz Manent, F. Romero Otazo y Pascual Carrión, con la primera versión de *La reforma agraria*, éste, cuya reedición con otros ensayos yo prologué. Nada definitivo encontré en ellos para explicar esta actitud de Maura, salvo la primera aproximación de Ossorio y Gallardo al tema: "Maura no había tenido un verdadero criterio social, porque su formación y su tiempo fueron de temas más políticos que sociales. Sintió y practicó la política intervencionista y protectora, pero los modos atrevidamente evolucionistas de la Democracia Cristiana llegaron tarde para él".

Sin embargo, en mi primera indagación algo más he encontrado. Bajo el título *Hacia la democracia conservadora* se publicó en Talleres Tipográficos Stampa, de Madrid, en 1914, una colección de artículos y discursos de Antonio Goicoechea quien en la portada de la obra ostentaba el título, destacado en los caracteres tipográficos de la misma, de "Presidente de la Juventud Maurista de Madrid". Pues bien; uno de los capítulos de este libro, en las páginas 99 a 109, se titula *Catecismo social*. Comienza Goicoechea por creer que los católicos españoles, "con notable y no despreciable ventaja para la Iglesia misma", ya no tienen la despreocupación ante los problemas sociales que había denunciado Nitti en *El socialismo católico*. Para demostrarlo comienza por negar que la intervención de la Iglesia, para favorecer a los más débiles en las luchas sociales, no tenga nada que ver con "una de esas tentativas disfrazadas de acomodamiento entre la ciencia y el dogma, sañudamente censuradas por el P. Weis en su hermosa obra *El peligro religioso* y anatematizadas con el *gnosticismo* modernista en la encíclica *Pascendi*". Considera Goicoechea que en el seno de los católicos hubo de superarse un "exceso de instinto conservador" que había inclinado la literatura económica católica, a partir de la *Economía política cristiana* del Vizconde Alban Villenueve-Bargemont, publicada en 1829, a través de aportaciones de los economistas más ilustres del catolicismo francés: Le Play, Claudio Jannet, Anatolio Leroy-Beaulieu, monseñor Freppel, el P. Luis de Besse, o Carlos Peris, profesor de la Universidad católica de Lovaina, quien rechazaba cualquier vinculación de catolicismo y socialismo, o de las conferencias sobre el socialismo del P. Félix en Notre-Dame de París. Pero simultáneamente a éstas, el arzobispo de Maguncia, Ketteler, publicaba *La cuestión de los trabajadores y el Cristianismo*, al que siguen inmediatamente Schings –director de las *Hojas cristiano-sociales*–, el deán de Maguncia Moufang –que llevó lo socialcatólico al terreno electoral– y el canónigo Franz Hitze, autor de *El problema social y su solución*, traducido en 1880 por Ortí y Lara, y que parece ser la causa de la postura obrerista del P. Ceferino González. Surgen así el Zentrum en Alemania; el Partido Católico Social austriaco y su órgano *Vaterland*; las posturas anglosajonas, en el Reino Unido, del cardenal Manning, y del cardenal Gibbons, el defensor de los Knights of Labour en los Estados Unidos; o los Círculos Católicos de Obreros del Conde de Mun, todo lo cual culminará con la publicación en 1891 de la *Rerum novarum* de León XIII. Gracias a Goicoechea vemos cómo esto en España se traduce en una serie de realizaciones concretas. Por un lado, con los Círculos Católicos de Obreros, las Cajas Rurales Rafeissen en Navarra, los Sindicatos Agrícolas, o la actitud de los vocales católicos en el Instituto de Reformas Sociales. Pero por otro, existen aportaciones doctrinales importantes, como sucede con Sanz Escartín. De ahí que Goicoechea opine que "la tendencia católico-socialista, por la importancia personal de los que marchan a su frente en el terreno científico, por la simpatía con que son acogidas sus salvadoras soluciones, por la compenetración en que se hallan con el sentido del derecho moderno, precisamente saturado de ese cristianismo práctico, a que apelaba para justificar sus iniciativas favorables a los obreros el príncipe de Bismarck; por las reminiscencias que trae a la memoria de opiniones y sentencias de Santos Padres, que no fueron ciertamente aduladores del poderoso, sino noblemente amparadoras del desvalido, no es aventurado predecir que ha de verse coronada en definitiva con los laureles del triunfo". De ahí que Goicoechea sostenga que la base de su ideal sea el "generoso y cristiano del derecho moderno: la protección ilimitada al débil".

Esta es la tesis social que adopta el maurismo; ésta es la explicación que da; esto, en suma, es lo congruente con sus medidas sociales –de las que hablaré más adelante–, todas impregnadas de un espíritu avanzadísimo, para lo que es suficiente mencionar la ley de Huelga de 1909. Cuando se discute el derecho de huelga de los ferroviarios, en octubre de 1912, la postura conservadora maurista es clara, y nada reaccionaria, quizá para sorpresa ahora de algunos. Así el portavoz maurista dice en el Congreso de los Diputados, con este motivo, al aludir al punto de vista del partido liberal: "O yo no entiendo el castellano o esto quiere decir que el proyecto de ley priva a los obreros del arma de combate que la huelga supone, de la única manera que puede hacerlo, o sea, declarando que el uso de esa arma es ilícito", añadiendo que se impone, "violando el espíritu y la letra del artículo 16 de la Constitución", una pena aflictiva, la inhabilitación, "es decir, que los obreros ferroviarios no podrán volver a ejercer su oficio, su profesión, la única que tienen...., (algunos) a perpetuidad". Pena aflictiva –de acuerdo con lo que dicen de ésta los artículos 41 y 42 del Código Penal entonces vigente– que se impone "sin que funcionen los Tribunales", "sin que funcione otro Tribunal que la libérrima decisión del Ministro de Fomento". Llega a decir el portavoz maurista que "un Ministro de mi partido (el conservador) se hubiera cortado la mano derecha antes que suscribir una parecida enormidad, como es la imposición de una pena aflictiva por un Decreto Real".

El talante que Maura impuso muestra que esta posición progresista no deja de empapar todas sus medidas. Recordemos que a su impulso se debe la desgravación impositiva de los vinos, que también veremos después, para favorecer las rentas de las clases populares; el proyecto de salario mínimo; el proyecto regulando el Contrato de Trabajo y la serie de medidas y realizaciones que estudiaremos inmediatamente. Maura seguía así una tradición conservadora que arrancaba del inicio de la legislación social española con la Ley de Accidentes de Trabajo de Dato. Canalejas llegó a decir en Pontevedra, el 13 de agosto de 1907: "Mis radicalismos de antaño, que tanto asustaron a algunos, se reflejan hoy en las obras del partido conservador".

Esto, además, encaja perfectamente en un talante que presidió siempre la obra de Maura. Recordemos su permanencia, al señalar que en 1903 decía ante el Senado: "No hay error más grave en caso alguno que el de olvidar los legisladores que los pueblos ponen en el tejido de su historia toda la sustancia y casi toda la forma; apenas puede el legislador manejar la lanzadera".

Por eso conviene contemplar cómo esto le lleva en el terreno de la dirección de la política económica, en este inicial corporativismo maurista, al juego cada vez mayor del ya mencionado Consejo Permanente de la Producción y del Comercio Nacional. Es el momento en que se inicia la serie de Consejos Económicos y Sociales que llega hasta el día de hoy, vinculados todos, tanto a talantes corporativos más o menos disimulados, como al amparo del modelo denominado del nacionalismo económico español, que obligaba, y no me importa repetirlo, a una política industrializadora. Dejo a un lado para explicar esto, el precedente lejano en doctrina y bastante incompleto, del Instituto Superior de Agricultura, Industria y Comercio, creado por Real Decreto de 13 de octubre de 1905, que a su vez podría considerarse heredero del Consejo del mismo nombre, de la

Junta Consultiva Agronómica y de los Consejos Forestal y de Minería.

Para llevar adelante esto se articula el citado Consejo, creación de Maura, con la denominada Junta de Comercio Internacional, para así constituir "el único Consejo permanente de producción y comercio.... que.... ha de tener a su cargo la labor de asesorar en sus resoluciones a los Ministros de Fomento, transmitir en todo instante las aspiraciones de las colectividades, comunicarles las resoluciones de la Superioridad y ser, en una palabra, el instrumento de gobierno, el vínculo de enlace y el órgano de expresión de toda la producción y el comercio del país". Por el artículo 1º del Real Decreto de 17 de mayo de 1907 que constituye este Consejo, sus fines son el "organizar las fuerzas económicas y mercantiles en forma que puedan impulsarse y robustecerse, estudiando juntas los problemas que les afectan, proponiendo los medios para su desarrollo, vigorizando el espíritu de iniciativa y de compenetración de intereses, asesorando al Poder público en cuanto a los medios cuya ejecución les competa, integrando en una misma acción y finalidad los esfuerzos oficiales sociales encaminados a la común mejora de las fuentes de producción y riqueza".

En resumen, que el Consejo corporativo de tal manera constituido, pasó a tener, a más de las tradicionales funciones de iniciativa, de fomento y propaganda, y consultivas, las que se calificaban como de "intervención en el ejercicio de los servicios administrativos", a través de las Secciones del Consejo que así pasaba a convertirse en auténtico gestor de la política económica. Las secciones pasaron a ser cinco: de Agricultura, de Ganadería, de Montes, de Minas y de Industria, Trabajo y Comercio. En ésta habría un representante del Instituto de Reformas Sociales. Entre otras atribuciones correspondía a esta Sección "el estudio de los.... aranceles relacionados con la industria en general". Además, se decía que "redactará los proyectos de ley y reglamentos" referentes a la industria. Por supuesto, también debía tratar aspectos de la situación de los obreros industriales. Estas atribuciones se incrementan con el Real Decreto de 29 de enero de 1909, sobre todo al incluir en él, con las consecuencias que veremos, a la Junta de Comercio Internacional, también al Centro Nacional de Informaciones Comerciales y al Archivo de Sociedades Anónimas, creado por Real Decreto de 2 de noviembre de 1906.

Este Consejo Superior de la Producción y del Comercio que así adquiere aires de Ministerio de Economía, pasa a tener, para que esto sea más completo, una proyección provincial. Significó también la disolución o supresión de muchas Juntas o Consejos previamente organizados "para facilitar o secundar la acción del Ministerio de Fomento", y que en realidad tenían sólo una estructura burocrática nada corporativista. Por eso, en la exposición de motivos del Real Decreto de 5 de abril de 1907, que fue el que convocó la que podríamos calificar como Asamblea fundadora, el Gobierno se muestra partidario de simplificar los servicios administrativos, "suprimiendo aquellos órganos que, faltos de enlace con el país y funcionando las más de las veces en dirección opuesta a las demandas de la opinión, no responden, a pesar de su notoria competencia, al objeto para que fueron establecidos". Entre paréntesis señalaré que pronto, incluso bajo la mismísima Administración Maura, renacen estas Juntas burocráticas con mucha fuerza. Véase así creado, por Real Decreto de 3 de enero de 1908, el Consejo de Minería.

En resumidas cuentas, surge con toda su energía un Maura en 1907 que, al intervenir el Estado en la vida económica, considera que, para que sea fructífera tal intervención, es preciso organizar todas las instituciones que pueden constituir así el gran esqueleto corporativo. La intervención y el corporativismo, de consuno, provocan un vasto catálogo de instituciones que pasan a ser actores nuevos de una nueva vida económica, preludio maurista de las largas listas que tuve que construir cuando estudié la política económica de la Dictadura de Primo de Rivera, que precedieron, a su vez, a las largas y completas listas que para la II República publicó el profesor Perpiñá Grau, antecedente de las que constituyen buena parte del entramado de la política económica de la Era de Franco, que sólo han sufrido algunas alteraciones, y nunca recortes sustanciales, en la Transición.

He recogido así, como más significativas, la creación por Ley de 28 de febrero y Reglamento de 7 de junio de 1907, del Consejo de Administración del Canal de Isabel II (*Gacetas de Madrid* del 9 de febrero y 15 de junio de 1907); que la Comisión permanente de la Asociación General de Ganaderos del Reino, por Real Decreto de 22 de febrero de 1907 (*Gaceta de Madrid* de 23 de febrero) se constituye en Jurado calificador de la importancia y utilidad de todos los concursos de ganados que hayan de celebrarse en España, e incluso que pasa a encargarse de repartir premios con cargo a los Presupuestos Generales del Estado; la creación del Instituto Central de Experiencias Técnico-Forestales, por Real Decreto de 15 de marzo de 1907 (*Gaceta de Madrid* de 16 de marzo), para contribuir al fomento de los montes de utilidad pública y cooperar al adelanto de la industria forestal; la reglamentación, el 11 de febrero de 1907 (*Gaceta de Madrid* del 21 de marzo), del Instituto Superior de Agricultura, Industria y Comercio, que tenía su nacimiento en el Real Decreto de 28 de mayo de 1906; el Real Decreto de 16 de junio de 1907 (*Gaceta de Madrid* del 19 de junio), por el que se crean y organizan las Cámaras Oficiales de la Propiedad, en relación precisamente con la propiedad urbana; la aparición, con el Reglamento de 23 de febrero de 1908 de la importantísima Comisión Protectora de la Producción Nacional, compuesta, según el artículo 10 de tal Reglamento, "de vocales representantes de los Ministerios y número igual de vocales representantes de la producción, designados por el Presidente del Consejo entre quienes pertenezcan o hayan pertenecido a la Junta de Aranceles y Valoraciones, al Consejo Superior de la Producción y del Comercio, o a la Comisión que la Real Orden de 27 de mayo de 1907 nombró para preparar la ejecución de la ley de 14 de febrero anterior; la creación por Ley de 14 de mayo de 1908, artículo 24, de la Junta Consultiva de Seguros, cuyo papel central en este sector económico queda claro en el Reglamento provisional aprobado por Real Decreto de 26 de julio de 1908 (*Gaceta de Madrid* del 12 de agosto); la constitución, por Ley de 7 de enero de 1908, Real Decreto de 10 de agosto del mismo año y Real Orden de 5 de septiembre también de 1908, de la Junta Consultiva de la Dirección General de Navegación y Pesca Marítima; el que por Real Decreto de 12 de noviembre de 1908 (*Gaceta de Madrid* del 15 de noviembre), se dispuso que las Cámaras Oficiales de Comercio, de la Industria y de la Navegación de cada provincia, elijan, conforme a su reglamento, un representante para contestar al cuestionario y asesorar al Gobierno con ocasión de las reformas que deban hacerse en la Contribución industrial y de comercio; la fundación, dentro de un espíritu que enlaza, por otra parte, con el sistema económicoadministrativo galo instituido en la Comédie Française, por la Ley de 29 de marzo de 1909 (*Gaceta de Madrid* del 30 de marzo), y "bajo la dirección del Ministerio de Instrucción Pública y Bellas Artes" de un nuevo organismo que se denominará *Teatro Español*, quien ocupará el edificio de esta denominación previa cesión del Ayuntamiento de Madrid, el cual pasa a regirse por una Junta compuesta por el director delegado del Gobierno, dos individuos elegidos por los autores dramáticos, otros dos por los actores asociados del Teatro Español y un autor dramático que nombrará la Real Academia Española, aparte de que actores de ambos sexos, seleccionados por concurso que resolverá esta Junta, formarán la Sociedad de actores del Teatro Español, subrayándose que tienen derecho a jubilación, tema vital en aquellos momentos incipientes de la Seguridad Social y con un nivel de precios muy estable; finalmente, la aparición de la Comisión para el desarrollo de las ayudas a las industrias y comunicaciones marítimas, prevista en el artículo 29 de la Ley de 14 de junio de 1909.

Por supuesto que todo esto y alguna institución más que ahora expondremos, se empapa de nacionalismo económico a través de una decidida, nítida, política económica proteccionista. Se inicia ésta con la Ley de 14 de febrero de 1907, que limita la admisión de productos extranjeros para los servicios y obras que contraten el Estado, las provincias y los Ayuntamientos. En principio, por el artículo 1º, "serán admitidos únicamente los artículos de producción nacional". Los antecedentes para este violento viraje hacia el proteccionismo administrativo, eran el artículo 1º del pliego de condiciones para la contratación de obras públicas de 7 de diciembre de 1900, y el Real Decreto de 21 de diciembre del mismo año, que pretendían nacionalizar en España las necesidades de las compañías de ferrocarriles y tranvías, aunque habían sido derogados, lo que significó la sospecha de connivencias financieras con el exterior, por el Real Decreto de 24 de mayo de 1901.

En el artículo 2º de esta Ley de 14 de febrero de 1907, se puede leer que "todos los años, en el mes de septiembre, se publicará en la *Gaceta de Madrid* y en los *Boletines Oficiales* de las provincias, por medio de Real Decreto de la Presidencia.... relación motivada de los artículos o productos para cuya adquisición se considere necesaria la concurrencia de la industria extranjera....", para que con esta publicidad se supiese si habla hay protestas de productores nacionales.

Pero este proteccionismo tiene su auténtico complemento en una política de fomento de las exportaciones. Por Real Decreto de 22 de marzo de 1907 (*Gaceta de Madrid* del 23 de marzo), se crea una Junta de Comercio Internacional con el propósito de extender nuestras exportaciones, y en especial, desarrollar con intensidad los intercambios con las Repúblicas hispanoamericanas y con Marruecos. Se incorporaban así, por primera vez, a la función del Estado, "los organismos interesados en el ensanche de nuestro comercio con el exterior", considerándose además que para esto puede ser especialmente interesante la acción sobre Iberoamérica. En la Junta, a más de tres funcionarios –el director general de Agricultura, Industria y Comercio,el subdirector de Aduanas y el Jefe de la Sección Comercial del Ministerio de Estado–, había cuatro representantes de las Cámaras de Comercio, dos de las Cámaras Agrícolas, dos de las entidades industriales legalmente constituidas, dos de la Asociación General de Ganaderos del Reino, más el director de la Escuela Superior de Comercio, que actuaría de secretario. Si para esta obra de propaganda exterior de nuestros productos fuese interesante la colaboración, en las Repúblicas americanas o en Marruecos, del concurso de súbditos españoles, de adecuado "arraigo, representación social y probado patriotismo", se les nombraría miembros correspondientes del Instituto Superior de Agricultura, Industria y Comercio, "o –y la conjunción disyuntiva es significativa, creo, de que la creación de otra nueva entidad estaba ya en marcha– del Centro que le sustituya". Esta nueva entidad será el Consejo Superior de la Producción y del Comercio al que ya me he referido. Por Real Decreto de 29 de enero de 1909 (*Gaceta de Madrid* del 30), la Junta de Comercio Internacional queda incorporada dentro del Consejo Superior de la Producción y del Comercio. Para mí esto es importante, porque significa que el orden económico corporativista se impregna así de proteccionismo, con lo que el talante *sui generis* que adopta el nacionalismo económico español, queda claramente establecido.

Este proteccionismo, o si se prefiere, este nacionalismo económico al que me acabo de aludir, resplandece en una disposición que intentó –con poco fruto, desde luego– fomentar la construcción de ferrocarriles. Me refiero a la Ley de 30 de agosto de 1907 (*Gaceta de Madrid* del 26 y 29 de octubre), que alteró varios artículos de la Ley de Ferrocarriles secundarios de 30 de julio de 1904. Como destacaba el *Apéndice de 1907* del *Boletín Jurídico-Administrativo* dirigido por Marcelo Martínez-Alcubilla, la condición señalada por el artículo 3,6 del Reglamento provisional para la ejecución de Ferrocarriles secundarios de 14 de septiembre de 1907 (*Gaceta de Madrid* del 15 de septiembre), de que el material de construcción y explotación había de ser de producción nacional, entrañaría una reforma importante que respondía a una política de Gobierno. Téngase en cuenta que concuerda todo esto con el artículo 1º de la Ley de 14 de febrero de 1907 de Contratos Administrativos Generales, provinciales y locales. Otro complemento de esta Ley, para reforzar este designio proteccionista, es por supuesto su Reglamento, aprobado por Real Decreto de 23 de febrero de 1908 y Real Decreto de 24 de julio del mismo año, que articulan, en buena parte, el funcionamiento de la Comisión Protectora de la Producción Nacional, cuya estructura concluye de perfilarse bajo Maura con el Real Decreto de 12 de marzo de 1909 (*Gaceta de Madrid* del 13 de marzo).

Maura y la Marina

Mas este modelo de nacionalismo económico y corporativismo, precisaba poseer una dirección productiva original que sirviese de detonante para que todo él se pusiese en marcha. Me parece que este papel corresponde al tema de la construcción naval y de las comunicaciones marítimas. Su importancia se une, además, como ya he dicho antes, a la propia historia política de Maura, y, por supuesto, a su optimismo ante el futuro de España. Me parece que esta influencia de Maura es también visible en el brindis de Alfonso XIII en el Sporting Club de Bilbao, en el verano de 1907, en el que planteó la necesidad de atender prioritariamente a la creación de una gran marina española. Este mensaje de Maura fue captado con rapidez por el mundo capitalista y empresarial español, que lo convirtió en eje central de sus preocupaciones. Por una parte, un plan de este tipo, desde el punto de vista de las compras directas, afectaba a tres sectores: el productor de bienes siderúrgicos, el constructor de maquinaria para los buques y el de los astilleros. Vizcaya y Barcelona contemplaron con entusiasmo el plan, pero también, como es bien sabido, satisfizo plenamente a los intereses carboneros asturianos, dentro de una de las pocas síntesis de intereses aparentemente encontrados que consiguió el nacionalismo económico español, porque esta flota así construida con protección, debía devolver parte de ésta con el consumo en exclusiva del carbón asturiano, y por otro lado, al transportar hacia la industria este carbón, en exclusiva, garantizaba, en principio, su rentabilidad.

El papel de Maura en esta política sectorial es evidente. Como ha destacado José María Zumalacárregui en su valioso ensayo *Maura y las comunicaciones marítimas*, este político incluso redactó y después firmó, casi sin haberse secado la tinta del Tratado de París que liquidó el Desastre, el prólogo al *Manual de la Liga Marítima Española*, Manual que también, en su integridad, parece obra de Maura. Cree Zumalacárregui que este político ya está a priori tras el primer proyecto de Sánchez de Toca de 1902, aquél en el que la flota y el equilibrio presupuestario de Villaverde se enzarzan en una polémica de consecuencias políticas muy importantes, como ya hemos expuesto. La meditación de todos estos puntos lleva a Maura a exponer el tema como un todo armónico de soluciones militares, económicas y políticas. Por eso Maura no se apresura en la presentación de sus deseos. Pero cuando lo hace, es para que su obra tenga permanencia. Es lo que sucede con la

Ley de 7 de enero de 1908 (*Gaceta de Madrid* del 8 de enero) y el Real Decreto de 16 de enero de 1908 (*Gaceta de Madrid* del 17 de enero) completados con el Real Decreto de 21 de abril de 1908 (*Gaceta de Madrid* del 23 de abril), que presenta las *Bases de un concurso para el proyecto y la ejecución por contrato en los arsenales de Ferrol y Cartagena, de obras navales, civiles e hidráulicas*, que es el mecanismo de enlace entre la aprobación de los gastos dedicados a la Armada y la economía nacional. Con esta Ley de la Escuadra, como popularmente se la denominó, se supera el famoso *plan de Bèranger* sobre la flota que debería tener España, y se inicia la construcción de tres acorazados –muy potentes para aquellos tiempos–, seis cruceros de 1ª y dos más, una flotilla de catorce destructores y otra grande de veinticuatro torpederos, más algunos submarinos. Todos los buques que se ponían en grada, poseían unos altos grados de homogeneización entre sí, cosa inusitada hasta entonces en España. Es importante señalar que a la decisión firmísima de Maura se debe que esta flota, a más de la citada característica de la homogeneización, debería ser absolutamente construida en nuestra Patria. De aquí que se provocasen, ante tan apetitosas carteras de pedidos, dos emigraciones de capitales y tecnología naval militar centradas en la empresa británica Armstrong-Vickers y la italiana Ansaldo, "con apoyo y enlace en las construcciones (navales) francesas, entonces un poco dentro del grupo. España sólo contaba con.... grupos capitalistas vizcaínos y asturianos", resalta Zumalacárregui. La conjunción de todo eso tiene un nombre en el cuadro de la estructura económica española: la Constructora Naval. A ella se cedieron los viejos astilleros y arsenales de El Ferrol, que fueron rehabilitados, y los de Cartagena y Cádiz, que se reorganizaron. Por su impulso, continúa Zumalacárregui, además de éstos, "nacieron otros astilleros en El Ferrol, y, en Bilbao, (surgieron) las posibilidades de construcciones navales comerciales: la Euskalduna, las del Nervión, y reorganización de la ría", serie a la que debemos añadir Echevarrieta en Cádiz y Unión Naval de Levante en Valencia.

La Sociedad Española de Construcción Naval comúnmente conocida como la Constructora Naval, se constituyó el 18 de agosto de 1908, con un capital social de 20 millones de pesetas. Los extranjeros no podían tener nunca más del 40 por 100 del capital. Fue suscrito este porcentaje por Vickers Sons Maxim, Ltd., John Brown & Co., y Sir W.G. Armstrong Whitworth & Co. Con un 60% suscrito entonces, en los primeros lugares españoles, están Altos Hornos de Vizcaya, Duro-Felguera, Española de Construcciones Metálicas, Basconia, Talleres de Deusto, Banco Español de Crédito, Banco de Castilla, Banco Hispano Colonial, Banco de Barcelona, Sociedad de Crédito Mercantil, Banco de Bilbao, Banco de Vizcaya, Banco de Comercio y Crédito de la Unión Minera, casas de Banca Urquijo, Aldama y Arnús y Compañía Transatlántica. Se llegó, además a acuerdos para recibir la tecnología en diques y dársenas de Sir John Jackson Ltd.; para la construcción de los torpederos, de las casas John I. Thornystroft & Co., de Londres y Agustín Normand del Havre, y para turbinas, de Parsons'-Turbine Co., aparte de la nacional de la Maquinista Terrestre y Marítima, y de las fábricas de armas de Trubia, Plasencia de las Armas y del Arsenal de La Carraca. No deja de llamar la atención que la Constitución Nacional quedaba obligada "a sostener entidades de Beneficencia y Previsión para los obreros o a fomentar las instituciones de tal carácter que el Estado funde o sostenga para el personal obrero relacionado con el Ministerio de Marina".

Como hemos dicho, el tema naval se aborda conjuntamente por Maura. Para eso utilizó, además, el instrumento proporcionado por la Ley de 14 de junio de 1909 para el fomento de las industrias y comunicaciones marítimas nacionales (*Gaceta de Madrid* del 17 de junio). En su envío a las Cortes, González Besada señalaba que "el otorgamiento por el Estado de la protección que demandan dichas industrias para su eficaz desarrollo, es un problema cuyo aspecto económico, industrial y social lleva tan aparejado el político en todas las manifestaciones de la vida nacional e internacional, que difícilmente puede tratarse por los Gobiernos y las Cámaras.... cuestión más compleja e importante y que requiera mejor su preferente atención". Así, con esta Ley se pretendía "desde la producción y las comunicaciones interiores a la exportación y las comunicaciones exteriores, trazando o ensanchando al mismo tiempo los cauces por donde ellas han de vigorizar la economía patria, e impulsándolas en forma progresiva". El desarrollo de esta ley se verifica dentro de los márgenes que fija la Comisión Protectora de la Producción Nacional. El Estado ayuda, en esta especial vertiente del nacionalismo económico, que además goza de gran tradición universal en este sentido a partir del *Acta de Navegación* británica tan elogiada en el capítulo II del libro IV de *La investigación de la naturaleza y causas de la riqueza de las naciones*, de Smith, en el caso español con un amplio haz de apoyos: primas a la navegación; condiciones de los contratos de los servicios de comunicaciones marítimas rápidas y regulares, lo que significa, entre otras cosas, subvenciones para las mismas –en el cuadro B de esta Ley se señalan las líneas que van a recibir, en principio, estas ayudas: la del Norte de España a Cuba y Méjico; la del Mediterráneo a Argentina; la del Mediterráneo a Nueva York, Cuba y Méjico; la del Mediterráneo a Puerto Rico, Cuba y Colombia; la del Norte de España a Filipinas, y la de Fernando Póo–; primas al carbón nacional; reducción de impuestos y tasas; bonificaciones arancelarias para el fomento de la construcción naval; primas a la construcción naval, incluyéndose en ellas las reformas de los navíos que aumenten el tonelaje y, final y complementariamente, reserva de zonas de pesca y exenciones arancelarias para los buques dedicados a esta actividad, y primas para la pesca en el Banco Sahárico.

EL JUEGO DE LA POLÍTICA SOCIAL

Contra lo que pudiera parecer, en este terreno Maura es un insigne continuador de la que podríamos llamar gran línea protectora de los obreros, que constituye uno de los orgullos de todos los grupos conservadores españoles, del remoto al próximo pasado. Es curioso, pero por las razones que sean, la izquierda en España, ya con Canalejas, ya con Largo Caballero, o con el Gobierno socialista actual, hace poco más en nuestra Patria que apostillar, e incluso retroceder, en lo recibido como herencia en el terreno de la política social de personas que no comulgan con sus ideas. Desarrollar *in extenso* esto nos alejaría del nudo del tema de Maura, pero sí me importa indicar cómo el *Gobierno largo* Maura constituye otro de los jalones importantes que van a actuar en este sentido, en la historia social española iniciada por Dato.

Añadamos que las condiciones de vida de las personas humildes eran, en 1907 y en España, bastante pavorosas, algo que difícilmente podemos comprender hoy. Ciertas cosas podemos adivinarlas en parte a través de la lectura de la trilogía de Pío Baroja *La lucha por la vida*, quien desempeña entre nosotros, para la etapa de comienzos del siglo XX, el papel de protagonista de una denuncia social semejante a la que tuvo Dickens en el Reino Unido y en el siglo XIX. Podría hablarse de las condiciones de la habitación obrera, donde en unos pocos metros cuadrados se hacinaban, en cada vivienda, una media de tres familias; podrían mencionarse sus alimentos, con predominio esencial de los hidratos de carbono más baratos y una ausencia de proteínas, representadas por el bacalao y algún otro pescado salado, y en el caso de las carnes, por un consumo muy de tarde en tarde, con motivo de alguna fiesta importante, de algún conejo, y en otros casos alguna carne de mala calidad, e incluso mortecina; podría mencionar sus escuálidos gastos en vestidos y calzados –era la época en que reinaba entre estas clases humildes la alpargata–; podría aludir a lo escaso de sus rentas salariales y lo nulo de su protección en caso de algún problema sanitario; podría contrastar todo esto con tres índices numéricos sobrecogedores, los de analfabetismo, de morbilidad y de mortalidad. Pero como todo esto ha sido ya presentado por los estudiosos me voy a limitar a ofrecer un terrible trasfondo que se evidencia a través de las disposiciones legales del *Gobierno largo* Maura, en cuanto trata de enmendar la situación. Me refiero al tema del trabajo con mano de obra infantil, contra el que, adelanto, luchó incluso con aspereza este político. A poca sensibilidad que tengamos creo que nos espeluznará que por la Real Orden de 30 de diciembre de 1908 (*Gaceta de Madrid* de 1 de enero de 1909), se rechaza la solicitud de varios patronos y obreros de la hilatura de lana y fabricación de mantas de Bocairente para que se autorice en sus fábricas el trabajo de los menores de 10 años en jornada superior a 6 horas. Este trabajo infantil era tan habitual, y existía tanta presión social para mantenerlo –lo mismo por parte de los patronos que así pagaban bajísimos salarios, como de los obreros, que trataban de que se aumentasen con el salario de los hijos los escasísimos ingresos familiares– que el Real Decreto de 18 de noviembre de 1908 aún admite el trabajo, en faenas de pesca costera, fija y sedentaria dentro de las tres millas, a niños desde los nueve años, siempre que sepan leer y escribir. Tras esta cobertura ante las exigencias educativas, añade que de los 10 a los 14 años sólo se admite al trabajo a aquellos que el patrón acredite que les otorga el tiempo preciso para adquirir instrucción.

Dentro de la mejora de las condiciones infantiles que dicta este Gobierno no podemos olvidar a la Ley de 31 de diciembre de 1908 (*Gaceta de Madrid* del 1 de enero de 1909) que elimina la prisión preventiva para los menores de 15 años. Merece la pena, al llegar a este punto, destacar un amplio abanico de medidas que quizá debiera iniciarse por la Ley de 23 de junio de 1909 (*Gaceta de Madrid* del 25 de junio) que declara obligatorio para todos los españoles la primera enseñanza elemental. Todos los niños, desde los 6 a los 12 años, tendrían que estar escolarizados, bien en sus domicilios, en escuelas privadas o en escuelas públicas. La misma disposición refuerza la vigilancia de la asistencia de los niños a las clases, con sanciones muy fuertes para sus padres.

Cuando se observa el catálogo de servicios sociales que pone en marcha este Gobierno Maura, parece evidente su fuerte atención a las necesidades infantiles. Así se aprueba el Reglamento de la Ley de Protección a la Infancia por el Real Decreto de 24 de febrero de 1908 (*Gaceta de Madrid* del 25 de febrero), que abarcaba desde la protección y amparo a la mujer embarazada, a la reglamentación de la lactancia mercenaria, la acción en Casas-cuna, Escuelas y talleres; la investigación que se debía hacer sobre la explotación posible de niños y el amparo de los niños abandonados, que se centrará en un Consejo Superior de Protección a la Infancia, que se completa con el Real Decreto de 25 de enero de 1908 (*Gaceta de Madrid* del 26 y 27 de enero), que presenta el catálogo de industrias y trabajos prohibidos a los niños de ambos sexos menores de 16 años y a las mujeres menores de edad. El tema de la mendicidad, que preocupaba mucho al Gobierno, pasa a depender, aunque no sea infantil, por las consecuencias que acaba teniendo sobre los niños, del Consejo Superior de Protección a la Infancia. Este Consejo ve ampliadas sus funciones por el Real Decreto de 21 de marzo de 1909 (*Gaceta de Madrid* del 23 de marzo).

No podemos eliminar de nuestra exposición la dureza con que Maura trató de conseguir que, de modo eficaz, se cumpliese la Ley de Descanso Dominical. Un tema clave fue el de los expendedores de vinos y similares, que tenían también que cerrar. Maura no ocultó que en esto también existía un inicio de política social contra el alcoholismo y los accidentes de trabajo que éste provoca.

Las clases humildes tenían otro motivo de preocupación que había resultado irritante ya en las campañas coloniales de Cuba, Puerto Rico y Filipinas, y que estuvo detrás, en algún modo, del estallido de la Semana Trágica. Me refiero, por supuesto, al monopolio que tenían de morir por la Patria, junto a los soldados profesionales, los jóvenes de menores ingresos. La sociedad, además, reconocía con cicatería y tardanza sus heroísmos. Por Ley de 6 de marzo de 1908 (*Gaceta de Madrid* de 7 de marzo) se concede una pensión vitalicia de 60 pesetas mensuales –algo más de 40 euros actuales en poder adquisitivo– para los 3 cabos, 1 corneta, 1 sanitario y 40 soldados de infantería que habían constituido la guarnición del legendario fuerte de Baler, en Filipinas. Este problema del servicio militar sólo para los pobres provoca actividades que hoy nos escalofrían, como las que desvela la Real Orden de 16 de enero de 1909 (*Gaceta de Madrid* de 30 de enero), en relación con el caso de Don Antonio Boixareu, probo ciudadano que había aumentado su negocio de seguros para la redención del servicio militar. Por Real Orden de 5 de agosto de 1909 se suspendió la redención a metálico del servicio militar, pero la Real Orden de 12 de octubre de 1909 restableció de nuevo tan antisocial práctica.

Todo lo dicho hasta ahora en relación con la situación de las clases más pobres, va a hacer aún más interesante la lucha social que emprende Maura. Veamos en qué sentido la orientó.

De modo muy pragmático comienza por poner en acción y robustecer a la Inspección de Trabajo, al dejarse, con la Real Orden de 15 de marzo de 1907, expedito el camino a los inspectores regionales de Trabajo. Por otro lado, en ese mismo sentido, se aclaró, a efectos de la interpretación de la Constitución, por Real Orden de 22 de julio de 1907 (*Gaceta de Madrid* de 23 de julio), de acuerdo con el informe del Instituto de Reformas Sociales, que al pedir entrada el Inspector de Trabajo en un establecimiento industrial o de trabajo de cualquier clase, no solicita la entrada en "un verdadero domicilio, a tenor del artículo 554 de la ley vigente de Enjuiciamiento Criminal", y por eso, al presentarse sin auto judicial de ninguna clase, "no sólo no comete el delito penado en los artículos 215 ó 504 del Código Penal, sino que cumple una obligación que le imponen los artículos 7 y 14 de la ley de 13 de marzo de 1900", y, "por tanto, la negativa del dueño del establecimiento a dar entrada al inspector es un caso verdaderamente punible de obstrucción al ejercicio de sus funciones". Gracias a esto, la actuación de la Inspección de Trabajo, que se encontraba casi paralizada, pasó a llevarse a cabo con desembarazo. En aquel momento, buena parte de su labor se dirigió a la vigilancia del trabajo de los niños y a obligar al cumplimiento de la Ley de Descanso Dominical, en el sentido que señala la Real Orden de 31 de octubre de 1907 (*Gaceta de Madrid* de 1 de noviembre).

Maura acentuó el proceso de burocratización de la acción de mejora social, que él mismo había inaugurado cuando creó el Instituto de Reformas Sociales como heredero de la Comisión de Reformas Sociales en 1903. Ahora da un paso más. Por Real Decreto de 4 de junio de 1907 (*Gaceta de Madrid* del 5 de junio), La Cierva hace aprobar la creación de la Sección especial de Reformas Sociales en el Ministerio de la Gobernación, como órgano de enlace de la Administración central con la institucional del referido Instituto de Reformas Sociales.

Otra labor oscura, y previa para toda labor social seria, fue la de interpretación de las actuaciones de los Gobernadores civiles en relación con las elecciones de las Juntas Locales del Instituto de Reformas Sociales. La lectura de las Reales Ordenes que contienen los puntos de vista del Gobierno, a partir de la de 27 de noviembre de 1907, muestra que éste se une a los deseos del partido socialista, que se veía excluido de muchas de estas elecciones. Incluso es clara la actitud del Gobierno contra las veleidades *amarillistas* que aparecían con deseos de adulterar el sentido de estas Juntas locales. El censo de condenas, que se inicia con la Real Orden de 13 de diciembre de 1907 (*Gaceta de Madrid* de 15 de diciembre), que declara nula una elección porque los designados eran socios de la Sociedad de Socorros Obreros de la Sociedad Altos Hornos de Vizcaya, al no ser miembros de "una Sociedad genuinamente obrera, al modo que la legislación las define.... (sino de un organismo nacido y constituido al amparo y bajo la tutela de una Sociedad patronal....)", evidencia que el progresismo de este Gobierno no era frase de galería, sino algo sentido con autenticidad.

Toda una serie de disposiciones lo muestra claramente. Algo habría que detenerse en la Ley de Emigración de 21 de diciembre de 1907 (*Gaceta de Madrid* del 22 de diciembre), de enorme importancia precisamente en aquella coyuntura económica, pues es la etapa de máxima recepción en América de emigrantes europeos. Pero no puedo menos de posponer esta disposición a la necesidad de referirme a la ley de 27 de febrero de 1908 (*Gaceta de Madrid* de 29 de febrero y del 1 de marzo) que crea el Instituto Nacional de Previsión, otro timbre de honor de los logros sociales de las Administraciones conservadoras. Se había presentado un primer proyecto el 1 de noviembre de 1906, que no prosperó. En enero de 1908 se presentó otro. Al interrogar el Gobierno al Instituto de Reformas Sociales acerca del modo de reducir la mendicidad, éste contestó que el Proyecto de Instituto Nacional de Previsión que había elaborado, podría ser muy eficaz. Realmente con esta institución, el Gobierno Maura embarcó, con un retraso de unos veinticinco años, a la acción social española por el sendero bismarckiano. El seguro de vida, la previsión social subsidiada y el fomento del ahorro, muy ligado a la labor de las Cajas de Ahorros, son los tres elementos que entonces se ponen en marcha. Es digna de destacar la celeridad con que se emprende el camino. Poco más de un mes transcurre entre la presentación de la Ley y su aprobación por las Cortes. Los estatutos provisionales del Instituto Nacional de Previsión son aprobados unos pocos meses más tarde, por Real Decreto de 24 de diciembre de 1908, y se elevan a definitivos por el Real Decreto de 26 de enero de 1909 (*Gaceta de Madrid* del 28 de enero). Debe completarse esta rápida carrera con la Real Orden de 16 de enero de 1909 (*Gaceta de Madrid* de 30 de enero), que crea el Registro de las Compañías aseguradoras del riesgo patronal en los accidentes de Trabajo, en desarrollo de la ley de Accidentes de Trabajo de 1900.

Gran significación tuvo el establecimiento por Maura de una jurisprudencia laboral especial, con la creación, por la Ley de 19 de mayo de 1908 (*Gaceta de Madrid* de 20 de mayo) de los *Tribunales Industriales*, que procedían del proyecto de ley de García Alix de octubre de 1903, que había quedado varado en el Senado a finales de la legislatura de 1906. Cada Tribunal se compondría del Juez de Primera Instancia, que presidiría, de tres jurados y de un suplente designados por el litigante obrero entre los que figurasen en la lista elegida por los patronos, y de tres jurados y un suplente, designados por el litigante patrono entre los que figurasen en la lista elegida por los obreros. Añadamos la creación de los *Consejos de Conciliación y arbitraje industrial*, que, con objeto, en lo posible, de frenar los conflictos colectivos puso en marcha la referida Ley de 19 de mayo de 1908. Se concluía así una larga historia legislativa que se había iniciado el 4 de febrero de 1902.

El cuadro decidió coronarse con la ley de huelgas. El 7 de marzo de 1908 se presenta el *Proyecto de ley de Huelga y Coligaciones*, que prácticamente reproducía el de 27 de octubre de 1903, también conservador. Se pretendía superar el artículo 556 del Código Penal, que era la única disposición que hasta entonces se ocupaba de los conflictos colectivos. Este artículo se inspiraba en un criterio absolutamente negativo ante la huelga. Era una disposición de inspiración libre, individualista. Pero el Estado se vio precisado a intervenir, a causa de la importancia sociológica de las huelgas generales o de rama. La Ley de 27 de abril de 1909 (*Gaceta de Madrid* de 28 de abril) dio fin al proceso. Esta Ley Maura de la Huelga es un cuerpo legal avanzadísimo. Por supuesto derogó el citado artículo 556, pero igualmente importante es que señaló el amplísimo derecho, tanto de los patronos como de los obreros, para "coligarse, declararse en huelga y acordar el paro para los efectos de sus respectivos intereses". Insistir en el progresismo de esta disposición, punto en el que están conformes todos los estudiosos, no merece la pena.

Sí lo es el subrayar que, en este terreno de otorgar cauce legal a tradicionales demandas de los trabajadores, debe destacarse el Real Decreto de 18 de julio de 1907, que prohíbe establecer tiendas, cantinas o expendedurías en las fábricas, minas y demás explotaciones, por cuenta de los patronos, destajistas y capataces. Esta admisión de una vieja reivindicación obrera, que estaba tras conflictos tan virulentos como uno de Gallarta, se unía a la obligación, que también se reconoce en este Real Decreto, de que los salarios han de abonarse en moneda de curso legal y nunca en los lugares de recreo, tabernas, cantinas o tiendas.

Otras muchas medidas se concedieron en favor de las capas más humildes de la población, desde el Real Decreto de 12 de junio de 1909 (*Gaceta de Madrid* del 15 de junio), hasta el texto del Real Decreto de 10 de julio (*Gaceta de Madrid* de 11 de julio de 1909), que al plantear la movilización de los reservistas con destino a las campañas de Marruecos –con lo que se desencadenará, como ya he dicho, el proceso que dará en tierra con el Gobierno– se acompaña de una serie de medidas en apoyo de los movilizados y de sus familias: pensiones a esposas e hijos; reserva de puestos para los funcionarios públicos, y el que sus vacantes se cubran, con carácter interino, dice la Real Orden de 28 de julio de 1909, "con preferencia en los padres y hermanos de los funcionarios reservistas que hubiesen producido aquéllas". Esta amplitud legal, desconocida hasta entonces, motiva que en el *Apéndice de 1908* de Alcubilla fuese preciso publicar un amplio panorama sintético –el primero en el tiempo, en lo que conozco– de la situación del Derecho del Trabajo en España, bajo el título de *Índice o resumen sistemático de la legislación social vigente.*

Otra vertiente queda de la política social, especialmente importante en aquel tiempo de España. Me refiero a la cuestión de la tierra. La primera medida que adoptó el Gobierno Maura, con el Real Decreto de 22 de marzo de 1907 (*Gaceta de Madrid* de 24 de marzo) fue la constitución en el Ministerio de Fomento de una Comisión de largo título, pues recibió el de *Comisión para el estudio de la subdivisión actual de la propiedad territorial, sus causas, condiciones y efectos en el orden jurídico, social y agronómico así como para proponer los remedios a los males que de esa subdivisión excesiva se originan para la vida del labrador, para la estabilidad rural de su familia y para el progreso agrícola.* El talante íntimo del Gobierno Maura en este tema quizá se trasluzca en la *Exposición de motivos* del citado Real Decreto. En ella, se subraya que en la decadencia de nuestra agricultura "influyen, entre otras causas, dos, a saber: la excesiva acumulación de la propiedad en unas regiones y su exagerado y nocivo fraccionamiento en otras".

Las disposiciones del Real Decreto se encaminaban –sería exagerado pedir a aquel grupo político y en aquellos años otra cosa– a buscar el remedio, no del primero, sino de este último mal. En este sentido doy más importancia de la que se derivaría de su propio ámbito legal, a la Real Orden de 14 de junio de 1907 (*Gaceta de Madrid* de 15 de junio) que señala que al haber presentado el Gobierno a las Cortes los proyectos de ley de Colonización y Repoblación Interior y de Régimen de la Administración Local, se suspenden todas las operaciones administrativas relacionadas de algún modo con la Desamortización. Bien podemos señalar en el haber de este Gobierno, con disposición tan humilde como ésta, la liquidación prácticamente de la Desamortización. Por supuesto, como nos ha probado el profesor Tomás y Valiente, sus últimas consecuencias presupuestarias, en relación con el Concordato de 1855, todavía llegan a un ayer cercanísimo. Pero la venta de tierras públicas la cierra, de una manera clara, Maura.

La labor social sobre los pequeños agricultores pasa así a apoyarse, en primer término, en la Ley de Colonización Interior, promulgada el 30 de agosto de 1907 (*Gaceta de Madrid* del 8 de septiembre) –el Reglamento se aprueba por el Real Decreto de 13 de diciembre de 1907 (*Gaceta de Madrid* del 14 de diciembre), sustituido más adelante por el Real Decreto de 30 de abril de 1908 (*Gaceta de Madrid* del 6 y 11 de mayo)– con el fin de "arraigar para la Nación a las familias desprovistas de medios de trabajo o de capital para subvenir a las necesidades de la vida, disminuir la emigración, poblar el campo y cultivar tierras incultas o deficientemente explotadas". Para esto se inician ciertos repartos "con preferencia entre familias de labradores pobres y aptas para el trabajo agrícola". Lo que se reparte son "terrenos y montes públicos incultos....", habitualmente llamados *baldíos*. González Besada declararía entonces, en relación con este problema, que "no hay vida nacional, no ya próspera, sino ni siquiera posible, que pueda basarse sobre un solar pobre y desmantelado, que a duras penas sustenta un número de moradores pequeño en proporción con su superficie y sometido a un régimen económico cultural débil, imperfecto y escaso".

El régimen de colonización que así se inició, presidido, como sucedía desde las Nuevas Poblaciones de Carlos III, por la preocupación del refuerzo demográfico del interior de España, se basaba en lotes "con la extensión necesaria para el sustento de una familia en la comarca". Pero pareció preciso superar este talante, demasiado individualista. De ahí que la Asociación agrícola sea defendida y fomentada por este Gobierno. Por Real Decreto de 8 de agosto de 1907 (*Gaceta de Madrid* de 9 de octubre), se aprueba el Reglamento que exonera a los Sindicatos Agrícolas de los Impuestos de Timbre, Utilidades y Derechos Reales. Este Real Decreto se sustituye, algo después, con el Reglamento de 16 de enero de 1908 para la ejecución de la Ley de 28 de enero de 1906 sobre Sindicatos Agrícolas (*Gaceta de Madrid* de 17 de enero).

Algo debemos hablar de la política social que tiene una directa base fiscal. No la descuidó del todo este Gobierno Maura. Por Ley de 3 de agosto de 1907 (*Gaceta de Madrid* del 19 de agosto), el impuesto de consumos que se cobraba sobre el vino común se suprimió a partir del 1 de enero de 1908 en las capitales de provincia, poblaciones de más de 30.000 habitantes y puertos de Cartagena, Gijón y Vigo. Se sustituyen sus bajas en los presupuestos municipales con un recargo en el impuesto de cédulas personales –que, como es sabido, era una primera y rudimentaria manifestación del impuesto sobre la renta de las personas físicas–, a más de otro recargo sobre los carruajes de lujo, otro sobre los Casinos y Círculos de Recreo, otro en las cuotas de la Contribución industrial y del comercio, otro en el impuesto que grava el consumo de gas y electricidad, otro sobre las cuotas por tarifa por consumo de aguardientes, alcoholes y licores, y otro más sobre la cerveza. El estudio crítico de este intento de progresivización en relación con la imposición local excede de las posibilidades de esta exposición.

Me he referido ya a la labor de este Gobierno en relación con los servicios sociales que atienden a la infancia. Debo añadir ahora que con él se dan los primeros pasos en la lucha contra la tuberculosis con la creación, por Real Decreto de 27 de diciembre de 1907 (*Gaceta de Madrid* del 28), bajo la presidencia de la Reina doña Victoria Eugenia, del Real Patronato Central del Dispensario e Instituciones Antituberculosas. Por el Real Decreto de 15 de abril de 1909 se refuerza otro servicio social, al ampliar la acción del Patronato Real para la represión de la trata de blancas, creado por Real Decreto de 11 de julio de 1902.

CONSIDERACIÓN FINAL

Al llegar a este momento y observar lo ya tratado, considero que quizá me quede por señalar que este Gobierno sí traía muy pensado el paquete legal que puso en manos del Parlamento y forzó a aprobar a su mayoría. Por eso, al tener muy claro su camino, son escasas las medidas coyunturales. Quizá haya de reducirse su exposición al tema ya rozado de la recogida de la fabricación de los famosos *duros sevillanos*, para poner orden en la circulación de la plata. Se liquidó el tema con la muy realista Ley de 29 de julio de 1908, completada con las Reales Ordenes de 2, 3 y 17 de agosto de 1908, el Real Decreto de 2 de agosto de 1908 y la Circular de 24 de agosto de 1908.

Si dejo a un lado que se dan firmísimos pasos para eliminar el *spoil system* en la Administración Pública –lo que tiene, naturalmente, consecuencias económicas importantes–, quizá, después de haber estudiado todo el período, me encuentre con que debo añadir sólo dos notas a lo expuesto hasta ahora, y las dos de claro signo intervencionista, estatista, socializador, o como prefiera llamárselo.

En el sistema financiero, por Ley de 14 de junio de 1909 (*Gaceta de Madrid* del 17 de junio), se crea "bajo la garantía del Estado, una Caja de Ahorros con el nombre de Caja Postal de Ahorros". Además, en este mismo terreno financiero, después de unos timidísimos intentos anteriores iniciados con el artículo 23 de la Ley de Presupuestos de 5 de agosto de 1893 y continuados con el articulo 43 de la Ley de Presupuestos de 30 de junio de 1895 y la Instrucción adicional de 21 de enero de 1896, el Estado pasa a intervenir a fondo en las compañías de seguros. Para eso pone en marcha la Ley de Inspección de Sociedades y entidades que tengan por objeto el seguro en cualquiera de sus ramos o formas, fechada el 14 de mayo de 1908 (*Gaceta de Madrid* del 15 de mayo). Su Reglamento provisional fue aprobado por Real Decreto de 26 de julio de 1908.

La segunda nota se refiere a la rápida respuesta al mundo, que entonces se abría al hombre, de la radioelectricidad al que nos hemos referido más arriba. Por la Ley de 26 de octubre de 1907 (*Gaceta de Madrid* del 28 de octubre) se contempla la construcción de una serie de redes, con enlaces internacionales, de radiotelegrafía, teléfonos y comunicaciones por cable. Como desarrollo de esta ley, por Real Decreto de 24 de enero de 1908, se pasa a considerar "comprendido entre los monopolios del Estado,.... el establecimiento y explotación de todos los sistemas y aparatos aplicables a la llamada *Telegrafía hertziana*, *telegrafía etérica*, *radiotelegrafía* y demás procedimientos similares ya inventados o que puedan inventarse en el porvenir". Por Real Decreto de 4 de mayo de 1909 se aprueba el Reglamento definitivo para el establecimiento y explotación del servicio telefónico.

Y nada más. No fue un Gobierno que mariposease por todos los terrenos. Quiso alterar la marcha de la economía española y creó un marco, un modelo de desarrollo, intervencionista y corporativo, con un mecanismo de impulso –la acción naval– y un complemento social importante. Todo lo demás, entonces sobraba, y ahora, por mucho que haya crecido la Administración económica, sobra también. Por ejemplo, Maura, en el terreno tributario, aparte de la reforma en la imposición de consumos ya reseñada, se muestra partidario de aumentar los tributos, pero siempre y cuando no perturben la marcha del proceso económico. Quizás esto se muestra de modo perfecto cuando, frente a la muy ambiciosa Ley de 19 de julio de 1904, hace aprobar la mucho más realista Ley de 10 de diciembre de 1908 sobre el impuesto especial de alcoholes.

Parece que Maura aquí tenía muy presente el capítulo XXVII de *El político* de Azorín, que indica que el político no debe ser "como este hombre que pinta el poeta Gonzalo de Berceo, y que "era de todas guisas ome revolvedor". No quiera renovarlo y revolucionarlo todo". El sentido de la prudencia de Maura, insisto, le impulsó a ser el trasunto de este político creado por su literato seguidor.

No disimuló Maura que, con el conjunto de sus medidas, lo que sobre todo trataba era el crear una España de clases medias. El Centro de Acción Nobiliaria de Madrid le convocó para que, a su través, se lanzase el proyecto de creación de la Hermandad del Gran Capitán, en un acto al que asistieron la Real Familia, Don Miguel Primo de Rivera y el Padre Cardona, Obispo de Sión. La fecha en la que tuvo lugar fue la del 20 de febrero de 1916, cuando todo comenzaba a serenarse para el gran político. En este ambiente señaló algo así como sus mandamientos íntimos. Comenzó por señalar que al final del Antiguo Régimen, el pueblo español fue convocado para tener una intervención, de la que antes había carecido, en los asuntos públicos. Pero, para ello, "le había faltado siempre preparación; pero fue además llamado cuando el traumatismo revolucionario le tenía más atolondrado e incapaz; y, como la vida no se detiene a esperar a los servidores, necesariamente la totalidad nacional fue suplantada y, necesariamente, la suplantó la única clase que estaba en aptitud y sazón para ello, que era la clase media: la clase más inteligente, la que entraba en la pujanza de su riqueza, en el esplendor de su influjo. Ella, en verdad, ha realizado una obra para la cual creo yo que la Historia tendrá que mezclar con las censuras grandes alabanzas; pero no ha podido sobreponerse a la ley natural según la que bastaba que fuese una sola la clase social dominadora para que su imperio estuviese socavado; pronto a su izquierda empezó a rebullir otra clase más numerosa y empezó a agrietarse la cohesión de los dominadores, se apiñaron y revolvieron los desheredados; y cuando escaseaba el asiento natural y social en la dominación, se tuvo que suplir con el abuso del Poder público...., y la clase social fue reduciéndose a una oligarquía, y luego a un gremio profesional, y luego a una horda desmandada.... No es mal que se disimule; es enfermedad de la médula para el pueblo y para el Estado, y se llama en España caciquismo. No lo ha inventado nadie, no lo ha fabricado nadie; su responsabilidad a nadie se puede imputar individualmente; es una consecuencia; es una degeneración.... Por tanto, no hay más remedio, y no vendrá el remedio hasta que esto suceda, que es inducir a los ciudadanos españoles a ocupar sus puestos, a integrar la suficiente asistencia política para que la democracia que está en las leyes pase a la realidad".

La democracia, que vendría de una robustecida clase media, es la que late detrás de su deseo de una economía en auge, de una potencia militar, y de una política social seria. Cuando Maura es arrojado del poder en las confusas circunstancias del 21 de octubre de 1909, todo ese ideario trata de refugiarse, como he dicho antes, en un partido o movimiento popular nuevo. Sus seguidores, bruscamente, a fines de 1909, perciben que pertenecen a un grupo sociopolítico muy diferente al de los partidos turnantes. Por supuesto que en algún sentido, como también hemos dicho antes, alguna sucesión política se admite de la Unión Nacional de Basilio Paraiso y Alba; de ahí, que sea clara la herencia intelectual, también indicada antes, del regeneracionismo; incluso rastros hay de doctrinas incubadas en los nidos republicanos, o incluso en los socialistas. Pero al escudriñar la labor del *Gobierno largo*, encuentran que en ella late la esencia de un nacionalismo populista, reformista, intervencionista y corporativista, que constituye un legado absolutamente nuevo. Un texto de Ossorio y Gallardo, fechado el 10 de diciembre de 1913 nos puntualiza todo esto, al destacar que los mauristas pertenecen, a partir de su origen en las clases medias, "al montón anónimo y paciente que forma la España *silenciosa*, el 80 por 100 de toda España. Nuestros nombres nada representan, porque no sólo carecemos de títulos universitarios, de honoríficas distinciones, de un acta de senador, diputado o concejal, sino que ni siquiera figuramos en los "Comités" del distrito. En el taller, detrás del mostrador, amarrados a la banqueta del escritorio, vivimos pacientes, como si nuestro constante afán de trabajo y ahorro nos convirtieran en máquinas. Los políticos nos han puesto un mote, incluyéndonos en lo que llaman las "fuerzas vivas del país".... Y al suponer petrificadas nuestras almas, nadie se detuvo a discutir que no somos "fuerzas vivas porque produzcamos colchas de algodón, guantes, ladrillos o cualquier otro género de industria; porque facilitemos las transacciones comerciales, porque hagamos números en los libros de Caja. Somos fuerzas vivas, porque pensamos.... Pensamos que desde que nuestros padres destronaron a Isabel II, cuyo reinado habían defendido nuestros abuelos, la política nos engaña con promesas falaces.... Pensamos que "medio siglo de cultura" nos condujo a tener actualmente, y en proporción a las circunstancias, menos escuelas que cincuenta años atrás, como acaba de poner en claro el pedagogo reformista Luis de Zulueta. Pensamos lo inverosímil, absurdo y desatinado que resulta decir, como dicen los jefes de todas las agrupaciones políticas: "Maura es el gobernante más digno", añadiendo: "No consentimos que Maura gobierne".... A cuantos nos digan que recordamos con nuestro proceder a "los tres infusorios" del poeta Bartrina, los cuales pretenden reducir el mundo a la gota de agua en donde viven, les advertimos que, somos, en realidad, insignificantes, y que nuestro radio es minúsculo, pero.... reflexionen la importancia de tres infusorios en una gota de agua.... Quince millones de infusorios pudieran enturbiar la fuente".

Más claro aún es Goicoechea, quien el 14 de junio de 1914, en el

Teatro de la Zarzuela de Madrid, pronunciará un alegato populista: "El maurismo ha fundido en una substancia común moléculas sociales tan diversas (como): los soñadores y los escarmentados; los ilusos y los desengañados; los que no han aprendido todavía a ser egoístas, y los que ante el altar de la Patria formaron la firme resolución de dejar de serlo". Se pone así al margen de los políticos del Partido Liberal-conservador oficial, los que se llaman los *conservadores idóneos*, quienes declaraban enfáticamente, ante la índole de la marea maurista, que no necesitaban ni el concurso de las llamadas "clases neutras", ni el de la juventud. Por el contrario, Goicoechea recalca que "nuestro ideal es que el partido conservador vuelva a ser lo que fue de 1907 a 1909, cuando supo hacer labor mirando a las *clases neutras* y sacrificando al ideal las necesidades de la propia vida orgánica". Esto, sólo podía efectuarse bajo el caudillaje de Maura, y exige, como indicó en el mitin maurista del Teatro Tívoli de Barcelona el 28 de junio de 1914, tener vocación revolucionaria, porque hay que "dar paso a la revolución que España necesita... Pero –continuaría– revolución.¿para qué?.... Se trata de plantear de nuevo, ante la conciencia del ciudadano, el problema constitucional; de hacer una revisión de las revoluciones del siglo XIX, que no fueron insuficientes, sino acaso prematuras; de una transformación que afectará no a las formas sino a la sustancia social; de una depuración de las costumbres cívicas que convertirá a España en una verdadera democracia, instaurando un régimen de opinión y extinguiendo para siempre el divorcio existente entre el mundo político y la sociedad española".

Este tema de las dos Españas gravita pesadamente en todo el planteamiento del maurismo. Gamazo había hablado de que "España.... no está arriba, sino debajo; no dirige, sino que vive sometida; es gobernada, no es gobernante". Silvela, por su parte, subrayó la diferencia que existía en la Nación entre un Estado de derecho, que maravilla por su mecanismo regulador, metódico y minucioso de garantías, y un Estado de hecho, que hace ilusorio tal Estado de derecho. Son éstos, con Costa, los que convierten el mecanismo en beligerante para superar tal dualidad. Goicoechea señalará en su artículo "*El ideal de los elementos mauristas*", aparecido en *La Tribuna* el 22 de mayo de 1914, que existían "dos Españas diferentes: una explotadora; otra, explotada. La primera sólo aspira a prolongar su predominio, y odia a todos los reformadores atrevidos, aunque aparente respetarlos; esa, como Platón con los poetas, pondría a Maura en la frontera, coronándole de laurel previamente. La España explotada ve en Maura a su redentor, y se prepara a coadyuvar a su obra. Llevarla adelante supone partir de Cánovas, pero rectificar a Cánovas: "El canovismo y el maurismo –proseguía Goicoechea– son, indudablemente cosas diversas.... Cánovas era doctrinario y nosotros somos demócratas; Cánovas era centralista y nosotros somos partidarios de la autonomía local; Cánovas era, a despecho de sus postreros amores al *cristianismo práctico* de Bismarck, un individualista convencido; nosotros venimos a la vida política respirando un ambiente social de protección ilimitada al débil; Cánovas era un pesimista resignado, nosotros somos optimistas.... Cánovas era, en primer término, un enemigo convencido y resuelto del sufragio universal. Para él, el sufragio universal o sería una farsa o representaría fatal e irremediablemente el comunismo y la abolición de la propiedad. Así se explica que Cánovas, en 1888, dijera en el Congreso que "todo lo que tendiera a hacer creer que vivíamos en una Monarquía democrática, tendría constantemente enfrente al partido conservador".... (Hoy) los conservadores, bajo la jefatura de Maura, hemos hecho con el sufragio algo más que otorgarlo como una merced.... al decretar el voto obligatorio, incorporando a nuestro derecho un principio solamente aceptado en democracia *de verdad*, como la belga o la suiza, no hicimos los conservadores en realidad otra cosa.... que entregar el Poder público.... a los que no poseen, a los desheredados, a los débiles, poniendo en ellos nuestra confianza y la custodia de los grandes intereses sociales... Quien eso pensaba del pueblo en el terreno político, ¿qué podía lógicamente hacer en el terreno social, sino ejercitar generosamente eso que llaman con exacta y gráfica frase los ingleses la intervención *paternalista* del Estado? Dos terceras partes de los odios, de las animosidades, de las resistencias suscitadas ante la labor del partido conservador de 1907 a 1909, nacieron por pensar en el obrero, por preocuparse del obrero, por amar al obrero.... Todas las medidas paternalistas dictadas en aquella época por Maura, con la colaboración por tantos títulos admirables de La Cierva, ¿a qué otra finalidad aspiraban que a evitar daños a los proletarios o a procurar su bienestar?. Se cerraban las tabernas los domingos, y al hacerlo, ¿en qué se pensaba sino en disminuir los accidentes de trabajo los lunes? Se reglamentaban las casas de préstamos para sustraer el ahorro de dinero a la rapacidad de usureros sin entrañas. Se cumplía la Ley de Descanso Dominical rigurosamente para proporcionar a los trabajadores el reposo, la reparación de fuerzas, el esparcimiento que liberalmente aspiran a asegurarle hoy las legislaciones de todos los pueblos cultos .... Voy a citar sólo dos ejemplos (detallados de esa legislación paternalista). El primero es el reconocimiento que la ley de abril de 1909 hizo en términos amplísimos del derecho a la huelga..... Maura, ese hombre regresivo y reaccionario, otorgó el derecho a la huelga por la ley de 1909 en condiciones de amplitud tal, que a muchos parecieron excesivas ..... Y de la municipalización de servicios ¿qué pudiera deciros? ¿No envuelve lo que se llama el socialismo municipal? Y ¿no es el socialismo municipal, según lo ha reconocido Millerand, el camino más breve para transformar en propiedad social la propiedad capitalista?.... (En) España, los exministros liberales se reunían en (1903).... y acordaban rechazar la municipalización como novedad peligrosa, como peligro amenazador que concluiría por herir de muerte el progreso humano y el esfuerzo del individuo...."

Pero todo esto había de descansar dentro de un férreo mecanismo de autoridad. Como complemento de lo que he recogido, añadía: "Nuestro criterio sobre la delincuencia política es el mismo de Pi y Margall en 1873; el mismo de todos los gobernantes conscientes de su deber en todos los países y en todos los tiempos: "Hacer que todo ciudadano doble la frente bajo el imperio de las leyes". Nunca ha dicho ni hecho Maura otra cosa." La frase de Pi y Margall a que aludía Goicoechea fue pronunciada por el político republicano al ocupar la Presidencia del Poder Ejecutivo de la República de 11 de junio de 1873, al contestar a la pregunta formulada en la Asamblea de cuál era su programa.

* * *

En ese devenir formidable que es la historia de España, el tronco conservador, con añosas raíces que penetraban en la Ilustración; con una decidida inclinación hacia los valores tradicionales que habían dado sentido, como comunidad, a este pueblo; con el agridulce sabor que procedía de los doceañistas que, después, crearon el Partido Moderado; con su fidelidad a la Monarquía, no exenta, como sucedió en el exilio parisino del Palacio de Castilla, de ser leal a las instituciones, no a las personas; con la carga de pesimismo que, ahora se ve que fue para bien de la Patria, pues obligó en aceptable grado a buscar a grandes problemas el contrapunto, para toda la Nación, de un programa de "caseta i hortet" , como le proporcionaron Cánovas del Castillo y Fernández Villaverde; con una decidida preocupación social ante la muy grave situación que tenían los trabajadores y sus familias, engendró una rama nueva, que tenía vocación de tronco gigantesco, y que se quedó como fuente de nuevas ramas que, una vez podadas con fuerza desde 1959 han traído hasta ahora, la posibilidad de que aquí surja una buena solución para los problemas españoles.

Lo más positivo de Maura, es que acertó a presentar con claridad a los españoles la causa de su perdición. Y por eso –aunque no se lo había propuesto– levantó al pueblo en furia contra los vicios de la Restauración, porque, como escribió para siempre Francisco de Quevedo en uno de sus inmortales sonetos

> Quien ve su perdición cierta, aborrece
> más que su perdición, la causa della:
> y ésta, no aquélla, es más quien le enfurece.

Por eso creo que Maura, aun con todo su erróneo planteamiento en política económica, ha entrado, por derecho propio, en la constelación de los grandes políticos populistas. Por eso, para comprender a Maura, como una especie de falsilla bajo todas las fichas y datos que acumulé sobre él, encajé su labor con lo que hicieron otros grandes políticos de parecido talante de España y de más allá de nuestras fronteras, porque estoy de acuerdo con una frase de Unamuno al comentar el libro del argentino Ricardo Rojas, titulado *La restauración nacionalista*: "Los verdaderos y buenos patriotas se entienden mejor a través de sus respectivas patrias, que no los antipatriotas, los humanitaristas de una humanidad abstracta y utópica".